DESCRIPTION

HISTORIQUE ET CRITIQUE

DE L'ITALIE.

DESCRIPTION
HISTORIQUE ET CRITIQUE
DE L'ITALIE,
OU
NOUVEAUX MÉMOIRES
sur l'état actuel de son Gouvernement, des Sciences, des Arts, du Commerce, de la Population & de l'Histoire Naturelle.

PAR M. L'ABBÉ RICHARD.

Hæc olim meminisse juvabit,
Per varios casus, per tot discrimina rerum,
Ænéid. I.

TOME IV.

NOUVELLE ÉDITION.

A PARIS,

Chez DELALAIN, Libraire, près la Comédie Françoise.

M. DCC. LXX.

TABLE
DES TITRES ET PIECES
Contenus dans le quatrieme Tome.

Naples, Pouzzols, le Véſuve & Portici, pag. 1
1. Route de Rome à Naples. Antiques, ibid.
2. Velletri, Sermonetra, Sezzé, 6
3. Marais Pontains, 12
4. Piperino, 16
4. Voie Appienne, 19
6. Entrée du Royoume de Naples : Fondi, 27
7. Itri, Mola, Formies : tombeau & maiſon de Cicéron, 33
8. Gayette : Ruines de Minturnes, 40
9. Capouë, 52
10. Etendue & diviſion du Royaume de Naples, 59
11. Ville de Naples : ſon origine, 62

TABLE DES TITRES.

12. Suite des Rois de Naples, 66
13. Idée de la Cour du Roi de Naples, & du Gouvernement, 71
14. Tribunaux de Justice, 76
15. Terres titrées. Revenus de la Couronne. Ordre de S. Janvier, 83
16. Situation de Naples. Rues, places & quartiers principaux, 86
17. Château de l'Œuf. Château-neuf, 95
9. Palais Boccapaduli, 100
Palais Furietti, 102
Palais Santa-Croce, 106
10. Palais Spada, 108
11. Palais Corsini, 119
21. Suite des Eglises, vestiges, monumens, 122
22. Bibliothéque des Augustins. Cresunovo. Sainte Claire. Saint Philippe de Néri, 134
23. Il Carmine. Anecdotes sur la mort de Conradin, 151
24. Tombeaux de Sannazar & de Vir-

gile. Anecdotes, 157
25. Catacombes de S. Gennariel, 167
29. Château S. Elme. Chartreuse, 164
27. Hôpitaux: Réfléxions sur leur utilité, 185
28. Capodi monte, maison royale & autres palais à Naples, 197
Considérations générales sur les mœurs & les usages à Naples, 214
29. Idée de la Cour de Naples, 217
31. Château royal de Caserte, 227
32. Mœurs de la Noblesse, 231
33. Promenade à la Strada nuova, 232
34. Mœurs de la Bourgeoisie, 240
35. Mœurs du peuple, 243
36. Extérieur du culte Religieux, 244
37. Etat des sciences & arts à Naples, 254
38. Commerce & industrie, 260
37. Habillemens, 272
Environs de Naples. Côte de Pouzzols

& *de Baïes*, 177
1. *Montagne & grotte de Pausilippe. Comparaison de systême sur la formation des montagnes*, 278
2. *Lac d'Anagno. Grotte du chien. Etuves de S. Janvier*, 285
3. *Chemin de Pouzzols. Pozzolane*, 295
4. *Ville de Pouzzols. Antiquités. Temple de Sérapis*, 299
5. *Champs Phlégréens. Solfaterre*, 313
6. *Lac Lucrin. Tripergole, bourg abymé. Comment*, 324
7. *Lac d'Averne*, 331
8. *Antre de la Sybille de Cumes*, 338
9. *Etuves & bains de Tritoli, ou de Néron*, 345
10. *Golfe de Bayes : palais & temples antiques*, 351
11. *Château de Bayes : tombeau d'Agrippine*, 351
12. *Baüli. Achéron. Champs Elisées*, 365

Table des Titres.

13. Piscine merveilleuse. Cap de Misene 368
14. Ruines de Cumes, 376
Environs de Naples. Côté du Vésuve & de Portici, 380
15. Situation du Vésuve, ibid.
16. Incendies & éruptions du Vésuve, 385
17. Eruption du Vésuve en 1760, 400
18. Lave du Vésuve, 412
17. Autres matieres que rejette le Vésuve dans les éruptions, 418
20. Etat actuel du Vésuve, 430
21. Cours de la lave & ses mouvemens, 440
22. Chemins pour aller au Vésuve, 448
23. Découverte d'Herculée, 456
24. Causes de la ruine d'Herculée, 458
25. Torrent ou lave qui couvrit Her-

culée, 464

26. Quantité des matieres rejettées dans les éruptions, 468

27. Théatre antique d'Herculanum, 476

28. Edifices & constructions antiques d'Herculée, 484

29. Cabinet du Roi à Portici. Antiques, 487

30. Peintures antiques d'Herculée, 515

31. Portici, 528

Fin de la Table du Tome IV.

DESCRIPTION
HISTORIQUE
ET
CRITIQUE
DE L'ITALIE.

Naples, Pouzols, le Véfuve & Portici.

I.  'ORDRE que j'ai fuivi jufqu'à préfent, femble exiger que je place ici la partie de mes Mémoires qui regarde Rome & l'État Eccléfiaftique; mais comme c'eft l'endroit où j'ai féjourné le plus long-temps, où les fciences & les arts ont

Route de Rome à Naples. Antiques.

Tome IV.   A

les plus beaux établissemens; comme ce n'est qu'à Rome même que l'on peut constater, en quelque sorte, la vérité des connoissances que l'on a acquises dans le reste de l'Italie, je terminerai ces mémoires par ce que j'ai à dire de la ville de Rome & des provinces qui en dépendent immédiatement, à la considérer comme capitale des états de l'église. Ainsi je passe à la description du royaume de Naples, c'est-à-dire de la ville capitale, de ses environs, & du pays que l'on traverse pour y aller en partant de Rome.

On compte cent cinquante milles de Rome à Naples, dont soixante & dix-huit milles depuis la porte Latine jusqu'à la porte ou barriere qui sépare la campagne de Rome, de la terre de Labour au royaume de Naples.

En sortant de Rome pour aller à Naples par la porte Latine, le chemin, surtout à droite, est rempli de quantité de monumens antiques dépouillés de tous leurs ornemens. La plus grande partie ont été des tombeaux, & ont été revêtus ou de marbres ou de belles pierres; ce qui en reste à présent n'est plus que la carcasse de la construction qui est en brique fort dégradée, & sur laquelle il est difficile de prendre une idée de leur premiere forme. On y diftinguera cependant un petit temple antique de forme quarrée d'une conftruction élégante; il eft bâti de briques; les portes, les fenêtres & les corniches qui reftent font de bonne architecture. C'eft, dit-on, le temple élevé *Fortunæ Muliebri*, dans l'endroit même où Véturia, mere de Coriolan, & Volumnia fa femme tenant entre fes bras les deux enfans qu'elle avoit eus de lui, accompagnées de toutes les Dames Romaines, arrêterent par leurs larmes ce guerrier injuftement banni de fa patrie, qui venoit la détruire à la tête des Volfques; ce qu'il étoit à l'inftant de faire, fi la fermeté de fa mere, les larmes de fa femme & des autres Romaines ne l'euffent arrêté. Cet événement eft de l'an de Rome 266. L'éloquence étoit à un haut point à Rome, fi Véturia parla à Coriolan dans les termes que Tite-Live lui met dans la bouche (L. 2, 40). Il ne faut pas croire, au refte, que ce petit temple fubfifte dèpuis ce temps; il s'en falloit beaucoup que les arts fuffent alors à ce point de perfection à Rome. Il eft probable qu'il fut rebâti par Fauftine, femme de Marc-Aurele, & que c'eft à ce fujet que furent frappées les médailles fur lefquelles elle eft repréfentée avec cette épigraphe, *Fortunæ Muliebri*.

On voit ensuite de très-beaux aqueducs antiques qui traversent la plaine & sous lesquels on passe à *Torré di Mezza via*, où est la premiere poste distante de Rome de sept milles ; ces aqueducs sont soutenus dans les plaines & les terreins bas, à une hauteur considérable, par de grandes arcades ouvertes dont les ceintres & les montans sont en pierres de taille, le reste est en grandes briques, jointes avec la pouffolane, & fait un massif d'une solidité inaltérable ; au-dessus sont les canaux formés de grandes pierres tendres, appellées *pietra travertina*, excellentes pour tous les revêtissemens & qui se conservent à l'air pendant la plus longue suite de siécles ; ces canaux qui servent encore à conduire de l'eau à Rome, sont du temps de la république même, & ont deux mille ans d'antiquité. Ils sont fort larges & portent un très-grand volume d'eau ; ils font le plus bel effet dans la perspective. A côté du chemin à droite sur une petite élévation, on voit de très-grandes ruines que l'on croit être celles d'un camp Prétorien ; elles ont l'air de loin d'être les restes d'une ville entiere. Cette plaine dont le fonds est très-fertile paroît cultivée, quoiqu'il y ait plus de monumens antiques que d'habitations modernes.

Marino est un gros bourg de la campagne de Rome appartenant en fief à la maison Colonna; il est bien bâti, peuplé & situé sur une élévation dont les abords seront difficiles du côté de Rome, tant que l'on n'aura pas rétabli le pavé presque impraticable sur lequel il faut passer. Le terroir y paroît excellent pour toutes sortes de productions; les environs sont cultivés avec soin, & arrosés de ruisseaux qui fournissent plusieurs fontaines pour le service du Bourg. Au sortir de Marino le terrein s'éleve insensiblement; on voit à droite Castel Gandolpho & son lac, la ville d'Albano, & toujours des ruines antiques. On entre ensuite dans la forêt de la Fayole, qui a fourni d'excellens bois de construction pour la marine; mais elle est fort dépeuplée à présent; on y trouvoit surtout beaucoup de courbes naturelles, ce que je crois que l'on doit attribuer à l'abondance de la séve & à l'action du soleil; j'ai remarqué en Italie que les ormes, les chênes, les platanes, & la plûpart des arbres qui ont de si belles tiges dans les provinces septentrionales, & qui s'élevent naturellement en ligne perpendiculaire, se courbent dans les pays chauds dès qu'ils ont pris quelque hauteur. A six milles au-delà de Marino on passe par le petit endroit appellé la Fayola, où on change de chevaux quand il y en a. Le chemin dans ce bois est très-mauvais. Il devient meilleur en approchant de Velletri. On compte douze milles de Marino à Velletri.

<small>Velletri, Sermonetta, Sezze.</small> Cette ville est l'ancienne *Velitræ* des Volsques dont les Romains s'emparerent sous le régne d'Ancus Martius leur quatriéme Roi. Il n'est pas à présumer que les restes de construction antiques que l'on voit autour de cette ville soient du temps des Volsques. Aujourd'hui elle est assez considérable, bien bâtie & dans une jolie situation. Elle a quantité de fontaines publiques dont la mieux décorée est celle de la grande place, où l'on voit aussi une très-belle statue en bronze, du pape Urbain VIII, par le Cavalier Bernin. A gauche de cette place est le palais des Lancelotti, de belle architecture, ainsi que son grand escalier; on y verra plusieurs statues & bas-reliefs antiques, dont la plûpart ont grand besoin d'être restaurés, par le peu de soin qu'en ont eu les anciens possesseurs. Depuis que la ville d'Ostie s'est

entiérement dépeuplée, on a réuni son siége épiscopal, qui continue d'être le titre du cardinal doyen du sacré Collége, à celui de Velletri.

 Le voisinage de la mer fait que l'air est très-doux dans cette ville: Les dehors du côté de la route de Naples sont riants, fertiles & bien cultivés; on y voit les orangers, les grenadiers & les figuiers croître en pleine campagne; il ne paroît pas que le mauvais air des marais Pontins y soit fort dangereux; à la vérité cette ville en est à quelque distance & située sur une hauteur, à laquelle les vapeurs des marais ne s'élévent peut-être pas. Dans la derniere guerre d'Italie, lorsque les troupes Autrichiennes chercherent à pénétrer dans le royaume de Naples par la campagne de Rome, où elles étoient répandues, un des généraux de la reine de Hongrie surprit Velletri, dans le temps même que le roi de Naples y faisoit marcher à la hâte quelques mille hommes. Le commandant de Velletri ne s'étonna point; il proposa tout de suite au général Autrichien de prendre du chocolat qui étoit tout prêt; pendant ce temps les troupes Napolitaines arriverent, forcerent la porte de la ville, où il n'y avoit qu'une garde Allemande peu considéra-

A iv

ble, & firent prisonniers le général Autrichien & les troupes qui ne furent pas maîtresses de Velletri pendant deux heures; tout cela se passa dans l'obscurité de la nuit & presque sans aucun tumulte. Cet événement finit la guerre de ce côté-là; les Autrichiens se retirerent & gagnerent la Lombardie. Les Romains n'étoient pas absolument tranquilles, & craignoient beaucoup que les troupes Allemandes n'entrassent dans leur ville; mais le ministere de Rome, à la tête duquel étoit le cardinal Valenti, secrétaire d'état, se conduisit de façon que le prince Lobkovits qui commandoit en chef les Autrichiens, après s'être montré aux portes de Rome, tourna du côté du Royaume de Naples, où l'affaire de Velletri manquée, l'empêcha de pénétrer. Le roi de Naples commandoit ses troupes en personne.

De Velletri on passe à Casa Fondata, maison où est la poste & qui en est éloignée de dix milles; on commence à s'y appercevoir de la mauvaise qualité de l'air; de-là à l'hôtellerie qui est au bas de Sermonetta on compte cinq milles; le chemin de Velletri au bas de la montagne de Piperno pendant plus de vingt-cinq milles est bon & aisé à tenir. On voit tout le long des pierres milliaires, posées sous le pontificat de Benoît XIV & par ses ordres.

La ville de *Sermonetta*, placée sur une colline escarpée, est le chef-lieu du duché de ce nom. C'est l'ancienne *Sulmo* des Volsques ; elle a eu quelques fortifications qui sont à présent fort négligées ; son aspect ne donne pas envie de se détourner pour la voir. Entre cette ville & Casa Fondata, on passe sur un pont la riviere d'*Assura*, près de laquelle on voit les ruines d'un vieux château du même nom qui appartenoit aux *Frangipani*, barons Romains très-connus autrefois, & dans lequel l'infortuné Conradin, poursuivi par les troupes de Charles d'Anjou, fut pris & ramené à Naples. Cinq milles au-delà de *Sermonetta*, sur des rochers très-escarpés, est l'ancienne ville de *Sezzé*, autrefois *Setia*, capitale des Volsques, aujourd'hui presque inhabitée à cause du voisinage des marais. Il y avoit en 1762 un grand nombre de Jésuites Portugais qui ne paroissoient pas fort contens d'y être ; on les voyoit par groupes le long du chemin qui conduit à travers les rochers de la plaine à Sezzé. C'est au pied de ces collines que croissoit le fameux *vinum Setivum* dont parlent les anciens poëtes de Rome, mais actuellement on n'y voit plus de vignes (*a*) ; elles sont remplacées par quelques oliviers, & par les plus belles plantes qui croissent dans ces rochers, & qui commençoient dès le mois de mars à être dans leur beauté. Les figuiers, les aloés, les mirthes, les lauriers y croissent pêle mêle, le bas est

―――――――――――――――――

(*a*) Athenée duquel nous pouvons apprendre quelles étoient autrefois les qualités de tous les vins d'Italie, qu'il compare les uns avec les autres, parle du *Setivum* au vin de *Setia*. Il étoit, dit-il, (L. 1.) de même qualité à peu près que les vins de *Formies*, de *Privernum* & de *Rhégio*, plus léger que le vin de Falerne, & qui ne faisoit point de mal à la tête. On ne le devoit boire que quinze ans après qu'il avoit été fait ; il en étoit de même de tous les vins, dont les plus précoces n'étoient potables que de cinq à dix ans, tel étoit celui que l'on recueilloit dans les environs de Cumes. Athenée ne parle qu'après le medécin Gallien son contemporain. De-là on peut voir que l'on ne connoît plus actuellement dans tous ces cantons la qualité des vins dont usoient les anciens. On les boit de trop bonne heure, & pour qu'ils soient supportables, on prend plus de peine à leur faire perdre leur qualité, qu'on n'en prenoit autrefois à la conserver. Les anciens comparoient pour l'usage & la bonté, le vin & les amis, on ne devoit s'y fier qu'après un long espace de tems. De-là le proverbe connu, *vinum vetus, veteres amici* ; vin vieux & vieux amis.

occupé par des orangers, & quantité d'autres beaux arbres auxquels les exhalaifons des marais Pontins ne caufent aucun dommage.

On voit fur cette route à main gauche quelques ruines que l'on dit être celles de l'ancienne ville appellée *Tres Tabernæ*, bâtie en même-temps que la voie Appienne fut conftruite. S. Paul y paffa en venant à Rome (Act. 28,) & y rencontra quelques chrétiens qui étoient venus au devant de lui. Cette ville fubfiftoit encore dans les premiers fiècles de l'églife, & avoit un évêché qui a été réuni il y a très-long-temps à celui de Velletri. Avant que d'arriver à *Café Nuove*, on paffe fur un pont la riviere anciennement appellée *Ufens*, à préfent *il Portatore*, fur laquelle on peut prendre de petites barques qui menent à Terracine. Elle traverfe une partie des marais Pontins & a fon embouchure dans la mer à côté de Terracine au couchant. La pofte de *Café Nuove*, éloignée de dix milles de Sermonetta, eft fituée immédiatement fur le bord de ces marais, qui répandent, dit-on, ces exhalaifons empeftées, fi funeftes à toute l'efpéce animale des environs; car l'efpéce végétale y eft auffi belle & aussi forte que dans aucune autre partie de l'Italie.

Marais Pontains. 3. Ces marais occupent quarante à cinquante milles de côtes, depuis le voisinage de *Nettuno* jusqu'à Terracine, sur une largeur fort inégale, que l'on peut cependant estimer depuis quatre jusqu'à douze milles ; on prétend que la place qu'occupent aujourd'hui les marais Pontins, a été peuplée de plus de trente, tant villes que bourgades, dont il ne reste aucuns vestiges, & que ce terrein immense a été culbuté par un grand tremblement de terre. En quel temps, c'est ce qu'il est fort difficile de sçavoir. On lit dans Tite-Live que l'an de Rome (*a*) 322, on envoie dans une crainte de famine, chercher des grains dans les campagnes Pontines (*b*). En 367 & 368, il est question de

---

(a) Tit. Liv. l. 4. 25. *Famem cultoribus agrorum timentes, in Etruriam, Pomptinumque agrum, & Cumas, postremo in Siciliam quoque frumenti causâ misere.*

(b) L. 6. 56. *Ostentabatur in spem Pomptinus ager, tum primum, post accisas à Camilio Volscorum res, possessionis haud abiguæ..... De agro Pomptino ab L. Sicinio tribuno plebis, actum ad frequentiorem jam populum, mo-*

distribuer au peuple les champs Pontins. En 397 on créé une nouvelle tribu sous le nom de *tribus Pomptina* (a). En 592 le consul Cornelius Cethegus fait dessécher les marais Pontins. Tout porte à croire que le grand bouleversement qui changea la face de ce beau pays arriva dans le cinquiéme ou le sixiéme siécle de la république. Du temps de Pompée on tenta de les dessécher. Domitien y réussit en partie, par les grandes jettées qu'il fit faire pour soutenir la partie de la voie Appienne, qu'il porta à travers ces marais par une ligne droite jusqu'auprès de Terracine, pour éviter la montagne de Piperno & les longs détours qui la précédent & la suivent. Sixte V, né pour les entreprises utiles & mémorables, tenta le même desséchement, & y auroit réussi, s'il ne fut mort avant la consommation de l'ouvrage. On s'en occupe très-sérieusement à présent. Il n'est pas douteux que les exhalaisons de ces marais n'infectent l'air en été & en automne,

---

bilioremque ad cupiditatem agri quam fuerat. L. 7 Tribus Pomptina addita.

(a) L. 46. Epit. *Pomptinæ paludes à Cornelio Cethego consule, cui ea provincia evenerat, siccatæ, agerque ex iis factus.*

surtout lorsque les vents du midi & du couchant régnent. Mais j'ai remarqué en passant à la source de l'*Ufens* ou *Portatore*, que ses eaux qui ne sont pas encore mêlées avec celles des marais, rendent déja une odeur àcre & fétide en tombant même des rochers d'où elles sont blanchâtres & troubles, & se chargent d'une écume épaisse, grasse & jaunâtre qui a le goût du poisson de mer corrompu. La mauvaise qualité de ces eaux ne contribue-t-elle pas à l'intempérie de ce climat; d'autant plus que les effets du mauvais air ne m'ont paru nulle part plus marqués qu'à *Case Nuove*, hôtellerie située à côté même de cette source qui est très-abondante. Les postillons & tous les gens de l'hôtellerie avoient l'air mal sain; les chevaux mêmes, dont la race est naturellement bonne, quoique vifs encore & pleins de courage, manquoient de force; ils perdent leur poil par partie, la peau tombe ensuite, & ils périssent de putréfaction qui commence par l'extérieur; le meilleur cheval ne peut pas résister plus de deux ans à cet air infect. Ceux de Sermonetta & de Casa Fundata n'en paroissent pas aussi incommodés, quoique l'on s'y plaigne aussi du mauvais air.

On voit le long des marais quelques vestiges des travaux que l'on a faits pour les dessécher, qui consistoient en canaux profonds, pour l'écoulement des eaux, & en fortes jettées élevées du côté de la mer : il y a même quelques parties qui sont encore cultivées, & où les grains de toute espéce croissent abondamment. Il s'y est formé des taillis remplis de sangliers, & dans lesquels on tient des troupeaux de (*a*) busles ; le terrein s'est élevé

───────────────────────

(*a*) Le Busle n'est point un animal sauvage comme quelques auteurs l'ont écrit. On l'emploie en Italie aux mêmes usages que les bœufs ordinaires, moins gros cependant que ceux du Patrimoine & de la Pouille ; ses cornes sont courtes, noires, larges & annellées, recourbées du côté du corps. Le poil est noir, rude & peu épais, la peau est forte & dure. L'encolure est un peu plus longue & moins épaisse que celle du bœuf ; il a le pied fendu de même & un peu plus large, il a les yeux petits, vifs, & pleins de feu, & le regard méchant, surtout quand on le trouve dans les bois ; on dit que la couleur rouge le met en fureur. Tous ceux qui servent aux usages domestiques, ont un anneau de fer passé dans les naseaux qui sert à les conduire. Quand ils sont attelés, ils paroissent aussi doux que les bœufs & sont beaucoup plus forts. Cet animal se plaît dans le marais où il fait sa bauge comme le sanglier ; ce qui ajoute encore

peu-à-peu dans ces parties, autour desquelles on a eu soin d'entretenir les fossés, ce qui indique à peu-près la maniere dont il faut s'y prendre pour parvenir à les desfécher entiérement, mais quand cet ouvrage sera achevé, où prendra-t-on des cultivateurs qui habitent ce climat, & l'entretiennent dans le bon état où on l'aura mis?

Piperno. 4. Au sortir de *Café Nuove* on laisse les marais à droite, & on va par un chemin pierreux, qui est à gauche, à Piperno qui en est éloigné de huit milles. C'est l'ancien *Privernum*, ville considérable des Volsques, située sur une montagne très-élevée & escarpée de tous les côtés, excepté de celui de Rome, où la pente est un peu plus douce, à l'entrée de la ville près, qui est très-rapide; c'est après Radicofani, l'endroit le plus triste & le plus pauvre qu'il soit possible de voir. Il y avoit autrefois un évêché qui a été réuni à celui de Terracine, & l'église principale conserve en conséquence une vieille chaire épiscopale sous un dais à côté de l'autel. La ville est mal bâtie & n'a aucun édifice

---

à sa malpropreté & à sa laideur naturelle; on trait les femelles, & de leur lait on fait des fromages frais que l'on dit fort délicats.

remarquable. L'illustre Camille (a), cette héroïne dont parle Virgile L. 7 & 11 de l'Enéide étoit de Privernum, d'où son pere Metabus fut banni par une faction qui lui étoit opposée. L'histoire de cette belle guerriere mérite d'être lûe. Tout autour de la ville sont quantité de petits jardins potagers, à différentes hauteurs; le terrein y est ménagé avec industrie; il y a aussi quelques vignes & des terres qui paroissent cultivées. Les sommets voisins sont couverts de marroniers, & on éleve des oliviers dans les expositions les plus favorables. Comme on n'a pas cherché à tourner la montagne, la descente au sortir de Piperno du côté de Naples, est si

---

(a) *Hos super advenit, Volscâ de gente, Camilla,*
Agmen agens equitum & florentes ære catervas
Bellatrix: non illa colo, calathisque Minervæ
Femineas assueta manus, sed prælia virgo
Dura pati, cursuque pedum, prævertere ventos
Illa, vel intactæ segetis, per summa volaret
Gramina, nec teneras cursu læsisset aristas....
Illam omnis tectis, agrisque effusa juventus,
Turbaque miratur matrum & prospectat euntem.....

droite qu'elle effraye ; cependant c'est le grand chemin de Rome à Naples, celui des postes & de tous les voyageurs. On descend en enrayant toutes les roues, & malgré cette précaution, les chevaux se soutiennent à peine. Pour remonter on prend à une hôtellerie des bufles qui sont lents, mais très-forts & ne reculent jamais. Au bas de Piperno on marche quelque temps dans une vallée resserrée où les chemins sont mauvais ; de-là on entre dans une forêt de liéges, arbre singulier qui ne croît que dans les pays chauds ; il ressemble beaucoup au chêne-verd pour l'extérieur ; mais le tronc en est plus gros, les branches principales moins ramassées, & s'étendent davantage. Ses feuilles sont oblongues, dentellées, plus molles & plus vertes que celles du chêne-verd ; le fruit de cet arbre est brun & de la forme des glands ordinaires. Il ne meurt point comme les autres arbres quand il est dépouillé de son écorce ; au contraire, il semble s'en porter mieux ; car quand on n'a pas soin de l'enlever, elle se fend & tombe d'elle-même par morceaux ; la seconde écorce est meilleure & plus fine que la premiere ; c'est celle dont se servent les pêcheurs pour leurs filets. Au sortir de cette forêt, à quelques cent pas à droite, on voit l'abbaye de *Fossa nova*, de l'ordre de Cîteaux, dans laquelle S. Thomas d'Aquin mourut en allant de Naples au second concile général de Lyon en 1274.

On compte seize milles de Piperno à Terracine en passant par Maroni qui partage à-peu-près la route en deux parties égales, dont une partie se fait sur un chemin pavé, étroit, dégradé, & très-incommode de toutes les manieres pour les voitures & pour les chevaux ; comme le terrein est très-fertile dans toute cette campagne voisine des marais Pontins, l'entrée des champs voisins est défendue par de larges fossés pleins d'eau ; de sorte qu'il est impossible de s'écarter dans la campagne pour éviter tout ce que cette route a de difficile. A cinq milles environ en deçà de Terracine, on passe sur un pont la petite riviere d'*Evola* qui est l'*Amasenus* des anciens, au-delà duquel on entre sur la voie Appienne qui sort des marais Pontins & qui va droit à Terracine.

5. Cette voie a quatorze pieds de largeur dans œuvre, espace qui suffit pour deux voitures ; de chaque côté il y a des bords ou trotoirs élevés d'environ deux pieds, & assez larges pour que deux

Voie Appienne.

hommes y puiſſent paſſer ; d'eſpace en eſpace il y a de petits aqueducs pour l'écoulement des eaux. Tout le pavé de cette voie eſt d'une pierre brune très-dure, tirant ſur la couleur du fer, ſur laquelle les pieds des chevaux & les rouages font peu d'impreſſion ; dans la plaine il y a quelques endroits où il s'eſt formé des ornieres de deux à trois pouces de profondeur & qui ſont par-tout égales ; ce qui prouve que ces pierres ne ſont point dérangées depuis qu'elles ont été miſes en place. Elles ne ſont point d'égale grandeur ; les plus petites ont au moins un pied de proportion en quarré, les autres en ont davantage, & toutes ſont fort épaiſſes. La conſtruction en a été plus ſolide & mieux entendue que celle de toutes les autres voies Romaines. On en voit quelques parties découvertes aux environs de Rome, dont l'encaiſſement, y compris le pavé ſupérieur, a près de neuf pieds d'épaiſſeur ; les bords ſont revêtus des plus groſſes pierres que l'on y plaçoit & qui ſont exactement jointes ; ainſi la voie, élevée d'environ un pied au-deſſus des terres, portoit ſur un fondement maſſif de plus de ſept pieds, ſoutenu de deux côtés par les terres, & qui ne pouvoit être altéré par aucune cauſe extérieure.

Cette voie fut l'ouvrage d'Appius Claudius pendant sa censure l'an de Rome 442, 310 ans avant Jesus-Christ; elle alloit alors de Rome jusqu'à Capoue. J'ai vû quelques auteurs modernes, entr'autres l'abbé *Venuti*, président des antiquités à Rome, titre honorable que son érudition lui a mérité, qui ont prétendu qu'Appius n'avoit jamais fait passer la voie par les marais Pontins; que cette entreprise auroit été trop célébre pour que Tite-Live n'en eût pas parlé : mais sont-ils assûrés que les grands tremblemens de terre qui ont donné lieu aux marais Pontins, se fussent déja fait sentir, lorsque le préteur Appinus fit construire cette magnifique chaussée ? L'autorité de Tite-Live dont il appuye son sentiment, & qui dit que le consul Céthégus fit dessécher les marais, ne prouve autre chose, sinon que ce consul entreprit le premier de remettre en valeur une quantité considérable de terrein qui auparavant étoit du meilleur produit, ainsi que le prouvent les passages du même auteur que j'ai cité plus haut. Il s'étoit passé un siécle & demi entre le temps de la censure d'Appius & le consulat de Céthégus, temps plus que suffisant pour changer entiérement & même dénaturer toute la face d'un climat, ainsi que des exemples postérieurs l'ont prouvé. Le même auteur prétend que l'empereur Domitien, pour abréger les sinuosités de la voie Appienne, la conduisit par une ligne droite à travers les marais Pontins, & cite un passage de Statius (L. 4. Silv.) mais qui ne conclut rien en faveur de ce systême; il est beaucoup plus probable que Domitien fit réparer cette partie du chemin que sa position rendoit sujette à des dégradations fréquentes. La preuve en est que César, pendant sa dictature, non-seulement continua cette voie de Capoue jusqu'à Brindes, mais qu'il établit une société d'agriculteurs, & d'autres gens de travail dont l'emploi étoit d'entretenir cette voie & surtout l'écoulement des eaux stagnantes des marais Pontins. Auguste continua & finit ce que son prédécesseur avoit commencé. Cette même partie de chemin fut depuis restaurée par Trajan, & fut nommée alors par un décret du sénat *via Trajana*; la médaille frappée à cette occasion nous reste encore; on disoit même alors que cet empereur avoit desséché les marais Pontins, c'est-à-dire qu'en réparant la voie, en faisant nétoyer les canaux, il avoit rendu la plus grande partie de ce terrein fusceptible d'une bonne culture. Les rois Goths ne négligerent pas le foin de cet ouvrage qu'ils regardoient comme le falut de ce pays. Théodoric en donna la furintendance à *Celius Decius Rafilius Murus*, qui réuffit fi parfaitement dans fon entreprife que le roi, pour l'intéreffer davantage à maintenir fon ouvrage dans la perfection où il l'avoit porté, lui donna en fief la plus grande partie des marais Pontins; ce que prouve une infcription de ce temps qui eft auprès de l'efcalier du dôme de Terracine.

On a bien le temps d'examiner cette voie depuis Terracine jufqu'au paffage du Garigliano, c'eft-à-dire, pendant plus de quarante milles qu'on la fuit. Les monumens dont cette route étoit embellie dans toute fa longueur, & dont il refte encore tant de veftiges à chaque pas, depuis Rome jufqu'aux ruines de Minturnes, fon utilité & fa folidité lui avoient fait donner le nom de *Via Regina*; outre les villes qu'elle traverfoit & qui exiftoient avant elle, les Romains avoient fait conftruire des bourgs & des hôtelleries exprès pour la rendre plus agréable encore; on retrouve les ruines des villes appellées *tres Tabernæ*, au-dessous de Sezzé, de *Forum Appii*, à côté de *Fossa Nova*, & de *Tabernæ Cediciæ*, qui avoient cette destination. Tous ces monumens qui se présentent le long de cette route, donnent du goût pour l'étude de l'antiquité.

 La ville de Terracine est située au bord de la mer sur un rocher assez élevé, & environnée d'autres rochers escarpés & très-hauts qui se font remarquer de loin (*a*). C'est l'ancienne *Anxur* des Volsques. Sa position est agréable, elle avoit autrefois un port qui a été abandonné. Le voisinage des marais, & la crainte qu'inspirent leurs exhalaisons pernicieuses, sont cause qu'elle est mal peuplée. Cependant il y a quelques bâtimens modernes assez beaux. L'église principale est élevée en partie sur les ruines d'un temple antique de Jupiter que les Romains avoient fait bâtir, lorsqu'ils suivoient les régles & les proportions de la belle architecture Grecque, à en juger par les colonnes qui restent, cannelées, d'ordre corinthien, qui ont près de cinq pieds de diametre. Au-dessus est

---

(a)   ..... *Subimus*
Impositum, saxis late candentibus, Anxur ...
       Hor. L. 1. Sat. 5.

une forteresse en ruine qu'on appelle la *Rocca di S. Angelo*. Comme c'est la derniere place de la campagne de Rome, le Pape y tient une petite garnison. L'air y est d'une douceur admirable, le terrein est bien cultivé; les plus belles plantes, les lys & les narcisses croissent le long des chemins & dans les rochers. Tout le paysage est beau & pittoresque, la position même de Terracine avec ses grands rochers que l'on appelle dans le pays *Pisca Marina*, feroient un point de vûe admirable dans un tableau de marine.

La partie de chemin que l'on parcourt de Terracine à la porte ou barriere qui sépare l'état ecclésiastique du royaume de Naples, est d'environ cinq milles; on a coupé le rocher pour continuer la voie Appienne entre le côteau & la mer. Cette exposition est charmante; je l'ai vûe dans les premiers jours de mars, couverte de fleurs de toute espéce; les champs de pois étoient partie en fleurs, partie en grains bons à être mangés. Le printemps y étoit déja parfaitement établi; les fleurs & les arbustes de toute espéce faisoient de ces côteaux des jardins délicieux qui ne devoient rien à l'art, mais tout à leur heureuse situation & à la force de la nature.

La barriere qui sépare les deux états est gardée d'un côté par un détachement de soldats du Pape, qui sont, dit-on, plus polis que braves; ils se font honneur d'accompagner les voyageurs pour leur sûreté, à ce qu'ils prétendent, mais ils ont plus leur intérêt en vûe qu'aucun autre motif.

Des bords de la mer à Terracine on voit le *monte Circello*, où l'on prétend qu'habitoit autrefois la fameuse Circé, qui par ses enchantemens y retint les compagnons d'Ulysse dont elle changea quelques-uns en bêtes (*a*). Il y avoit ancien-

---

(a) *Proxima Circææ raduntur littora terræ:*
Dives inaccessos ubi solis filia lucos
Assiduo resonat cantu: tectisque superbis
Urit odoratam nocturna in lumina cedrum,
Arguto tenues percurrens pectine telas.
Hinc exaudiri gemitus, iræque Leonum
Vincla recusantum, & sera sub nocte rudentum;
Setigerique sues, atque in præsipibus ursi
Sævire ac formæ, magnorum ululare luporum:
Quos hominum ex facie, Dea sæva potentibus
     herbis
Induerat Circe in vultus, ac terga ferarum.....
        Virg. Æneid. VII.

nement sur cette montagne une ville appellée *Circeum*, du nom de la Magicienne qui l'avoit bâtie, lorsqu'elle s'y retira pour se souſtraire à la vengeance des sujets d'un petit roi de la Sarmatie Aſiatique qu'elle avoit empoiſonné. Aujourd'hui cette montagne très-élevée eſt à la pointe méridionale du golfe de Terracine, fort avancée dans la mer; les marais Pontins l'environnent au nord; elle a la mer au midi, & de loin elle paroît un iſle. Sur le cap Circello eſt bâti le château *ſan Felicé*, flanqué de quatre groſſes tours, & avantageuſement ſitué pour empêcher les deſcentes ſur ces côtes.

6. A un mille environ au-delà on trouve un nouveau corps de garde de troupes du roi de Naples. Celui que j'y

Entrée du royaume de Naples.
Fondi.

Ce paſſage de Virgile qui décrit ſi exactement la poſition de tous les pays où il fait voyager ſon héros, ne laiſſe aucun lieu de douter qu'il n'y ait eu quelque méchante princeſſe appellée Circé qui ait habité ſur le mont Circello; mais d'où tiroit-elle cette ſi grande puiſſance? comment pouvoit-elle fournir au luxe dans lequel elle vivoit (c'eſt ſurquoi je n'ai pû rien découvrir de plus particulier, que ce que la fable de Circé ſi connue nous apprend.

B ij

ai vû étoit presque tout de déserteurs François. Ils arrêtent les voitures, non pour examiner les passeports, mais pour proposer le rafraîchissement & de goûter le vin du pays; c'est-à-dire qu'il faut leur payer ce qu'ils disent avoir intention de présenter. A côté de cette seconde barriere est un grand monument aux armes d'Espagne, érigé à la gloire de quelque viceroi, qui dans le dernier siécle prétendoit avoir fait des merveilles pour rendre les chemins sûrs & aisés à tenir; c'est sans doute un compliment qu'on avoit voulu lui faire gratuitement; car à l'exception de quelques parties de la voie Appienne que l'on suit, il n'y a point de chemins en Italie plus négligés & plus difficiles à tenir que ceux de Rome à Naples; & plus on approche de la capitale, plus ils sont impraticables; cependant il y a peu de routes en Europe aussi fréquentées. Les ministres le sçavent, on a même fait aux dépens du Roi quelques centaine de toises de chaussées, bien construites, & fort larges; mais comme elles ne sont point à la charge des communautés pour l'entretien ordinaire, il s'y est fait des ornières & à la suite du temps des creux, très-difficiles à passer, dans ce que l'on peut appeller les plus beaux chemins de cet état. La police n'y a pas encore une forme assez assûrée, pour entreprendre de soumettre les habitans de la campagne & même des villes à réparer les chemins publics ; cependant il n'y a pas d'autres moyens d'en avoir de bons ; la voie Appienne, le plus solide des chemins qui ayent jamais été faits, s'est dégradée parce qu'on ne l'a pas entretenue.

De cette barriere à Fondi on compte sept milles qui se font sur la voie Appienne. Tout le territoire des environs est fertile & bien cultivé ; la campagne est plus ouverte de droite & de gauche, & la plaine a quelque étendue. On voit les orangers de toute espéce, les citroniers & les figuiers plantés dans les champs où ils croissent à souhait. Les oliviers sont sur les côteaux ; de quelque distance ils ressemblent à des forêts, dont le sol est en culture & porte différentes espéces de grains. A la fin de mars on choisit un beau jour pour cueillir les oranges & les citrons, & laisser de l'espace aux fleurs nouvelles qui paroissent & aux fruits déja formés, dont la plûpart commencent à prendre leur belle couleur d'or. Rien n'est plus agréable que de rencontrer les gens de la campagne occupés à faire cette belle récolte ; on voit d'espace en espace de gros tas de ces fruits magnifiques, la quantité ne diminue rien à leur beauté ; le voyageur qui n'est pas accoutumé à les voir croître en plein air & sans aucun soin, ne les trouve que plus admirables. Les gens du pays, & surtout les femmes, ne manquent pas d'en présenter aux passans ; il semble même que leurs offres soient désintéressées , tant elles les présentent de bonne grace, & reçoivent avec reconnoissance ce qu'on veut bien leur donner pour le prix.

Fondi est la premiere ville du royaume de Naples ; quoiqu'épiscopale, elle est peu considérable & mal peuplée ; ce que l'on attribue à sa position dans le voisinage du lac de ce nom, qui a environ quatre milles d'étendue entre la ville & la mer ; les eaux sont toujours basses & il en sort des exhalaisons malsaines. Il fourmille de grosses anguilles dont il se fait une grande consommation dans le pays ; il y a un couvent de Dominicains, qui jouit encore d'une partie de la célébrité que saint Thomas d'Aquin lui a acquise, lorsqu'il y enseignoit la philosophie & la théologie. Strabon & Méla disent que cette ville a été anciennement bâtie par les Aurunciens, peuple du nouveau *Latium*, dont le territoire s'étendoit du Gariglian à Terracine. Leurs villes principales étoient Minturnes, Formies, & Gayette; les deux premieres ne subsistent plus. Fondi n'a aucun monument antique qui soit plus remarquable que la voie Appienne qui la traverse dans toute sa longueur, & qui sert de pavé à la rue principale; elle a eu pendant long-temps des seigneurs particuliers, connus sous le nom de comte de Fondi. On dit qu'elle avoit conservé un assez bon nombre d'habitans & quelque célébrité jusqu'à l'an 1534, qu'Airedin Barbe-Rousse, roi d'Alger & capitan-bacha, fit une descente sur ces côtés pendant la nuit, & mit la ville à feu & à sang. Le but principal de cette expédition étoit d'enlever Julie de Gonzague, épouse de Vespasien Colonne, comte de Fondi, la femme la plus belle & la plus fiere de son siécle; dont l'amiral vouloit faire l'ornement du serrail du grand seigneur. Les Turcs qui s'étoient principalement attachés à forcer le château, firent assez de fracas pour éveiller la belle Julie, qui sur le champ s'enfuit par une fenêtre, & gagna presque nue les montagnes voisines, où elle tomba entre les mains des bannis du royaume de Naples qui étoient en grand nombre, qui la sauverent des mains des Turcs, & respecterent, à ce qu'elle assûra, sa vertu & ses charmes. Barbe-Rousse furieux d'avoir manqué son expédition, traita la ville & les habitans de la maniere la plus barbare.

Le château de Fondi est effectivement situé à l'entrée des gorges des montagnes voisines, & a une garnison comme place frontiere.

Si l'air de Fondi est contraire à ses habitans, il est excellent pour les plantations de toute espéce; les vignes, les orangers, les oliviers, les mirthes, les lauriers y croissent à souhait, les terres y sont bien cultivées & fertiles, & l'aspect du pays est très-beau. A un mille au-delà de Fondi, en suivant la voie Appienne, on traverse une montagne élevée, presqu'entiérement couverte d'oliviers au midi & au couchant, au pied de laquelle sont des vestiges de bâtimens antiques, sur lesquels on avoit élevé fort anciennement quelques ouvrages qui sembloient faits pour défendre ce passage qui est très-resserré; à la tête duquel est un pont sous lequel coule un gros ruisseau qui descend des montagnes.

Les hauteurs opposées au nord, sont arides. L'inspection du sol, la couleur de la terre & des rochers, la qualité même de quelques plantes & buissons qui y croissent, font conjecturer que ces montagnes renferment dans leur sein des carrieres de marbres, qui n'ont pas encore été ouvertes; les pierres dont on se sert dans le pays, sont brunes & tristes, & celles qui paroissent sur ces montagnes sont de différentes couleurs fort vives. Dans tout ce canton la voie Appienne est très-bien conservée; elle fait le circuit de la montagne, qui par ce moyen n'est pas difficile à monter; mais il y manque d'espace en espace des pierres, qui occasionnent les cahots fréquens qui brisent encore plus les corps que les voitures, inconvénient qui est bien plus sensible dans la plaine, lorsque l'on va plus vite. Ainsi l'on n'use qu'à regret & en tremblant de ces restes de la magnificence Romaine.

7. La petite ville d'Itri, à huit milles de Fondi, est dans une situation qui n'a rien d'agréable, c'est l'ancienne *Mamurrha* du *Latium* dont parle Horace; la rue principale est fort étroite, & la partie la plus détériorée de la voie Appienne.

D'Itri à Mola on compte huit milles

Itri. Mola-Formies Tombeau & maison de Cicéron.

qui se font sur un côteau peu élevé dont l'aspect est charmant. Mola est un beau village, bien peuplé, placé au centre d'un petit golfe, dans l'une des plus heureuses situations qu'il soit possible d'imaginer. Il est assez près des montagnes qui le couvrent des vents du nord & du couchant; il a la mer au midi & la grande route de Naples au levant. La campagne qui l'environne peut être regardée comme un jardin délicieux, planté d'orangers, de lauriers de toute espéce, de grenadiers & de mirthes, parmi lesquels croissent les jasmins & d'autres arbustes presque toujours chargés de fleurs. Les côteaux sont couverts de vignes & d'oliviers, plantés dans un terrein fertile qui produit toutes sortes de grains. A peu de distance de Mola au couchant, près du lieu dit *Sperlonga*, est la montagne de Cecube, encore chargée de vignes, dont Horace a chanté le vin. Il est toujours l'un des meilleurs du pays, & connu sous le même nom.

La mer qui est très-poissonneuse contribue à chaque instant à l'abondance qui régne dans ce lieu; on a vraiment du plaisir à voir les beaux & bons poissons que l'on y pêche continuellement. La partie principale de ce village est bordée d'un grand quai qui s'étend le long du golfe, d'où on a d'un côté la vûe de Gayette qui est située à la pointe occidentale; de l'autre celle des bords de la mer, défendus par plusieurs tours anciennes qui servoient autrefois à garantir le pays des descentes des Barbares, & que l'on continue d'entretenir en bon état.

C'est à *Mola* qu'est le premier bureau de douane du royaume de Naples, où on fait une visite exacte de tout ce que l'on emporte, tant en allant qu'en revenant, & qu'il n'y a pas moien d'éviter, à moins que l'on n'ait un passeport exprès du ministre des finances.

Mola est bâti sur les ruines mêmes de Formies, ville très-ancienne du Latium & très-considérable, habitée jadis par les Lestrigons, que Pline l'ancien & d'autres auteurs nous disent avoir été des Antropophages, ce qui est difficile à croire; il est plus probable que ces peuples étoient des corsaires déterminés qui infestoient ces côtes & qui y causoient un très-grand désordre par leurs brigandages. La ville de Formies étoit restée très-peuplée, & a eu un siége épiscopal jusques dans le neuviéme siécle. En 840 les Sarrazins établis dans les isles de la Méditerranée y firent une descente, & la ruinerent entiérement; lors le siége épiscopal fut transféré à Gayette, qui s'accrut des ruines de Formies dont elle étoit très-voisine; c'est sans doute l'asyle qu'y trouverent les habitans désolés de Formies qui les empêcha de rétablir leur ville, à la situation de laquelle ils devoient cependant être fort attachés (*a*).

(*a*) Martial fait l'éloge le plus touchant de la situation de Formies, & qui convient encore en tout à celle de Mola, qui m'a paru devoir être un séjour délicieux.

O temperatæ dulce Formiæ Littus!
Vos cum severi fugit oppidum Martis
Et inquietas fessus exuit curas,
Apollinaris omnibus locis præfert.....
. . . .
Hic summa leni stringitur Thetis vento,
Nec languet æquor; viva sed quies ponti..
. . . .
Nec seta longo quærit in mari prædam,
Sed à cubili, lectuloque jactatam,
Spectatus alte lineam trahit piscis. ...
. . . .

La mer à beaucoup gagné de ce côté ; quand elle est tranquille, on voit, assez avant dans le golfe, des ruines de bâtimens dont plusieurs ont encore des restes sensibles de magnificence. On y remarque de beaux marbres, des parties de pavés en mosaïque, des murs d'une construction solide qui se conservent sous les eaux ; on prétend que ce sont des restes de l'ancienne Formies. Autant que j'ai pû en juger, la mer, parmi ces ruines dont plusieurs s'élevent à fleur d'eau, n'a guéres plus de quinze à vingt pieds de profondeur, même assez avant dans le golfe. Cicéron a eu une maison de campagne à Formies, les auteurs contemporains en parlent sous le nom de *Formianum* ; la tradition s'en est conservée dans le pays, & on montre sur la côte au-dessous de Castellone, entre Mola & Gayette, quelques ruines assez considérables recouvertes en partie par la mer, que l'on appelle les écoles de Cicéron. Il reste une grande salle voûtée que l'on ne peut voir qu'en passant, par-

---

Quot formianos imputat dies annus
Negotiosis rebus urbis hærenti...
    Epig. 30. *L.* 10.

ce qu'elle est presque entiérement remplie d'eau; on prétend qu'elle est entourée de siéges de marbre, & que c'étoit-là que Cicéron faisoit ses conférences philosophiques, qui ont donné lieu à quelques-uns des ouvrages qui nous restent de lui.

Ces ruines sont assez considérables pour donner une belle idée de l'étendue & de la magnificence de cette maison. Toute cette plage en allant du midi au couchant est remplie de monumens antiques, qui subsistent encore, parce que les eaux de la mer empêchent qu'on ne les détruise pour les employer à des constructions modernes.

Quelques cent pas avant que d'arriver à Mola, à droite de la voie Appienne, on voit une ancienne tour à trois étages de différents diamétres, dépouillée de son revêtissement extérieur, que l'on assûre avoir été le tombeau de Cicéron. Les pierres qui se sont détachées de la maçonnerie, les buissons qui y sont crûs, empêchent que l'on n'en approche aisément; on voit seulement une petite porte quarrée qui a été l'entrée du tombeau, que je n'ai point vû à l'intérieur. Cette forme de construction est élégante. Ce n'est cependant pas dans cet endroit-là même que Cicéron fut tué par Popilius Lénas & Herennius, qu'Antoine avoit envoyés à sa pourfuite. Il partit de son Tusculanum, vint s'embarquer à Astura, petit port qui subsiste encore à la tête des marais Pontins au couchant; delà il alla par mer jusqu'aux environs du Cap *Circello*, entre Terracine & Astura; on prétend qu'il y prit terre, & que ce fut-là qu'il fut rencontré par ses assassins. Cependant le récit de Plutarque semble indiquer qu'il fut tué dans le voisinage de son *Formianum*, qui alors comme à présent étoit un pays délicieux.

Cicéron étoit trop agité de craintes pour être en état de suivre un plan déterminé, & travailler lui-même à sa propre sûreté. Son premier dessein avoit été de s'en aller par mer en Macédoine auprès de Brutus. Il n'y pensoit plus, il s'étoit abandonné à la fidélité de ses domestiques, qui cherchoient quelqu'endroit écarté dans lequel ils puffent cacher leur maître à la poursuite des émissaires d'Antoine. Ils y auroient réussi sans la trahison infâme du jeune Philologus affranchi de Quintus, que Cicéron lui-même prenoit la peine d'instruire dans les belles-lettres & la Philosophie, qui découvrit à Herenniusle lieu où son maître se retiroit; ce grand homme avoit alors soixante-quatre ans complets.

L'inspection des lieux attendrit sur son sort, & rend plus horrible encore la cruelle vengeance d'Antoine, & surtout la barbare ingratitude de Popilius Lénas, que l'éloquence & le crédit de Ciceron avoient sauvé d'un supplice infame, lorsqu'on l'accusoit d'avoir tué son propre pere (*a*).

<small>Gayette.
Ruines de Minturnes.</small>

8. Le golfe que les anciens appelloient de Formies est aujourd'hui le golfe de Gayette, du nom de la ville qui est bâtie à une de ses pointes; cette ville est très-ancienne en Italie; elle doit son origine & son nom au temps même d'E-

---

(*a*) *Quandiu rerum natura aut fortuna steterit, aut memoria duraverit, admirabile posteris vigebis ingenium, & uno proscriptus sæculo, proscribes Antonium, omnibus. Arel. Fuscus*....

Cicéron tranquille, s'estimoit assez pour ne pas douter du jugement que la postérité porteroit entre Antoine & lui. Mais prêt de périr, il étoit trop foible, pour que l'amour de la gloire le mît au-dessus des agitations qui précéderent l'instant de son assassinat.

née, qui fit enterrer fur cette pointe fa nourrice qu'il avoit fauvée du fac de Troye, & qu'il menoit avec lui (*a*).

Les peuples de Samos y envoyerent enfuite une colonie qui y bâtit une ville, qui fut poffédée par les Aurunciens, & après par les Romains. Mais elle n'eft devenue confidérable que depuis la ruine de Formies & celle de Minturnes. Aujourd'hui c'eft une place importante, très-bien fortifiée, que l'on regarde comme la clef du royaume de Naples.

Alfonfe roi d'Arragon fit conftruire en 1440 le château qui eft à la pointe du golfe; il y a toujours une garnifon très-forte, & on ne permet à aucun étranger d'entrer dans la place, que l'on n'ait vifité fes paffeports, & que l'on ne le faffe enfuite accompagner par quelques foldats de la garnifon. Cette place ap-

---

(a) *Tu quoque, littoribus noftris, Æneïa nutrix,*

Æternam moriens famam, Caïeta, dedifti,

Et nunc fervat honos fedem tuus : offaque nomen

Hefperia in magna (fi qua eft ea gloria) fignant.....
       Æneid. 7.

partient à la branche Espagnole de la maison de France depuis 1734. Les Espagnols en firent le siége par mer, & en peu de temps ils forcerent la garnison Autrichienne à se rendre à discrétion; depuis ce temps on a réparé les fortifications que l'on a fort augmentées; il y a plusieurs batteries à fleur d'eau qui paroissent en bon état, & qui défendent avec avantage les abords de la place par mer.

Le côté de terre a aussi de bonnes fortifications. Tout au haut de la place hors du château, on voit une ancienne tour d'une assez belle construction, qui est le mausolée de Lucius Munatius Plancus; on l'appelle dans le pays la tour de Roland. L'inscription qui est au-dessus de la porte, mal entendue, a fait croire à quelques antiquaires que c'étoit un temple de Saturne; mais la forme du monument, tout-à-fait semblable à celui de la famille Métella qui est hors de la porte de S. Sebastien de Rome, connu sous le nom de *Capo di Bove* prouve que ce n'a jamais été qu'un tombeau. Ce Munatius étoit contemporain d'Auguste & son ami (*a*).

(*a*) Voici l'inscription.

On ne manquera pas auſſi de voir la *Rocca Spaccata* ou le Rocher fendu, prodige que l'on prétend être arrivé lors de la mort du Sauveur. Ce rocher, qui effectivement n'a formé autrefois qu'un ſeul maſſif, a été fendu par quelque grand effort, depuis ſa cîme juſqu'à la mer, ainſi qu'il eſt aiſé de s'en appercevoir par le rapport des parties convexes & concaves qui ſe répondent parfaitement; on a pratiqué entre les deux parties du rocher, un eſcalier large à paſſer deux perſonnes, qui deſcend à une chapelle bâtie au niveau de la mer dédiée à la ſainte Trinité, à ſainte Anne & à ſaint Nicolas, à laquelle tous les gens de mer

———————————

L. Munatius. L. F. L. N. L. Pron.
Plancus, Coſ. Cenſ. Imp. iterum. V I I. vir. Epulon.
Triump. ex. Rhætis. Ædem. Saturni.
Fecit de manubiis. Agros. diviſit. in Italia.
Beneventi. in Gallia. colonias. deduxit
Lugdunum. & Rauricam.

On verra que c'eſt en quelque ſorte un abrégé de la vie de Munatius-Plancus où les principales circonſtances de ſa vie ſont rapportées, telle que celle d'avoir fait bâtir un temple à Saturne des dépouilles des Rhetiens. . . . .

ont grande dévotion. On fait voir sur un des côtés du rocher la forme d'une main imprimée dans la pierre; miracle arrivé pour convaincre un incrédule, qui ne croyoit pas plus que ce rocher se fut ouvert à la mort du Sauveur, que la pierre fut tendre & flexible. Un distique gravé au-dessous, conserve la mémoire de ce miracle (*a*).

La vûe du haut de cette montagne est admirable; on découvre la ville de Gayette, une grande étendue de mer des deux côtés, une partie d'un pays délicieux, peuplé de belles maisons & de quelques-uns de ces jardins en terrasses soutenues par des voûtes que les Romains appelloient, *Horti pensiles*.

La ville de Gayette resserrée dans l'enceinte des fortifications est peu étendue, elle n'a qu'une rue principale qui aboutit aux deux portes; à en juger par la quantité de soldats que l'on y voit, la garnison doit être nombreuse: mais les fauxbourgs sont considérables & bien

―――――――――

(a) *Improba mens, verum renuit, quod fama fatetur,*
Credere, ad hoc, digitis, saxa liquata, probant.

bâtis. La population monte à dix mille ames, non compris la garnison.

L'églife cathédrale de Gayette eft un édifice peu confidérable. On nous fit remarquer à côté du maître-autel une colonne de marbre blanc fculptée du haut en bas, que l'on croit avoir fervi au temple de Salomon. Elle eft d'un travail gothique & recherché avec beaucoup de propreté; ce qui eft vraiment beau, c'eft le vafe antique de marbre parien qui fert à conferver l'eau des fonds baptifmaux de cette églife. Il a environ quatre pieds de hauteur, en forme de cloche. Le bord du vafe eft entouré d'une guirlande de pampres; fur le corps on voit le jeune Bacchus que Mercure remet au moment de fa naiffance entre les bras d'Ino; une troupe de fatyres & de bacchantes forment une danfe; on y remarque un fatyre qui joue de deux fluttes en même-tems (a). Cet ouvrage eft

―――――――――――――

(a) On jouoit de ces deux fluttes en même-temps pour foutenir la voix dans le chant ou l'accompagner dans le récit. Celle de la droite rendoit un fon aigu, celle de la gauche un fon grave. On les fabriquoit avec des rofeaux. Pour les fluttes gauches on prenoit le bas du rofeau qui étant plus gros & plus épais & ayant un trou

d'un travail achevé & d'une correction de deſſein vraiment digne des beaux temps de la Grece. Une inſcription l'attribue à Salpion, ſculpteur Athénien. A côté d'une des petites portes de l'égliſe eſt un groupe antique fort bien compoſé. La figure principale eſt d'un vieillard qui poſe le pied ſur un chien, couché en partie ſur une tête de mort. Un ſerpent ſe tortille autour de la jambe & du corps du vieillard, & a la tête poſée ſur la ſienne, qui eſt ſurmontée d'une aigle. Ce compoſé emblématique me paroît repréſenter la vieilleſſe, qui, malgré la vigilance & la pénétration des médecins, ne peut reculer le terme de la mort.

En qualité de François on ne manqua

---

plus large, rendoit un ſon plus fort; pour les fluttes droites on ſe ſervoit du deſſus des roſeaux qui rendoit un ſon plus clair, par les raiſons contraires.... Varron (L. I. de re ruſtica) eſt précis ſur ce ſujet..... *Tibias dextras & ſiniſtras, cum uno eodemque tempore ſonarent, ut hiſtrionum vocem ſequerentur, alteram incentivam, alteram ſuccentivam fuiſſe......* Dans le titre de l'Andrienne de Térence, on annonce qu'elle a été accompagnée de deux fluttes, *tibiis dextris & ſiniſtris*. Les Romains avoient pris cet uſage des Grecs......

pas de nous faire voir les triſtes reſtes du connétable Charles de Bourbon, tué en prenant Rome d'aſſaut en 1527. Ses os ſont en dépôt dans une petite chambre qui eſt à côté du premier corps de garde du château. Comme il étoit excommunié de droit & de fait, pour l'entrepriſe ſacrilége dans laquelle il périt, ſes ſoldats mêmes n'oſerent l'enterrer en terre ſainte ; ils rapporterent ſon corps à Gayette où il eſt reſté depuis ce tems. Sans doute que l'on fit alors quelque préparation pour le deſſécher ; car il eſt dans une grande caiſſe en pied, habillé à la mode du temps, botté & ganté ; le menton eſt de bois, le véritable étant tombé ; il reſte une peau ſéche & noire ſur la partie ſupérieure du viſage qui eſt à découvert. La caiſſe eſt dans une petite voûte taillée dans le roc fermée d'une double porte de fer. Un bas officier invalide a la clef de ce dépôt qu'il ne fait pas voir *gratis*. Sur la muraille de la petite chambre ſont écrites différentes épitaphes du connétable, en Eſpagnol, en Allemand, & en Latin. Hors de la porte du fauxbourg ſur le bord de la mer, on ne manque pas de montrer l'endroit ou le ſéraphique ſaint François prêcha avec tant d'onction que les poiſſons pour l'entendre mirent la tête hors de l'eau.

Le port de Gayette, garanti des vents du midi, du couchant & du nord, est en demi cercle, revêtu de beaux quais garnis d'artillerie, avec quelques ouvrages avancés du côté de la plaine mer. Comme le vent étoit nord & très-frais, dès que nous eûmes quitté le port, nous fîmes canal droit à Mola, avec la plus grande rapidité, dans une petite barque fort inclinée du côté où elle pouvoit renverser; position peu commode pour gens qui ne connoissent pas la mer & qui préféreroient une maniere d'aller moins rapide, mais plus sûre; aussi je revis avec grand plaisir les ruines de l'ancienne Formies, parce qu'en cet endroit on baissa la voile, & on prit les rames, pour aborder à Mola.

L'eau douce ne manque pas sur ces côtes, plusieurs sources coulent des montagnes qui les couvrent au nord, & entretiennent des ruisseaux qui portent la fraîcheur & la fertilité dans ces belles campagnes.

En sortant de Mola on suit la voie Appienne jusqu'à Minturnes; & au passage du Gariglian pendant l'espace de huit milles, dans une plaine fertile & bien cultivée,

cultivée, bordée presque par-tout de hayes vives de mirthes, lauriers, grenadiers, entremêlés d'autres arbustes fleuris; on voit pendant plus de trois milles le long de cette côte charmante, que l'on quitte à regret, des plantations de vignes, d'orangers, d'oliviers, & d'autres arbres à fruit; tout cela est entremêlé d'une multitude de tombeaux antiques de toutes grandeurs & de toutes formes, mais si mutilés, qu'il n'en reste plus que ce qui peut annoncer qu'ils ont existé.

Avant que de passer le Garigliano, on voit des deux côtés du chemin quelques vestiges de l'ancienne ville de Minturnes, bâtie autrefois sur les frontières du *Latium* & de la Campanie; on y reconnoît encore les restes d'un amphithéâtre, & plusieurs arcades d'un grand aqueduc qui y conduisoit l'eau de la montagne, sur laquelle est située à gauche la petite ville de Traetta. Le Gariglian ou Liris forme quelques marais qui rappellent les malheurs du célébre Marius, qui fut obligé de se cacher dans ces boues pour se dérober aux satellites que Silla avoit mis à ses trousses, & que malgré ces précautions il ne pût éviter; il me sembloit voir ce grand homme qui avoit été sept fois consul, sortir, couvert de fange,

Tome IV. C

du bourbier où il s'étoit caché, & faire trembler même dans cet instant les soldats auxquels il se livroit, que sa fermeté & la gloire de son nom empêcherent de porter sur lui des mains parricides. Les réflexions de Juvénal à ce sujet son admirables (a).

C'est-là où l'on passe le Gariglian, au lieu dit *Barca del Garigliano*, où il n'y a qu'une tour anciennement construite pour garder ce passage & un cabaret de mauvaise apparence. Les eaux de ce fleuve qui est navigable sont troubles, & charrient avec elle beaucoup de terres & de sables, ses bords sont escarpés; en le quittant la direction du chemin est au levant, & on s'éloigne de la mer qu'on

---

(a)   ... *Vox justi facunda Solonis*
Respicere ad longæ jussit spatia ultima vitæ.
Exilium & carcer, Miturnarumque paludes,
Et mendicatus, victa Carthagine, panis;
Hinc causas habuere. Quid illo cive tulisset
Natura in terris, quid Roma beatius unquam,
Si circumducto captivorum agmine, & omni
Bellorum pompâ, animam exhalasset opimam,
Cum de Teutonico vellet descendere curru ...
   Juven. S. X.

laisse à droite. On passe à travers une plaine, dont le fonds est gras & bourbeux, mais où il n'y a point de chemins faits. Du Gariglian à Capoüe on compte vingt-quatre milles ; on passe par sainte Agathe & Francolisi ; le pays est par-tout excellent, & très-peuplé, car rien n'y est inculte ; mais les chemins sont abominables, sur-tout depuis Francolisi jusqu'à Capoüe. Après les pluies on y est dans la boue jusqu'au ventre des chevaux & quelquefois au-delà, & toujours à l'instant de renverser ; c'est-là que l'on regrette bien sincérement les cahots de la voie Appienne que l'on avoit été si content de quitter. Comme ce terrein est fort absorbant, il séche très-vîte ; mais la route n'en est pas plus commode : car j'y ai passé lorsque le temps étoit serain & le chemin fort sec, & souvent ses inégalités, les trous qui s'y rencontrent, embarrassent tellement les postillons que l'on est obligé de descendre de voiture pour ne pas culbuter ; aussi dit-on qu'il est impossible d'y passer pendant la nuit sans être renversé. Si quelque chose peut diminuer la peine & l'ennui de marcher sur des chemins si peu pratiquables, c'est la beauté de la campagne & sa fertilité, à laquelle on ne peut comparer aucun autre pays.

Capouë.

9. Capoüe est la capitale de la terre de Labour, & de la principauté, dont les fils des rois de Naples ont autrefois porté le nom. La ville de ce nom n'est point l'antique Capoüe, si célébre par ses délices & sa puissance, où l'armée d'Annibal s'énerva au point qu'elle devint indocile à la voix de son chef, & fut incapable de résister aux Romains, qui sembloient anéantis par la perte de la bataille de Cannes. Elle n'est pas même bâtie sur ses ruines; on les voit à deux milles au levant.

L'ancienne Capoüe étoit si puissante qu'on la comparoit à Rome & à Carthage; elle proposa même aux Romains, que l'un des deux consuls fut toujours choisi parmi ses citoyens. Les uns attribuent sa fondation aux Etrusques, & ce sont ceux qui lui donnent l'origine la plus moderne; les autres, parmi lesquels on peut compter Virgile, Suétone, & Pline, lui donnent pour fondateur Capys, l'un des compagnons d'Enée (a). Quoiqu'il

---

(a) *Et Capys: hinc nomen capanæ ducitur urbi...* Æneid. L. 10.

en soit de son antiquité, après que les soldats d'Annibal se furent perdus dans ses délices, il est certain qu'elle se crut tout au moins égale à Rome ; ce qui la rendit odieuse aux Romains, qui dans des temps plus heureux, sur-tout après la destruction de Carthage, l'abaisserent en toutes occasions. Jules César y envoya une colonie Romaine peu de temps avant sa mort ; ce qui fait que dans quelques anciens monumens, elle porte le nom de *Julia Capua Felix* (*a*). Dans

---

(*a*) Ausone dans l'éloge qu'il fait des villes principales de son temps, décrit avec autant d'élégance que de vérité les révolutions de Capoüe, & son orgueil....

Senatum,
Sperneret an coleret dubitans. Sperare Curules.
Campanis ausa auspiciis, unoque suorum
Consule, ut imperium divisi attolleret orbis....

. . . .

Heu nunquam stabilem sortita superbia sedem !
Illa potens, opibusque valens, Roma altera
quondam :
Comere quæ paribus potuit fastigia comis,
Octavum, rejecta, locum vix pone tuetur....

le sixiéme siécle elle fut ruinée par Genseric roi des Vandales, & rétablie peu après par Narsès, général des armées de Justinien; les Lombards, maîtres de presque toute l'Italie, la renverserent & la laisserent à-peu-près dans l'état où elle est encore aujourd'hui, dans le lieu appellé *santa Maria delle Grazie* ou la vieille Capoüe : on y voit quelques restes d'édifices antiques qui ne peuvent avoir été que ceux d'une grande & belle ville. L'amphithéàtre surtout devoit être l'un des plus magnifiques qui eût été construit dans ces temps reculés; il étoit décoré, comme celui de Rome, des quatre ordres d'architecture, & outre cela d'autres ornemens, qui manquoient au colisée ; sur l'architrave qui séparoit le premier ordre du second, étoient en relief les têtes de toutes les divinités du paganisme; entre le second & le troisiéme les bustes des mêmes divinités, entre le troisiéme & le quatriéme leurs statues; il ne reste plus qu'une partie de la décoration du premier ordre, le reste ayant

---

Encore déchut-elle beaucoup de ce rang, & finit par être anéantie, car la ville qui porte ce nom, n'est plus la même.

été enlevé. Ce devoit être une chose fort singuliére de voir cette nombreuse assemblée de divinités payennes, chacune avec leurs attributs, à la suite les unes des autres. Il n'y a presque plus rien de l'enceinte extérieure qui étoit de grandes & belles pierres; mais la carcasse intérieure de ce vaste édifice batie de briques, subsiste encore, parce qu'on n'a pû en tirer un parti aussi avantageux que des pierres que l'on a employées, partie dans les édifices de la nouvelle Capoüe, partie même à faire des chaussées & à réparer les chemins : encore sont-ils si mauvais dans tout ce voisinage, que l'on souhaiteroit que ce qui reste de ruines dans la vieille Capoüe, y eut été transporté pour les rendre plus pratiquables. Quelques autres morceaux de sculpture & d'architecture épars dans ses ruines, prouvent que l'on y bâtissoit avec magnificence, eu égard au temps auquel on peut placer leur construction. Mais tout cela est si négligé que l'on ne peut en tirer aucune lumiere certaine, & qu'il faut s'en rapporter au témoignage des anciens sur ce lieu de délices, que Cicéron appelle le séjour de l'orgueil & le siége de la débauche.

Dans le neuviéme siécle, l'évêque

Landulphe & le comte Landon, probablement tous deux Lombards, firent bâtir la nouvelle Capoüe, des ruines de l'ancienne, sur les bords du Vulturne, au pied du mont *Tifates*, aujoud'hui *S. Nicolo*; le quartier principal du camp d'Annibal étoit placé sur le bas de la montagne que l'on appelle aujourd'hui *la Montagnuola*, dont le pied touche les murailles de Capoüe. Jean XIV en 968 l'érigea en archevêché.

Tant que cette ville a été sous la puissance des rois de Naples de la maison d'Autriche, elle alloit de mal en pis, la population y diminuoit, & bientôt la nouvelle Capoüe eût été comme l'ancienne un amas de ruines. Mais depuis l'avénement de dom Carlos au trône de Naples, il a fait de cette ville une place considérable, qui est très-bien fortifiée, avec un bon château & une forte garnison à laquelle répondent les différens quartiers de troupes répandues dans les environs, & que l'on fait monter à huit ou dix mille hommes. Elle est actuellement sur le ton d'une ville de guerre où le service militaire se fait avec la plus grande exactitude. Pour passer au-delà, il faut être muni d'un passeport du ministre du roi de Naples résidant à Rome, sans quoi le gouverneur ou l'officier qui le remplace, arrête tout étranger qui passe, & le retient jusqu'à ce qu'il ait fait venir un passeport de Rome, à moins qu'il ne prenne le parti de retourner sur ses pas & d'aller lui-même le chercher.

Cette ville a quelques quartiers assez bien bâtis, plusieurs maisons de belle apparence, & une église cathédrale que l'on croiroit antique, si l'on en jugeoit par quelques-unes de ses parties qui sont incontestablement construites des matériaux pris dans l'ancienne Capoüe, & ajustés à un usage plus moderne ; ce qui a fait croire à quelques voyageurs que cette église étoit construite sur les fondemens d'un temple antique, chose qui n'est pas probable, la Capoüe actuelle ayant été bâtie dans le neuviéme siécle, sur un terrein qui avoit été inhabité jusqu'à cette date. Sa population est de dix à douze mille ames ; ce qui joint à la garnison donne un air très-vivant à cette ville, où il paroît qu'il se fait toujours un grand mouvement.

A quatre milles de Capoüe au levant est la petite ville épiscopale de Caserte avec titre de principauté. Le roi de Naples en a fait l'acquisition & il y réside une partie de l'année ; j'en parlerai plus bas, de même que du château royal que l'on y bâtit.

On compte seize milles de Capoüe à Naples, qui se font par un chemin aligné & assez large, auquel il paroît que l'on a travaillé; mais comme il n'est pas entretenu par corvées, il y a des endroits très-mauvais, quoique ce soit la route que suivent une partie de ceux qui vont à la cour, lorsqu'elle est à Caserte, surtout quand les chemins sont boueux.

Toute la campagne présente un spectacle également agréable & riche; partout ce sont des prairies, des terres cultivées avec soin, des vignes plantées au pied d'arbres élevés, sous lesquels on séme des grains de toute espéce.

A moitié chemin de Capoüe à Naples on rencontre *Aversa*, ville bâtie dans le dixiéme siécle par Robert Guiscard gentil-homme Normand, duc de la Pouille & de Calabre, dans le dessein de l'opposer à Naples & d'en attirer, s'il pouvoit, les habitans dans la nouvelle ville; projet qui ne devoit pas réussir, mais qui prouvoit le génie entreprenant de cet illustre avanturier; il la forma des ruines de l'ancienne ville d'Atella qu'il acheva de détruire, dont Léon IX transféra le siége épiscopal à Averse. Charles I. d'Anjou détruisit cette ville qui avoit tenu trop constamment le parti des princes de la maison de Suabe. Depuis elle a été rétablie & entourée d'une simple muraille. Son évêché est le plus riche du royaume. La principale rue qui la traverse dans toute sa longueur, est belle, large & décorée d'assez beaux bâtimens.

L'ancienne ville d'*Atelles* étoit bâtie à un mille d'Averse au midi, à l'endroit appellé aujourd'hui *San-Arpino*. Ce n'est pas dans cette ville où les Atellanes, ou comédies libres, avoient pris leur naissance; elles avoient été imaginées à Atella en Toscane; elles tenoient le milieu entre la comédie sérieuse, & la farce, & étoient dans le goût des guêpes d'Aristophane, ou si l'on veut, des plaideurs de Racine. Depuis elles devinrent si licencieuses & si contraires aux bonnes mœurs que le sénat les défendit. D'Averse à Naples il y a huit milles, dont trois au moins se font ou dans les fauxbourgs de cette capitale, ou dans les villages qui y tiennent & qui sont bien bâtis.

10. Si l'Italie est le jardin de l'Europe, la partie la plus délicieuse de ce jardin est le royaume de Naples; il occupe du nord au midi & au levant toute l'extrémité de l'Italie. Sa plus grande longueur

Étendue & division du royaume de Naples.

de *Capo del'Armi* à la pointe méridionale de la Calabre ultérieure, jusqu'à l'embouchure du Tronto qui sépare l'Abruzze ultérieure de la Marche d'Ancone, du midi au nord, est d'environ trois cens cinquante milles. Sa largeur du couchant au levant, à compter de Gayette à l'embouchure de l'Aterno, ou de Naples à la pointe de la Capitanate, est d'environ cent milles ; le circuit du royaume est en tout de quatorze cens huit milles ; de sorte qu'il a plus de quatre cens lieues de côtes. Il a pour frontières au couchant & au nord, la Campagne de Rome, la Sabine & la Marche d'Ancone. A l'orient le golfe de Venise, au midi & à l'occident la mer de Toscane. Les côtes de ce royaume sont défendues par vingt châteaux ou places fortifiées, & trois cens trente-cinq tours ou redoutes, disposées d'espace en espace sur les rivages où la descente se peut faire aisément.

Il est divisé en douze provinces qui sont, 1°. la Terre de Labour, anciennement la *Campanie*, qui a pour capitale Naples. 2°. La principauté citérieure, *Picentins*, Salerne. 3°. La principauté ultérieure, *Hirpini*, Monte Fusco. 4°. La Basilicate, *Lucania*, Matera. 5°. La Capitanate, *Daunia*, Lucera. 6°.

Comté de Molifi, *Frentani*, Molifé. 7º. Terre de Bari, *Peucetia*, Trani. 8º. Terre d'Otrantie, *Yapigia*, Leccé. 9º. Calabre citérieure, *Brutii*, Cofenza. 10º. Calabre ultérieure, *Magna Græcia*, Catanzaro. 11º. Abruzze citérieure, *Veftini*, Aquila. 12º. Abruzze ultérieure, *Marfi*, Chieti; chacune de ces provinces à un tribunal royal pour l'adminiftration de la juftice, connu fous le nom de la ville principale où eft fa réfidence. Ce royaume a vingt-deux archevêchés & cent feize évêchés; on peut juger par-là de fa population & de fa fertilité (*a*).

Ce pays a été le théâtre d'une multitude de révolutions qui fe font fuccédées pendant un long efpace de temps, & la ville de Naples qui prend le titre de Très-Fidelle, a fomenté dans fon fein au moins quarante conjurations différentes, pen-

―――――

(*a*) L'églife de Rome poffède en fouveraineté le pays de Benevent enclavé dans la principauté ultérieure au nord, qui fut cédé en 1053 au pape Léon IX par l'empereur Henri III, en échange de la ville de Bamberg en Franconie, dont les droits féodaux appartenoient à l'églife. Le pays de Benevent eft très-refferré autour de la ville capitale dont il porte le nom.

dant lesquelles elle se donnoit des maîtres, tantôt à la fantaisie d'un peuple tumultueux & inconstant, tantôt parce qu'elle étoit forcée de céder à la loi du plus fort.

Ville de Naples, son origine.

11. La ville de Naples est très-ancienne; il est difficile d'assigner le temps de sa fondation. Elle porta, dit-on, d'abord le nom de *Parthenope* qui étoit celui d'une des Sirénes qui essayerent de gagner Ulysse par les charmes de leurs figures & de leurs voix ; mais qui désespérées de n'avoir pû réussir, se disperserent pour aller cacher leur honte loin des lieux qui en avoient été témoins. L'une d'elles fit naufrage sur les rivages de la mer Thyrrénienne, & y fut enterrée. On y trouva son tombeau en jettant les premiers fondemens d'une ville à l'endroit où est aujourd'hui celle de Naples, c'est-à-dire la partie qui joint la montagne de Pausilippe, & on lui donna le nom de la Nymphe ou Siréne (a). Les habitans

---

(a) Les poëtes qui dans toutes les nations ont été les premiers écrivains, ou historiens si l'on veut, se sont égayés à imaginer des fables sur l'origine des choses ; sur-tout quand ils ne trouvoient rien dans la tradition qui fixât des bornes à leur imagination ; mais que l'on n'oublie pas

de Cumes, alors ville très-florissante s'étant apperçûs que la beauté de la situation de la nouvelle Parthenope & la salubrité de son air engageoient plusieurs d'entr'eux à aller s'y établir aux dépens de leur ancienne patrie qui se dépeuploit tous les jours, la ruinerent. Mais ayant été affligés de la peste, ils consulterent l'oracle, qui répondit qu'ils n'en seroient délivrés qu'à condition qu'ils rebâtiroient la ville de Parthenope, condition à laquelle ils se soumirent. Cette réponse d'oracle n'est-elle pas l'avis de quelque médecin prudent & sage qui leur conseilla de préférer le séjour de Naples à celui de Cumes, à cause de la bonté de l'air & des agrémens de la position, remédes excellens pour la maladie dont les Cumains étoient attaqués.

Ce n'est pas la seule origine que l'on donne à la ville de Naples; on trouve parmi les anciens & les modernes plu-

---

qu'ils faisoient profession de s'amuser, & que les prétendus sçavans qui sont venus après eux, on pris le ton serieux de la vérité en débitant les mêmes chimères. Ce qui fait qu'on peut justement leur dire avec Senèque. . . . *Tristius inepti sunt: illi ex professo lasciviunt; hi agere se ipsos aliquid existimant.*

sieurs auteurs qui en attribuent la fondation les uns à Hercule, les autres à Enée, à Ulysse, aux Phocéens & aux Marseillois, à Phalaris Tyran d'Agrigente, &c. Ce qui paroît le plus probable, c'est que Naples a été bâtie par les Grecs; son nom même de *Neapolis* ou nouvelle ville est Grec. Tite-Live à l'an de Rome 427, dit que les villes de *Paleopolis* & de *Neapolis*, habitées par le même peuple & très-voisines l'une de l'autre, avoient été bâties par les Cumains, qui étoient venus par mer de Calchis, ville de l'Eubée, aujourd'hui *Négrepont*, & qui étoient très-puissans dans le canton où ils s'étoient établis (*a*).

Cette ville alors étoit très-florissante & conservoit sa liberté par son alliance avec les Samnites qui n'étoient pas entiérement subjugués. Un siécle environ plus tard, dans le temps de la seconde guerre Punique, lorsque les Romains un peu revenus de l'abattement où les

---

(*a*) *Palæopolis haud procul inde ubi nunc Neapolis sita est. Duabus urbibus, populus idem habitabat. Cumis erant oriundi. Cumani ab Calchide Euboicâ, classe qua advecti ab domo fuerant, multum in ora maris ejus quod accolunt potuere.* Tit. L. 8....

avoit jettés la défaite de Cannes, commençoient à forcer Annibal à reculer; les Napolitains qui n'avoient pris aucun parti entre Rome & Carthage, prévoyant que la fortune se rangeroit du côté des Romains, leur envoyerent une ambassade qui prouve & la richesse de leur ville & la sagesse des magistrats qui la gouvernoient (*a*). Ils apporterent une somme considérable aux Romains, pour les aider à chasser l'ennemi commun hors de l'Italie; c'est encore Tite-Live qui nous apprend ce fait; ce qui, suivant

---

(*a*) *Quum ad Geronium hieme impediente, constitisset bellum, Neapolitani legati Romam venere. Ab iis quadraginta pateræ aureæ, magni ponderis, in curiam illatæ, atque ita verba facta, ut dicerent, scire sese Romani populi ærarium bello exhauriri.... æquum censuisse Neapolitanos, quod auri sibi cum ad templorum ornatum, tum ad subsidium fortunæ à majoribus relictum foret, eo juvare populum Romanum.* T. Liv. L. 22. c. 32. A. v. 535.

Je remarquerai à ce sujet que cette ville déja opulente, comptoit au rang des vraies richesses de l'état les trésors qui ornoient les temples, & qu'elle sçavoit s'en servir à propos pour se faire des amis puissans; ces sortes d'effets étoient consacrés au culte public, le public seul pouvoit en disposer, & ne craignoit pas que la cupidité particuliere les tournât jamais à son profit.

toutes les apparences, fut l'origine de la bonne intelligence qui dura conftamment entre les villes de Rome & de Naples. Depuis ce tems les Napolitains furent conftamment attachés aux Romains plutôt comme alliés que comme fujets.

Les Goths s'emparerent de la ville de Naples dans le cinquiéme fiécle ; Bélifaire la reprit en 537. Totila la dévafta en 543. Les Lombards s'en rendirent enfuite les maîtres, & la garderent jufqu'à la deftruction de leur puiffance en Italie par Charlemagne ; mais les Grecs profitant de la foibleffe & de la divifion des defcendans de ce prince, fe rendirent maîtres de toute cette partie de l'Italie. Dans les neuviéme & dixiéme fiécles, les Sarrafins firent diverfes conquêtes fur ces côtes, dans lefquelles ils prouverent leur puiffance, plus par la défolation qu'ils y porterent que par l'empire qu'ils y acquirent ; car dans les différentes révolutions qui précéderent l'arrivée & l'établiffement des princes Normands en Italie, on peut dire que Naples conferva au moins le titre de ville libre, fi elle ne jouit pas d'une liberté entière.

Suite des rois de Naples. 12. Ses premiers Seigneurs à titre de princes fouverains furent les princes Normands descendus de Robert Guischard duc de la Pouille & de Calabre, qu'il conquit sur les Sarrasins; ils y fonderent une nouvelle domination environ l'an 1059 sous le pontificat de Nicolas II, qui consentit à cet établissement, à condition que le nouvel état seroit feudataire & tributaire du saint Siége. Le Pape tira ensuite de grands services de ces mêmes princes, qui subjuguerent les petits tyrans qui étoient dans les environs de Rome; environ vingt ans après, le pape Grégoire VII qui d'abord avoit excommunié les Normands comme des usurpateurs, leur donna une nouvelle investiture avec le titre de rois, aux mêmes conditions, y ajoutant celle de défendre les Papes contre les entreprises des Empereurs.

Ces princes furent Roger duc de la Pouille & de Calabre; Guillaume I dit le mauvais, Guillaume II le bon, Tancréde, & Roger qui ne laissa qu'une fille appellée Constance qui lui succéda dans ses états, & qui les porta dans la maison de Suabe par son mariage avec l'empereur Henri VI, qui eut pour successeurs Frédéric II, & Conrad IV, empereurs; Mainfroy, fils naturel de Frédéric, & Conradin fils de Conrad IV.

Le pape Clément IV donna en 1265 l'inveſtiture de ce royaume aux princes de la maiſon d'Anjou, dont le premier fut Charles de France comte d'Anjou, couronné à Rome l'an 1266, & fut le chef des rois de la premiere branche d'Anjou, qui y regnerent juſqu'en 1414. Ces rois furent Charles I, Charles II le boiteux. Robert, Jeanne I, Charles III de Duras, Ladiſlas & Jeanne II, qui d'abord adopta Alfonſe d'Arragon, fils du roi de Sicile, & enſuite René d'Anjou comte de Provence, qui ne prit jamais poſſeſſion de ce royaume, non plus que Charles IV ſon ſucceſſeur, qui en 1481 inſtitua Louis XI roi de France, ſon héritier au royaume de Naples & au comté de Provence. Pendant ce temps-là, Alphonſe d'Arragon, en vertu de ſa premiere adoption, comme héritier de la maiſon de Suabe, dont il deſcendoit par Conſtance fille du bâtard Mainfroi que Pierre d'Arragon roi de Sicile avoit épouſée en 1262, s'établit à Naples, & eut pour ſucceſſeurs Ferdinand I, Alfonſe II & Ferdinand II que Charles VIII roi de France dépoſſéda le 21 Février 1495, jour auquel il entra en conquérant dans la ville de Naples, qui le reconnut pour ſon ſouverain légitime, en qualité d'héritier de la maison d'Anjou; mais à peine conserva-t-il cette conquête pendant un an. Ferdinand II remonta sur le trône, & étant prêt à mourir, il fit reconnoître pour son successeur, Frédéric son fils naturel, que Louis XII roi de France & Ferdinand le Catholique dépouillerent ; ces deux princes convinrent de partager entr'eux la Sicile & le royaume de Naples; mais cet accord ne dura qu'autant que les François furent en état de maintenir le traité de partage par la force des armes. Gonsalve de Cordoue, dit le grand capitaine, les en déposséda en peu de temps, & assûra la possession entiere du royaume de Naples à Ferdinand le Catholique, qui le laissa à Jeanne la folle sa fille, femme de l'archiduc Philippe d'Autriche ; ils eurent pour successeurs l'empereur Charles V, Philippe II, Philippe III, Philippe IV & Charles II, tous de la maison d'Autriche. Ce dernier étant mort sans enfans le 1er Novembre 1700, appella Philippe de France duc d'Anjou, petit fils de Louis XIV, à la succession de tous ses états. Il fut reconnu en 1701 roi d'Espagne & de Naples, sous le nom de Philippe V. Les Napolitains parurent accéder de bonne grace au testament de Charles II;

mais la même année les partisans de la maison d'Autriche y ménagerent une conspiration, qui fut découverte & dissipée au moment qu'elle alloit éclater.

Philippe V y passa en 1702 & fut reçu aux acclamations de tout le peuple qui lui érigea dans la ville une statue équestre; son parti y domina pendant quelques années. En 1707, la conspiration du cardinal Grimani, livré à la maison d'Autriche, eut enfin son effet. Les Napolitains ouvrirent leurs portes aux troupes Allemandes, se joignirent à elles, proclamerent roi Charles archiduc d'Autriche qui fut depuis l'empereur Charles VI, renverserent la statue de Philippe V, & forcerent le duc d'Escalone à quitter Naples & à se retirer à Gayette; où il fut fait prisonnier, & de là conduit au château de Milan. Par le traité d'Utrecht du 9 mars 1713, les rois de France & d'Espagne signerent un traité de neutralité pour les états d'Italie qui devoient rester à ceux qui les possédoient alors; ainsi le royaume de Naples resta à l'empereur Charles VI.

Le traité de neutralité ayant été rompu en 1734, les troupes du roi d'Espagne commandées par l'infant dom Carlos son second fils, duc de Parme & de

Plaisance, s'emparerent du royaume de Naples en très peu de temps; & l'infant dom Carlos, par la cession du roi son pere, fut reconnu roi le quinze mai de la même année. Il a passé sur le trône d'Espagne au mois d'octobre 1759, & a laissé la couronne de Naples au prince Ferdinand son troisiéme fils; le prince Charles des Asturies son second fils étant l'héritier présomptif de la couronne d'Espagne; le prince dom Philippe son premier fils ayant été déclaré par les états du royaume assemblés, incapable de régner.

Le royaume de Naples est fief de l'église, dont on fait hommage au pape en lui présentant tous les ans le jour de saint Pierre, une haquenée blanche avec une bourse de sept mille ducats.

Ferdinand IV roi de Naples, prend les titres de roi des deux Siciles & de Jérusalem, infant d'Espagne, duc de Parme, de Plaisance & de Castro, grand prince héréditaire de Toscane, &c...

13. Ses états pendant sa minorité sont gouvernés par un conseil souverain de régence, composé de huit ministres principaux nommés par le roi d'Espagne. C'est dans ce conseil que réside proprement la souveraineté; il s'assemble d'ordinaire les mercredis & les samedis.

Idée de la cour du roi de Naples, & du gouvernement.

A ce conseil répondent les quatre sécrétaires d'état, dont le premier a le département du royaume, de la maison, & des domaines du roi, & la surintendance des postes... Le second, la guerre & la marine... Le troisiéme, la justice, les affaires ecclésiastiques, & les expéditions des graces... Le quatriéme, les finances & commerce.

Le marquis Tanucci, premier sécretaire d'état, & l'un des ministres du conseil de régence, est regardé comme premier ministre & celui qui a le plus de part à la confiance du roi d'Espagne: On a dans la ville de Naples la plus grande idée de son mérite & de sa probité, & il est aussi estimé que respecté; on ne parle que de lui pour toutes les affaires intérieures du royaume, & c'est avec lui que traitent directement les ministres des princes étrangers. Il n'appartient pas aux voyageurs de prononcer sur le mérite réel de ces grands hommes qui font la destinée des étas confiés à leurs soins. Ce que je puis dire, c'est que ce ministre, quoique dépositaire de l'autorité du roi son maître avec toute la capacité & les talens qui l'ont placé à ce haut rang, sans que les droits de la naissance, ni les intrigues de cour ayent contribué en
\ rien

rien à son élévation; vit sans faste & sans orgueil, avec la simplicité d'un pere de famille, ou d'un sage philosophe, qui n'a pour but que de faire tout le bien dont il est capable sans aucun retour sur lui-même.

La maison du Roi est composée d'un grand maître, d'un grand écuyer, d'un premier gentilhomme, d'un capitaine des gardes du corps, d'un capitaine des halebardiers de la garde, d'un grand chapelain, & d'un précepteur qui est en même-temps confesseur.

Le prince de S. Nicandre, grand maître de la maison du Roi, est en même-temps son gouverneur. Il y a un grand nombre de gentilhommes ordinaires en exercice, ou ayant droit d'entrée dans la chambre, qui sont de la premiere noblesse du royaume.

Les grades militaires sont les capitaines généraux, les lieutenans généraux, les maréchaux de camps, & brigadiers, un inspecteur général de l'infanterie, deux sous inspecteurs de la cavalerie & des dragons.

Les troupes du roi de Naples sont actuellement trente-six régimens d'infanterie, y compris un bataillon d'invalides, & neuf régimens, tant cavalerie que dragons. Le total monte à trente mille hommes, dont partie toujours en garnison sur les frontières à Capoue, à S. Germain & à Gayette ; le reste distribué dans la capitale, & les places importantes de l'état. Toutes ces troupes paroissent bien disciplinées ; on les change souvent de garnisons & on les exerce beaucoup. La cavalerie est bien montée ; on peut regarder les chevaux Napolitains comme les premiers de l'Europe pour la beauté & la bonté, & le Roi prend par-tout les meilleurs pour la remonte de ses troupes ; aussi est-ce vraiment un objet de curiosité, de voir avec attention les chevaux de la cavalerie, soit lorsqu'elle manœuvre, soit même dans les cours des cazernes, lorsqu'on les sort pour prendre l'air.

Ce royaume, si avantageusement situé sur la mer, n'a point encore de marine ; il ne paroît même pas qu'on pense à la former. Quelques galéres & schebeçs qui sortent rarement du port, & quatre frégates qui vont quelquefois en course contre les Barbaresques, sont les forces maritimes de cet état.

Mais les troupes de terre sont toujours complettes & bien entretenues ; les places fortes sont en bon état de défense &

pourvûes d'une nombreuse artillerie. On n'a rien négligé pour mettre le royaume en sûreté quant à cette partie. Il ne faut pas, je crois, être un bien grand politique pour en pénétrer la raison.

Le prince dom Philippe, frere du roi, ne quitte jamais la cour; son état d'imbécilité ne lui permet pas de paroître en public; il a quelques gentilshommes attachés à sa personne qui en ont grand soin & qui le gardent à vûe; on ne peut qu'avoir des attentions pour sa santé, le bien nourrir, & le promener. Mais on ne permet pas qu'aucun étranger approche de son appartement ou de sa personne. Il est l'aîné des princes fils du roi d'Espagne, & quelques mal intentionnés pourroient peut-être se servir de son nom & de son ombre pour exciter de nouvelles révolutions dans un pays où elles ont été si fréquentes. Il a fallu des raisons bien fortes pour engager le roi d'Espagne, avant que de quitter le royaume de Naples, à prendre la précaution, si triste pour un pere tendre, de faire déclarer par les états, ce prince incapable de régner, eu égard à son état reconnu d'imbécillité.

Le royaume de Naples avoit autrefois

plusieurs grands officiers qui partageoient en quelque sorte entr'eux l'autorité souveraine, chacun dans l'exercice de leurs charges. Les titres subsistent encore, mais sans fonction & sans autorité. Le grand connétable, ce titre est héréditaire dans la branche aînée de la maison Colonne ; le grand justicier ; le grand chambellan ; le grand amiral ; le grand protonotaire; le grand chancelier, & le grand sénéchal. Ces titres sont conférés par le Roi aux principaux seigneurs de ses états ; mais ils n'ont ni rang ni jurisdiction, à l'exception du grand amiral qui a un tribunal où la justice s'exerce à son nom, pour ce qui regarde quelques affaires de mer & de commerce maritime ; le grand chancelier a encore le pouvoir de recevoir des docteurs en théologie, en droit & en médecine, & par ce moyen a quelque jurisdiction sur le corps de l'université.

Tribunaux de justice. 14. Le premier tribunal de justice de ce royaume est celui de la chambre royale de sainte Claire, composé de différentes rotes ou chambres, formées d'un président qui a le titre de *Capo di Rota*, & d'autres juges nommés conseillers. Ce tribunal juge en dernier ressort les causes civiles & criminelles de tout le royaume, & même celles de la Sicile, qui peuvent y être portées par appel.

Dans toutes les capitales des provinces, il y a des tribunaux de justice pour l'instruction & le jugement des affaires, dont les appels se portent au tribunal de sainte Claire. L'appel du tribunal de sainte Claire, se porte au conseil souverain du Roi, qui juge s'il y a moyen de cassation ou de révision; en ce cas le procès est renvoyé à une autre rote ou chambre, que celle qui l'a jugé, toujours du même tribunal de sainte Claire. C'est le Roi qui nomme les officiers de tous les tribunaux du royaume; on les prend dans tous les ordres de l'état; les curiaux ou avocats qui se sont distingués par leurs connoissances & leur probité, sont récompensés par ces places d'autant plus honorables, que le mérite personnel y éleve. Il y a encore un souverain conseil de commerce, où se portent les affaires qui ont été présentées à la justice ordinaire du consulat.

Tous ces tribunaux ont leur siége dans le palais de la Vicairie, ancienne habitation des souverains, commencée par les princes Normands, augmentée par Fréderic II sur les desseins de Jean de

Pise. Les princes des maisons d'Anjou & d'Arragon l'habiterent succeffivement; il étoit alors situé hors de la ville. Mais Ferdinand I, ayant étendu l'enceinte des murs, il y renferma ce palais, qui, après que les souverains se furent établis dans le château neuf, fut vendu au prince de Sulmoné, des héritiers duquel le vice-roi Pierre de Tolede l'acheta en 1540 pour y réunir tous les tribunaux de justice, qui depuis ce temps y ont eu leurs séances; au-dessous sont les prisons publiques. Ce bâtiment est très-considérable & isolé de tout autre; trois grands escaliers conduisent aux divers appartemens, dans lesquels on entre par des galeries ouvertes du côté des cours. Dans la partie occupée par le tribunal des monnoies, poids & mesures, on montre la chambre où le grand sénéchal Jean Carraccioli fut assassiné par les ordres de la reine Jeanne II, dont il avoit été le favori déclaré.

Comme toutes les affaires principales du royaume se traitent à ce palais, il y a le plus grand concours, les jours que les tribunaux sont ouverts; on n'exagere pas en disant qu'il y a dix mille personnes, tant dans le palais que dans les environs, qui y sont pour affaires.

La grande salle où s'assemblent les procureurs, les avocats, & leurs clients, en attendant les heures d'audience, est un des endroits les plus bruyants qu'il soit possible de voir. Elle est garnie des deux côtés de boutiques de merciers & de libraires. Devant le palais est une colonne où les débiteurs insolvables font cession publique de leurs biens. Dans une ville aussi peuplée, capitale d'un assez grand état, il y a plusieurs autres tribunaux, tels que ceux de l'archevêque & du nonce pour les affaires ecclésiastiques, de la ferme du tabac, des douanes, des hôpitaux, &c. La justice se fait très-exactement dans tous ces différens tribunaux ; ce qui est très-nécessaire pour contenir un peuple aussi nombreux, & aussi difficile à discipliner que celui de Naples, qui ne peut être retenu que par la crainte d'un châtiment toujours prompt & sevère.

Outre ces différens tribunaux, il y a à Naples un corps de magistrats municipaux, qui ont des priviléges & une inspection assez étendue sur différentes parties du gouvernement de la ville. Ces magistrats sont dans chaque tribunal au nombre de sept, tirés des cinq siéges de la noblesse, & de celui du peuple. On appelle siéges de la noblesse, le partage de cette même noblesse qui se fait à Naples par quartiers, dans chacun desquels elle a un grand portique ou salle ouverte sous lequel elle s'assemble.

Les siéges sont au nombre de cinq sous le nom de *Capuana*, *Montagna*, *Nido*, *Porto*, *Porta Nuova*, & composent la magistrature municipale de Naples; aux différentes divisions de laquelle chaque siége fournit un député, & celui de *Montagna* deux, à cause du siége de *Forcella* qui lui a été réuni. Ils ont chacun leur dévise particuliere, & leur banniere sous laquelle ils se rassemblent; *Capuana* porte pour dévise un cheval bai doré & bridé.. *Montagna*, trois montagnes... *Nido*, un cheval noir sans frein.. *Porto*, un homme marin, velu & armé d'un dard... *Porta Nuova*, un portique.

L'élu du peuple nommé par la cour se joint à eux & entre dans toutes leurs délibérations; ils sont présidés par un chef connu sous le titre de *Grassiére* qui revient à celui de *Provéditeur*. Ces places de députés ou d'élus, sont toujours remplies par des personnages titrés & au gré de la cour, quoiqu'ils soient électifs par leurs siéges.

Chaque siége est composé d'un certain nombre de familles nobles, qui lui sont agrégées, & il ne peut en admettre de nouvelles sans le consentement du Roi, & de la plus grande partie de ses membres; à celui de *Nido*, on ne peut faire aucune élection ni agrégation, que du consentement général de tous les particuliers; un seul opposant rendroit l'élection nulle. Chaque siége a aussi un syndic qui a soin de convoquer les assemblées, de faire observer les statuts, & d'empêcher que rien ne s'y passe de contraire aux usages reçus.

Les élus de ces siéges, unis à l'élû du peuple, forment ce qu'on appelle à Naples *la Citta* ou le corps de la magistrature municipale; ils tiennent leurs assemblées à S. Laurent dans une grande salle qui leur appartient; ils doivent toujours avoir à leur tête le provéditeur.

Ils ont le droit d'avoir de grands carrosses de parade à quatre places & chez eux le portier vêtu de violet avec la masse. Dans les cavalcades ou pompes publiques, ils paroissent vêtus de la longue robe sénatoriale d'étoffe d'or avec le bonnet de même, & l'équipage du cheval de velours cramoisi.

Les siéges où ils s'assemblent sont de grands portiques ou salles ouvertes, distribuées dans les différents quartiers de la ville ; quelques-unes sont bien décorées. Le siége de *Nido* est revêtu en partie de stucs dorés & de belles peintures, & dans une situation avantageuse. Celui de Capuana est aussi très-bien décoré; ils sont reconnoissables par leurs devises qui sont peintes autour, & par leurs formes qui les distinguent des autres édifices. Le siége du peuple est à l'hôtel de ville qui tient à l'ancienne tour de S. Laurent dite le clocher. Il a pour armes un écu parti d'argent & d'azur, avec un P. d'or en abîme.

J'ai parlé avec quelque détail de cette administration municipale, qui est très-ancienne à Naples, & qui s'y est conservée parmi toutes les révolutions dont cette ville a été agitée. Il semble que l'on y reconnoisse la forme de l'ancienne république ; ce que l'on trouvera dans peu d'autres villes.

Ces différentes places auxquelles la noblesse a droit, l'attachent au gouvernement auquel elle participe par ce moyen, & font qu'elle a son intérêt à maintenir dans le devoir, un peuple grossier toujours prêt à se révolter.

15. On compte soixante principautés, cent duchés, cent marquisats, soixante & dix comtés, & près de mille baronnies dans ce royaume; la plûpart des possesseurs de ces fiefs habitent la ville de Naples. Autrefois une partie de ces grandes terres étoient possédées par des Barons Romains, de nobles Génois, des Milanois & autre gentilshommes d'Italie, qui en tiroient les revenus, & les dépensoient hors du royaume; ce qui appauvrissoit l'état & contribuoit à le dépeupler. Tant qu'il n'y a point eu de souverains résidans à Naples, les propriétaires ont eu à ce sujet liberté toute entiere; mais actuellement tous les possesseurs de grands fiefs sont obligés de résider dans leurs terres ou dans quelques villes de l'état, à peine de perdre un tiers de leur revenu, qui est confisqué au profit du trésor royal, à moins qu'ils n'ayent une permission expresse de résider ailleurs, qui ne s'accorde qu'autant que les affaires l'exigent. C'est ce qui fait que la ville de Naples a un si grand nombre de noblesse résidante dans son enceinte.

Terres titrées. Revenus de la couronne. Ordre de S. Janvier.

Les impôts ne sont point multipliés dans ce royaume, & les taxes sur le peuple n'y sont pas fortes; au moins il les paye sans s'en appercevoir; car elles sont presque toutes sur les denrées de consommation ordinaire. Les revenus de l'état peuplé & fertile comme il est, y compris la Sicile & le produit des douanes, ne montent pas à quarante millions par an; il est vrai qu'une bonne administration est très-capable de les augmenter, même en rendant le peuple plus heureux.

Chaque province a un trésorier receveur général des droits, impôts & revenus de la couronne, qui verse directement dans les coffres du Roi. On a peu multiplié les officiers de finance, & ménagé, autant qu'il a été possible, les frais de perception. En général, le gouvernement actuel de ce royaume, quant à la justice, la police, & les finances, est simple & uniforme par-tout.

Lorsque dom Carlos fut paisible possesseur du royaume de Naples, il chercha à se concilier les nobles & le peuple. Les premiers par des distinctions qui sont toujours honorables, & le moyen le plus sûr qu'ait un souverain de se concilier des sujets qui y sont plus sensibles qu'à toute autre faveur; pour cela il établit en 1738, lors de son mariage, l'ordre royal de saint Janvier, dont il attacha la grande maîtrise & la souveraineté à la couronne de Naples. Je n'ai pas vû les statuts de cet ordre, & je ne sçais pas si le nombre des chevaliers est fixé ; mais en 1762 il y avoit plus de quatre-vingt personnes qui en étoient décorées ; les souverains ont droit de regarder ces sortes d'associations qu'ils forment eux-mêmes, & où ils n'admettent que les plus distingués d'entre leurs sujets, comme un des moyens les plus assûrés de les maintenir dans la fidélité qu'ils doivent en attendre. Les marques de l'ordre de saint Janvier sont un grand cordon rouge qui se porte en écharpe avec une croix d'or émaillée, au milieu de laquelle est l'image de saint Janvier, patron de la ville & du royaume, auquel la noblesse & le peuple avoient déja la plus grande dévotion.

Quant au peuple, il est traité beaucoup plus doucement qu'il ne l'étoit par les vice-rois des princes de la maison d'Autriche ; il n'est point surchargé d'impôts ; mais la fertilité du pays, l'habitude de l'oisiveté dans laquelle il croupissoit autant par inclination que par découragement, sont cause que ce royaume n'est pas au point de splendeur où le portera un gouvernement égal & bien réglé, sous une longue suite de rois d'une maison née pour le bonheur des peuples qui lui sont soumis.

Situation de Naples. Rues. Places & quartiers principaux.

16. La ville de Naples est placée à l'orient sur le bord de la mer, dans la situation la plus belle & la plus riche de la terre de Labour ou Campanie heureuse. Son aspect principal est au levant, vis-à-vis du fameux mont Vesuve, qu'elle a en perspective ; elle a la mer au midi ; les montagnes de Pausilippe, saint Elme & Antignano, sur lesquelles elle est bâtie en partie, au couchant ; au nord, les collines qui s'élevent insensiblement du côté de la terre de Labour en allant à Averse, Capoue & Caserte.

Sa position est au 32ᵉ degré 20 minutes de longitude, & au 40ᵉ degré 18 minutes de latitude septentrionale. Le golfe sur les bords duquel elle est bâtie, forme un beau bassin, terminé par les pointes ou caps de Camparulla au levant, & de Misene au couchant ; au fond est le port ; on voit que la ville de Naples a été augmentée en différens temps, surtout du côté du levant, où le terrein est plus uni, & où il est plus aisé de bâtir ; c'est de ce côté que le

Roi a fait faire plusieurs constructions qui embellissent la ville & l'agrandissent considérablement.

Cette ville, non compris ses fauxbourgs, c'est-à-dire depuis le Torrion des Carmes, jusqu'au pied du mont saint Elme, a environ dix milles de tour; c'est dans cette enceinte que sont les édifices principaux; mais les fauxbourgs qui sont beaux & bien bâtis, sont au moins aussi étendus que la ville même; de sorte que l'enceinte de la ville & des fauxbourgs a vingt-deux milles d'étendue. Elle a seize portes presque toujours ouvertes, par rapport au grand mouvement qui s'y fait, & à sa population qui est très-forte pour sa grandeur. Excepté les châteaux dont je parlerai, elle n'a d'autre défense extérieure qu'une muraille simple & quelques tours dominées par les hauteurs voisines.

Le Sebeto que le peuple appelle *il Fornello* ou *il Fiumé della Magdalena*, parce qu'il se décharge dans la mer sous le pont de ce nom, est la seule riviere qui coule dans les environs de Naples; il avoit quelque célébrité avant la grande éruption du Vésuve, dans laquelle périt Pline l'ancien; mais la révolution qui se fit alors à sa source fut si considérable, qu'il disparut pendant quelque temps. Après que tout le terrein des environs qui avoit été dans un très-grand mouvement eût acquis quelque solidité, il reparut à l'endroit appellé *la Bolla*, c'est-à-dire qu'il força les barrieres qui le retenoient caché dans les entrailles de la terre; mais fort diminué.

Ce n'est plus qu'une très-petite riviere dont les eaux sont ménagées de façon que l'on en prend une partie que l'on conduit par des canaux jusqu'aux fontaines publiques de Naples; le reste est réservé pour l'arrosement de la campagne voisine, & le service des moulins & autres usines nécessaires. Son cours est du levant au couchant, ensuite il se replie au midi & a son embouchure dans la mer. Les autres fontaines sont entretenues par les eaux qui viennent des hauteurs de sainte Agathe; les montagnes qui couvrent Naples au couchant ont aussi quelques sources; il y a outre cela beaucoup de puits d'eau douce dans la ville; toutes ces eaux m'ont paru d'une qualité médiocre, blanchâtres, peu limpides & impregnées de soufre, ce qui, dit-on, les rend très-fraîches en été.

Le climat de Naples est si temperé, si

doux, si agréable, que l'on peut dire qu'aux grandes chaleurs près qui s'y font sentir pendant l'été, on y jouit tout le reste de l'année d'un printemps perpétuel. L'hyver même n'y est jamais assez rigoureux pour empêcher les roses, les œillets & les jasmins d'y fleurir continuellement. Les marchés y sont en tout temps fournis en abondance de fruits de toute espéce, & si frais qu'ils semblent avoir été cueillis l'instant que d'être exposés en vente; les poids verds, les asperges, les artichaux, les mélons même y sont excellens & communs dès le mois de Février; on y a toujours des légumes & des herbages de toute espéce, surtout dans les jardins qui sont sur les côteaux voisins de la mer, & couverts des vents du nord; la végétation n'y est jamais interrompue & s'y fait avec une force étonnante. Je ne parle pas des oranges, des figues & des autres fruits propres à ce climat, qui y croissent & s'y renouvellent dans toutes les saisons; de sorte que l'on peut appliquer à cet excellent pays, ce que le Tasse dit de l'isle fortunée d'Armide.

E sopra il nuovo fico, invecchia il fico,

Mentré spunta l'un', l'altro matura.

J'ai vû sur les côteaux de Baïa & de Baüli à la pointe de Misene, au mois de mars, des figues qui se disposoient à la maturité, tandis que le figuier commençoit à pousser ses feuilles de l'année & ses figues nouvelles.

L'intérieur de la ville de Naples, quoiqu'en général d'une belle construction, n'a point de ces beautés frappantes, de ces édifices magnifiques & de ces monumens de grandeur que l'on admire dans plusieurs villes d'Italie, & surtout à Rome. La ville est généralement & également bien bâtie, l'architecture des maisons, sans avoir rien de régulier, a une sorte de symétrie dans toutes les rues principales, qui ne peut être qu'une effet de la police. On ne voit pas une bicoque à côté d'un palais. Les maisons sont à-peu-près à la même hauteur, souvent à quatre & cinq étages, avec des toits plats en terrasses, qui dans la belle saison servent à prendre le frais pendant la nuit. Ces terrasses sont couvertes d'une sorte de pierre appellée *Lavagna*, qui tient de l'ardoise & qui en a la couleur, mais qui est plus lourde & plus solide. Les différentes piéces sont réunies avec un mastic formé de pouzzolane, de chaux-vive & de bitume, qui une fois durci est aussi solide que la pierre même, & impénétrable à la pluye. Ce qui lui donne cette grande solidité est la pouzzolane, qui est une terre ou sable fossile d'un brun rougâtre, qui unie avec la chaux acquiert la plus grande dureté; on tire cette terre des environs du Vesuve, de Pouzzols, & de toute la côte voisine de Naples.

Les rues sont pavées de grandes pierres fort dures & noirâtres, qui ressemblent à la lave sortie du Vesuve; elles en ont la couleur & la dureté; on s'en sert aussi pour les revêtissemens des portes & des fenêtres; la couleur en est triste; on la taille avec peine, mais elle dure très-long-temps, & dans l'architecture ordinaire qui n'a point d'ornemens recherchés, elle est d'un très-bon usage.

La rue principale est celle de Tolede, alignée & bâtie par les ordres de Pierre de Tolede, vice-roi de Naples pour Charles V; elle s'étend de la porte du saint Esprit jusqu'à la place du palais; elle est fort large & sert de cours ou de promenade publique en hyver. Elle est garnie des deux côtés de petites boutiques ou échoppes sous lesquelles se vendent des comestibles de toute espéce;

ce qui l'embarrasse beaucoup & semble faire obstacle à l'aisance de la promenade. Mais il reste assez d'espace pour que deux files de carrosses y passent à l'aise. Ces boutiques toutes éclairées, forment une illumination continuée d'un bout de la rue à l'autre, qui, vûe de loin, est très-agréable, outre que la quantité d'acheteurs de tout rang qui peuplent cette promenade; en rendent le spectacle plus varié & plus amusant; l'usage est de s'y promener à la nuit tombante, & chaque carosse est éclairé au moins d'une torche, souvent de deux, portées par les laquais ou par les coureurs qui marchent devant les chevaux; ce qui donne à cette promenade, vûe d'un peu loin, l'air d'une marche pompeuse & solemnelle. Car ceux qui en font partie jouissent peu de la singularité du spectacle, ausquels ils sont trop accoutumés, pour qu'il leur fasse aucune sensation. Il y a quelques autres rues assez belles & fort longues.

Les places principales sont celles du palais; celle du château *appellée Largo del Castello* où se donnent les spectacles & les fêtes pour le peuple; la place du Marché; celle de la Vicairie à la porte Capouanne, la grande place qui est à la porte du saint Esprit, & quelques autres moins considérables qui précédent les grandes églises & les édifices publics; aucune n'est d'une forme réguliere ni décorée. Le sol sur lequel la ville est bâtie est fort inégale; la partie la plus élevée est la rue de Tolede & ce qui l'avoisine; on descend pour aller à santa Lucia, & en Chiaia, de même que pour aller aux quartiers de Capuana, & de Porto; celui-ci est le plus bas & le plus humide, & a été, dans des temps très-reculés, le port de la ville; on voit dans une rue tournante une muraille bâtie de très-gros quartiers de pierres, que l'on prétend avoir été le revêtement de l'ancien port; il y reste encore des crampons de fer, auxquels ont tenu des anneaux que l'on dit avoir servi à attacher les vaisseaux; ils sont à présent à une hauteur qui les rend inutiles à tout autre usage.

Mais le beau côté de Naples, celui qui peut faire juger des agrémens de sa situation si vantée, est la partie qui s'étend sur les bords de la mer, depuis le mont Pausilippe, jusqu'au pont de la Madeleine, dans une étendue de quatre à cinq milles. A commencer au couchant, on trouve le magnifique fauxbourg de *Chiaia* bordé d'un quai revêtu de plus de cent toises de large, qui a la vûe sur une partie du golfe de Naples.

Les maisons bâties sur ce quai sont fort élévées & d'une construction assez uniforme. D'espace en espace il y a des fontaines décorées d'architecture & de sculpture, & le milieu est occupé par une allée de grands arbres. De-là, en tirant au midi, est le beau quartier de *santa Lucia*, que l'on peut regarder comme le mieux bâti de la ville; presque tous les ambassadeurs & les grands-seigneurs de la Cour qui peuvent y acquérir des palais, logent dans ce quartier qui est très-agréable à habiter, à cause de la commodité de sa situation. Il est près du palais du Roi, de la mer qu'il a en face, de la rue de Tolede; on dit encore que l'air y est très-pur. Pour faire le tour de la ville de ce côté & suivre les bords de la mer, il y a une grande rue ou quai qui traverse les casernes de la cavalerie qui sont au dessous de *santa Lucia*. C'est-là que l'on peut voir à son aise de beaux chevaux Napolitains, surtout dans le commencement du printems, lorsque les beaux jours on les attache après midi hors de l'écurie pour leur faire prendre l'air;

comme ils font alors abfolument nuds, on les voit tels qu'ils font, c'eft-à-dire dans toute leur beauté.

En fuivant ce chemin, on verra que le quai eft revêtu de quelques fortifications avancées dans la mer, pour défendre la ville de ce côté & les approches du pont qui joint le château de l'Œuf avec la terre ferme. La partie de la ville qui eft vis-à-vis, porte le nom de Pizzo Falcone, & étoit jointe autrefois par une langue de terre avec le rocher fur lequel eft bâti le château; elle en a été féparée par un tremblement de terre, lors de la grande éruption du Vefuve qui changea toute la face de ce pays.

17. Ce rocher & fes environs qui étoient plus étendus qu'ils ne font, portoient autrefois le nom de Mégaris; il étoit occupé en partie par une maifon, des jardins & des réfervoirs qui appartenoient à Lucullus. Sous le château eft encore une très-grande voûte qui eft un refte de l'ancienne conftruction, de même que les ruines des réfervoirs & autres bâtimens qui font partie à fleur d'eau, partie recouvertes par la mer, & que l'on découvre dans les environs. La pêche y eft excellente, & on ne trouve

Château de l'Œuf. Châteauneuf.

nulle part autant d'huîtres, d'hériffons & de coquillages de toute efpéce qu'autour de ces ruines.

Le château de l'Œuf a été bâti par Guillaume I, duc de la Pouille & de Calabre, qui en fit une maifon de plaifance, forte par ſa fituation, & où il fe croyoit à couvert des entreprifes de fes fujets qui ne l'aimoient point; il a été fortifié en l'état où il eft par Jean de Zuniga, vice-roi de Naples en 1595, qui y fit ajoûter le fort avancé dans la mer au midi, appellé *Forte Nuovo*; il fert de môle & de défenfe au grand port, & il eft garni d'une belle artillerie.

En fuivant toujours le bord de la mer, au-devant de la Darfene où fe fabriquent les galeres, eft la tour de faint Vincent que le roi Charles I fit élever pour défendre le port; elle eft entourée de la mer de trois côtés, & fert aujourd'hui de prifon de correction où l'on enferme les enfans qui ont donné de graves fujets de plaintes à leurs peres.

Entre cette tour & le grand môle, de l'autre côté du quai, eft le château neuf, forterefſe commencée par Charles I d'Anjou qui fit conftruire les quatre

tre tours, & les corps anciens de bâtimens qui subsistent encore; Fréderic d'Arragon fit commencer les ouvrages extérieurs qui furent continués par Gonsalve de Cordoue, & achevés par Pierre de Tolede. Ces ouvrages sont principalement portés du côté de la mer où il y a quelques bastions bien entretenus qui peuvent servir autant à la défense du port qu'à celle du château. On a ouvert de ce côté sur le quai une grande porte de belle architecture, décorée de cariatides & d'autres ornemens de sculpture.

Quand on a passé les fortifications extérieures, on entre dans une très grande place d'armes au fond de laquelle est une église proprement ornée & bien entretenue; on y voit quelques tableaux anciens bien conservés, entr'autres l'Adoration des Mages, que l'on dit être le premier tableau à huile peint par Jean de Bruges, & envoyé au roi Alfonse d'Arragon.

Entre les deux cours qui servent de défense à la porte intérieure du château, au-delà du pont-levis on a élevé un arc de triomphe orné de bas-reliefs; il est dans le goût antique, & d'autant plus remarquable que dans le temps d'Alfonſe I d'Arragon pour lequel il fut fait, les beaux arts étoient encore dans un très-grand abaiſſement. Il y a grande apparence qu'il a été entrepris & exécuté par les architectes ſculpteurs de Piſe, qui quoiqu'imbus de mauvais principes gothiques, commençoient déja à les rectifier par quelques connoiſſances des bonnes régles, ſurtout par une correction de deſſein qu'ils avoient priſe ſur quelques morceaux antiques Grecs, dont la beauté les avoit frappés. On eſt étonné de trouver dans un paſſage obſcur & reſſerré un arc de triomphe auſſi conſidérable ; il étoit deſtiné à être placé ailleurs ; mais il auroit fallu jetter à terre la maiſon d'un cavalier Napolitain, qui avoit rendu de grands ſervices au Roi, & ce prince ne voulut pas permettre qu'un monument érigé à ſa gloire pût cauſer la moindre incommodité à ſon ami. Ce motif eſt d'autant plus beau qu'il eſt plus rare d'y céder ; l'arc de triomphe eſt tout de beaux marbres ; on y voit des cavaliers armés de toutes piéces dans le goût du temps. Pluſieurs parties de détail ſont gâtées & noircies comme ſi elles avoient ſouffert dans un incendie. La porte eſt de bronze avec des bas-reliefs qui repréfentent quelques actions de Ferdinand I d'Arragon ; le travail en eft médiocre. Un grand efcalier tournant d'une exécution légere, conduit à un grand arfenal affez-bien fourni d'armes. Au pied de l'efcalier eft une ftatue antique de Néron. On y voit auffi deux buftes d'Adrien & de Trajan qui font du même temps que l'arc de triomphe. La grande falle de ce château eft d'une architecture légere : c'eft-là que Pierre de Mouron, hermite & pape fous le nom de Celeftin V, en préfence d'une nombreufe affemblée, abdiqua le pontificat, en 1294, déterminé à ce parti par fon peu d'intelligence dans les affaires du gouvernement, & furtout par les inftigations du cardinal Benoît Gaëtan qui lui fuccéda fous le nom de Boniface VIII.

Dans un des appartemens de ce château eft une chapelle conftruite dans la chambre même où logea faint François de Paule, lorfqu'il paffoit de Calabre en France. Le portrait de ce faint qui eft fur l'autel eft peint avec beaucoup de vérité & paroît être de quelque bon artifte ; la tête furtout eft de

E ij

la beauté de celles de Vandick. Il pourroit bien être de l'Espagnollet.

L'artillerie du château est belle & nombreuse; on y voit un canon d'une prodigieuse grosseur qui a appartenu à l'électeur Jean Fréderic de Saxe, qui fut fait prisonnier par Charles V à la bataille de Mulberg en 1547. On le reconnoît au buste en relief de l'électeur qui est bien travaillé. L'intérieur de ce château a l'air d'une petite ville bien peuplée, où les fontaines & les puits ne manquent pas. Il y peut tenir aisément une garnison de trois mille hommes.

Vis-à-vis du château est le grand môle construit en équerre; au dessus est la tour du fanal, de brique, & fort élevée; il est terminé par un fortin muni d'artillerie; au milieu duquel est une chapelle d'architecture rustique en bossages, couverte en terrasse, sur laquelle est une grande statue de marbre de saint Janvier.

C'est entre le grand môle & la ville qu'est le petit port; celui où se fait le plus grand commerce. Au-delà du quai est un bassin dans lequel on radoube les petits bâtimens & les barques marchandes des Napolitains ; il communique à la mer par un pont qui traverse la rue.

C'est là que commence la magnifique rue ou quai appellé *Strada Nuova* qu'a fait construire le roi d'Espagne. Il est terminé par le pont de la Madeleine sous lequel le Sebeto se jette dans la mer, & est bordé de bâtimens neufs de construction uniforme, presque tous occupés par des négocians.

18. A l'extrémité de la ville qui joint le fauxbourg appellé *Borgo dello Reto* où commence la *Strada Nuova*, est une petite forteresse appellée *Torrione del Carmine* qui joint le couvent des carmes. Avant 1647 ces fortifications étoient abandonnées aux religieux qui en usoient comme des dépendances de leur maison. Mais le peuple s'en étant emparé lors de la sédition de *Masaniello* & y ayant dressé de l'artillerie avec laquelle il foudroyoit & les vaisseaux dans le port & une partie de la ville, le gouvernement reconnut l'importance de ce poste & le fit fortifier ; ce qui resserre le couvent dans des bornes plus étroites. Le Torrioné commande la place du marché, & toujours un détachement de troupes

Place du marché, révolte de Masaniello.

pour la garde de l'artillerie qui y est placée.

C'est dans cette place que la populace s'assembloit en tumulte, & où elle prenoit souvent des résolutions contraires au bon ordre ; c'est-là qu'en 1647 la sédition *Masaniello* prit un état de consistance & de force qui ne paroissoit pas à craindre. *Thomas Aniello* ou *Masaniello* étoit jeune pêcheur né à *Amalfi*, âgé à peine de vingt-quatre ans, d'un caractere féroce & hardi, doué d'une certaine éloquence grossiere, qui n'est pas rare à Naples dans les gens de cet état, & probablement suscité par quelque mécontent plus puissant que lui. Le peuple de Naples étoit alors excédé de la tyrannie & des exactions des gouverneurs Espagnols. *Masaniello* sortit un jour le matin, courut les rues de Naples, un roseau à la main & criant, vive le roi d'Espagne & périssent les officiers corrompus. D'abord on ne fit que rire des cris du jeune-homme ; mais en moins de deux heures il eut à sa suite plus de deux mille jeunes gens de son état, la plûpart armés de bâtons. La nuit ne fut pas absolument tranquille ; & on ne dit pas que le vice-roi prit aucune précaution pour arrêter le tumulte. Le lendemain *Mafaniello* recommença fa tournée & fes cris; la troupe groffit, les débauchés, les mécontens, les gens oififs fe joignirent à lui; quelques artifans & petits marchands fermerent leurs boutiques & prirent les armes. A midi la troupe étoit de plus de dix mille hommes dont plufieurs armés. Alors fe voyant à la tête d'une troupe formidable, il alla à la place du marché, monta fur une pierre élevée, & fit un difcours au peuple, où il lui expliqua le but de fon entreprife, le deffein qu'il avoit d'exciter le peuple de Naples à recouvrer fa liberté, & à fe tirer de la fervitude des Efpagnols; l'invitant à fe choifir un un chef fous la conduite duquel il pût réuffir dans cette importante action. Ce difcours émut toute la populace qui fur le champ fe mit à crier vive *Mafaniello*, protecteur de la liberté des Napolitains, & le reconnut unanimement pour fon chef. Auffi-tôt il fit ouvrir les prifons, & ordonna que chacun eut à le fuivre & à prendre les armes, fous peine d'avoir fa maifon brûlée. Cette ordonnance lui procura dans le même jour une armée de cinquante mille hommes, qu'il divifa en régimens & en compagnies. Il traita pour le peuple avec le viceroi qui lui demanda de faire un trève, dans laquelle il lui donna le titre de *premier tribun du peuple fidelle.* Cette expédition si bien soutenue augmenta la vénération du peuple pour *Mafaniello.* Il se vit à la tête de cent cinquante mille hommes armés. Il fit de nouveaux édits, abolit pour toujours les gabelles, fit battre monnoie au nom du peuple, changea l'ordre du gouvernement, expédia toutes les commissions en son nom, & finit par être assassiné par le peuple même de Naples, le quinziéme jour environ de son prétendu tribunat. La multitude d'affaires, le défaut de sommeil, l'excès du vin, & l'ivresse de la grandeur, le porterent à des actions si extravagantes & si cruelles, que ce même peuple, qui sous sa conduite, avoit brûlé les maisons des principaux d'entre les nobles qui étoient attachés à leur souverain, & en avoit massacré plusieurs, fit le même traitement à son tribun, porta sa tête au bout d'une pique, & traîna son cadavre avec ignominie dans les boues de Naples. Il est vrai que le lendemain ce même peuple, honteux & confus d'avoir immolé son protecteur à sa brutalité, lava son corps & sa tête, le couvrit d'habits royaux, lui mit la couronne en tête & le sceptre à la main, & assembla deux mille ecclésiastiques séculiers & réguliers, qui le porterent au son de toutes les cloches à la sépulture des Rois... Une si grande révolution, commencée, exécutée & finie en si peu de temps par le même peuple, est suffisante pour donner une idée de son caractere.

19. Le plus beau bâtiment de la ville de Naples est le palais du Roi; il touche le château neuf au levant, auquel il communique par une galerie couverte. Il est composé de deux parties; la première, bâtie par Pierre de Tolede, & qui est adossée au château neuf, est entiérement masquée par la seconde, élevée dans le dix-septiéme siécle, sur le dessein du célébre Fontana, par les ordres du comte de Lémos, alors viceroi. On dit que cet édifice n'a que le tiers d'étendue de ce qu'il devoit avoir suivant son premier plan. La façade extérieure a trois cent soixante pieds. L'architecture, composée de trois ordres, est d'un très-grand effet & digne de sa destination. La corniche surmontée d'un couronnement qui tient du gothique, ne se rapporte point à la beauté du reste. La cour est décorée à l'intérieur de deux

Palais du roi. Tableaux. Places. Fontaines.

rangs de portiques à arcades, l'un au-dessus de l'autre ; les colonnes de granite qui soutiennent les arcades sont de belle proportion, & paroissent avoir servi à quelque édifice antique. L'escalier quoique d'une construction assez simple, est grand & noble. Il est orné de deux figures colossales du Tage & de l'Ebre. Les meubles des appartemens n'ont rien de magnifique. Le grand sallon est décoré avec goût ; le plafond qu'on dit de Luc Jordan est d'une belle couleur ; les pilastres sont en glaces ; comme il y a peu de dorures, eu égard à la quantité de glaces qui couvrent cette piéce, elle a un air triste.

Ce que j'ai vû de plus beau dans ce palais, ce sont quelques uns des tableaux qui décoroient autrefois la gallerie des Farneses à Parme, & que dom Carlos fit transporter à Naples après qu'il en eut été reconnu roi. J'y ai remarqué surtout... S. Pierre qui présente à Jesus-Christ le denier pour payer le tribut, par *le Capuccino*... Un calvaire de *Sebastien del Piombo*, très-grand tableau d'une vigueur de coloris étonnante, & d'un beau dessein... Plusieurs tableaux de *Lanfranc* qui presque tous ont pour sujet une Vierge dans une Gloire avec quelques faints au-deſſous... La réſurrection du Lazare, très-grand tableau de *Baſſan le pere*; il eſt d'un deſſein noble & ſage, très-beau de couleur & d'une grande expreſſion; ſi ce maître eût toujours travaillé avec cette nobleſſe, il eût tenu un rang bien plus diſtingué dans l'école de Veniſe. Ce tableau eſt capital... Une Lucrèce qui s'enfonce le poignard dans le ſein, *par le Parmeſan*, figure ſeule, vûe juſqu'à mi-corps. Ce tableau eſt conſervé ſous une glace, le coloris en eſt admirable. Il eſt rare de trouver des tableaux où les parties de la peinture ſoient portées à ce degré de perfection; l'expreſſion ſur-tout eſt d'une vérité qui intéreſſe au ſort de Lucrèce... Deux familles ſaintes du *Schidoné*, une où il a peint la Vierge & l'Enfant d'un brun de mulâtre; ces tableaux ſont bons; mais je ne reconnoiſſois pas à cette manière le grand coloriſte que l'on m'avoit annoncé, & dont j'avois déja vû quelques excellens morceaux à Rome; au reſte je vis dans le même palais, un autre tableau de lui appellé la Charité, qui a pour ſujet une femme qui diſtribue du pain aux pauvres. Les figures ſont de grandeur naturelle; elles n'ont rien de noble; mais elles ſont rendues avec la vérité de la nature même. Le coloris en est si vrai & si frais, les ombres si bien traitées, que les figures semblent détachées du fonds. Ce tableau est d'un effet surprenant... Une Susanne du *Nuvolini*, peintre gracieux ; la chair de la Susanne est de la plus grande beauté ; son embarras & sa naiveté intéressent, quoique sa figure soit un peu lourde... Alexandre Farnese encore jeune qui embrasse une femme qui représente la ville de Parme ; tableau de portrait très-gracieux & bien peint par le *Parmesan*... Une famille sainte avec une sainte Catherine à laquelle un petit Jésus met un anneau au doigt, par *Augustin Carrache*, sujet gracieux que tous les grands peintres ont traité. Celui-ci est rendu avec plus d'agrément que n'en ont les Carraches, qui dessinoient parfaitement, qui peignoient bien, mais qui mettoient trop de force dans les sujets qu'ils traitoient... Une Lucrèce mourante entourée de ses femmes ; dans le fond on voit Brutus & Collatin, par le *Nuvolini*. Ce peintre n'avoit point à lui de maniere décidée ; on ne sçait au premier abord si ce tableau est du Guide ou du Guerchin, & de leur maniere gracieuse ; car il est très-beau,

& encore frais de couleur... Un grand tableau de Joseph Ribeira, dit l'Espagnolet, dont le sujet est saint Joseph qui taille une piéce de bois; le petit saint Jean est debout à côté de la vierge qui rajuste les langes de l'enfant. Ce grand morceau est bien dessiné & du plus beau coloris.... Un amour aîlé couché sur un drap blanc, tableau parfait du *Schidoné*, où il a réuni ce que le dessein, le coloris & l'expression peuvent produire de plus parfait ; il est beau comme ce que le Corrége a peint de mieux: rien n'y est négligé, l'air semble agiter les plumes des aîles... On doit y voir avec soin deux tableaux de *Jean Paul Panini* qui ont rapport à l'histoire de ce temps, & dont le héros est le roi d'Espagne. Le premier représente son entrée dans Rome après qu'il eut chassé les Allemands de Velletri ; le second l'instant de son entrevûe avec Benoît XIV, dans un sallon qui fut construit exprès pour cela dans les jardins du Quirinal ; ces tableaux sont bien composés & bien peints, & d'autant plus intéressans que toutes les figures principales, quoiqu'elles n'ayent qu'environ huit pouces de hauteur, sont autant de portraits reſſemblans.... J'ai remarqué dans ce palais un ouvrage d'un travail très-hardi ; c'eſt une bordure de miroir ronde, faite d'une ſeule piéce de marble blanc, chargée de beaucoup d'ornemens, entr'autres de cinq enfans ailés, preſque entiérement détachés, qui ſemblent ſoutenir le cadre en volant. Cet ouvrage qui a des beautés, eſt du *Mugiani*, ſculpteur Napolitain.

Ce palais reſſerré par le château neuf, les places & les rues qui l'entourent & ſur leſquelles on n'a rien voulu prendre, n'a point de vuide ; le long de l'ancien palais, eſt une terraſſe qui borde une de ſes faces & qui a ſes vûes ſur la mer; elle eſt pavée de marbres blancs & noirs, & ornée de buſtes modernes, & de grands vaſes de belle forme, en marbre & en terre cuite, où ſont plantés différens arbuſtes.

Au bas de ce palais eſt la fabrique des galères; on y deſcend par une rue ou large chemin pavé, ſoutenu ſur des arcades de maçonnerie, & très-praticable pour toute ſorte de voitures, même les carroſſes ; c'eſt-là où ſont enfermés les forçats employés ſur les galères. Une galerie ſouterreine communique par cet endroit de la mer au palais; c'eſt par-là que le roi paſſe quand il veut s'embarquer.

Devant la face principale du palais, eſt une très-grande place où les troupes de la garde s'aſſemblent tous les jours. De l'autre côté au nord du château eſt une autre place irrégulière, mais très-vaſte, où ſe font tous les ſpectacles deſtinés au divertiſſement du peuple, tels que joûtes, combats d'animaux, feux d'artifices, &c. C'eſt-là auſſi où ſe font les cocagnes dont le roi régale le peuple tous les ans dans le temps du carnaval.

On appelle cocagne une eſpéce de théâtre dreſſé dans cette place, vis-à-vis du grand balcon du vieux palais, garni du haut en bas, de pains, jambons, cervelats, ſauciſſons, bœuf, lard, & autres viandes ſallées. Il y a quelques ſpectacles relatifs à cette fête pendant leſquels le peuple s'aſſemble; quand ils ſont finis, au ſignal que le Roi donne, on abandonne au peuple le pillage de la cocagne. Pour éviter autant qu'il eſt poſſible le déſordre inſéparable de ces fêtes tumultueuſes, il y a des détachemens conſidérables de cavalerie & d'infanterie poſtés dans la place même pour contenir le peuple. C'est dans cette place qu'est la porte principale du grand théâtre, qui n'a rien de plus remarquable que son étendue qui est proportionnée à la nombreuse population de la ville, & sur-tout à la grande quantité de noblesse qui l'habite.

Il y a dans ce quartier quelques fontaines publiques assez-bien décorées ; la plus belle est la *Fontana Medina*, ainsi appellée du viceroi de ce nom qui la fit construire. Trois satyres soutiennent sur leurs têtes une large conque sur laquelle est en pied un très-grand Neptune, appuyé sur son trident, d'où sortent trois jets d'eau. Le grand bassin est orné de figures de Tritons & de dauphins qui jettent de l'eau. Tous les quais & les différens quartiers de la ville ont aussi des fontaines publiques.

On verra à la tête d'un aqueduc qui porte de l'eau à la Darsene, un buste antique de Jupiter Terminalis trouvé à Pouzzols. On en a fait avec des stucs ajoûtés, une statue gigantesque d'un mauvais goût, habillée d'une peau d'aigle en plumes, qui tient entre ses serres un grand cartel sur lequel est gravée une longue inscription à la louange du duc de Medina las Torres, viceroi de Naples, qui fit placer cette statue où on la voit; on trouvera dans la ville & dans le royaume une multitude de monumens que les vicerois ont fait élever à leur gloire; ils y vantent beaucoup la félicité des peuples sous leur administration, qui ont cependant toujours été d'un sentiment contraire.

Il y a plus de trois cens grandes églises à Naples, dont quarante-deux sont paroissiales. Je parlerai de celles que j'ai vûes & qui m'ont paru les plus remarquables, tant par leur décorations, que par les monumens curieux qu'elles renferment. On trouve à chaque pas de petites églises ou chapelles, surtout dans les anciens quartiers de la ville de Naples; la tradition du pays est que tous ces petits édifices sacrés furent élevés dans le temps que les François étoient établis en grand nombre à Naples; la jalousie les fit construire. Les maris ne permettoient pas à leurs femmes de sortir seules, même pour aller à l'église; au lieu qu'avant ce temps il leur étoit fort libre d'aller à quelles églises il leur plaisoit. Mais à présent les maris sont guéris de cette peur, & les choses sont rétablies sur l'ancien pied, quoique les chapelles subsistent.

Eglises de Naples Cathédrale. Chapelle de S. Janvier.

L'église cathédrale de Naples a été bâtie par les ordres des rois Charles I & II d'Anjou, sur les desseins de Nicolas Pisani, que l'on peut regarder comme le premier & le plus habile architecte de son temps; elle fut finie par Maglioni, son gendre & son éleve; elle est flanquée de quatre grosses tours, relevées d'ornemens gothiques, qui lui donnent l'air d'une forteresse. La voûte de la grande nef étoit autrefois soutenue par des colonnes couplées de granite & de marbre d'Afrique, qui ont été recouvertes de stucs pour en former des pilaitres quarrés. Ces changemens ont été faits à la suite de différens tremblemens de terre dont cette construction avoit souffert, sur tout dans celui de 1688, après lequel l'église a été revêtue entiérement de stucs, de sorte que l'on ne peut plus juger à l'intérieur de la premiere construction. Dans ces stucs qui sont blancs, sont encadrés plusieurs tableaux de *Luc Jordan*, dont les uns sont de demi-figures dans des cadres ronds & représentent les saints patrons de la ville; les autres sont en hauteur, & ont pour sujet les apôtres & les évangélistes; tous ces tableaux sont de bonne couleur, bien composés, & d'une maniere grande & convenable au lieu où ils sont placés.

Le tableau du maître-autel qui représente l'Assomption & dans lequel on voit le portrait du cardinal Olivier Caraffa, Archevêque de Naples, est de Pierre Perugin, premier maître de Raphaël; on (*a*) voit encore dans cette église plusieurs beaux tableaux du Solimeni & de Sebastien Concha.

Le vase antique de basalte ou marbre noir d'Afrique, qui sert pour les fonds baptismaux, est d'une belle forme; les bas-reliefs dont il est chargé & qui représentent une Bacchanale, sont d'un travail médiocre. Il est porté sur un pied de porphire moderne. Parmi les tombeaux qui sont dans cette église, on remarquera ceux de Charles I d'Anjou, roi de Naples, de Charles de Duras roi de Hongrie & ensuite de Naples, & de Clémence d'Autriche sa femme, rétablis dans le dernier siécle par le comte d'Olivarès viceroi.... Celui du pape Innocent IV, mort à Naples en 1240; un buste de bronze doré avec des orne-

---

(*a*) Aux Côtés du maître-autel, sont deux colonnes antiques de jaspe rouge d'Egypte, fort rare sur-tout en si grand volume; elles servent à porter deux candélabres.

mens de marbre d'un beau travail, monument élevé à la mémoire d'Antoine Pignatelli cardinal, archevêque de Naples, ensuite pape sous le nom d'Innocent XII.

La confession ou chapelle souterraine qui est sous le chœur, a deux belles portes de bronze ; sa voûte ornée de bas-reliefs en marbre blanc, d'un travail presque aussi beau que l'antique, est soutenue par deux rangs de colonnes de granite que l'on croit avoir servi au temple d'Apollon, sur les ruines duquel fut bâtie l'ancienne cathédrale. Elles sont d'ordre ionique. A chacune de ces colonnes est attachée une aigle d'argent, qui soutient une lampe. C'est-là que l'on conserve le corps de saint Janvier.

Derriere l'autel est la statue d'un cardinal à genoux sur un prie-Dieu, si belle & si naturelle qu'au premier coup-d'œil on la croit vivante ; elle est dans la maniere de Michel-Ange, & de quelques artistes de son école.

En entrant dans l'église à gauche est la porte Santa Restituta, église bâtie dès le temps de Constantin, lorsque l'exercice de la religion fut autorisé dans l'empire ; c'étoit le premier siége des évêques de Naples. On voit très-bien qu'elle a été construite de quelques restes de temple antique, à en juger par les colonnes de granite qui soutiennent la nef, & qui sont d'un travail bien supérieur au reste de l'édifice, dont il ne reste plus qu'une partie de la nef principale, tout le reste ayant été détruit lors de la construction de la nouvelle cathédrale ; on doit faire attention au grand autel, dont le milieu est un autel antique en forme concave, long d'environ cinq pieds, & qui a été recouvert d'une autre table de marbre ; on y voit quelques mosaïques anciennes & des peintures bien antérieures au rétablissement des arts, dont la plûpart ont la réputation d'être miraculeuses.

A droite est la grande & magnifique chapelle de S. Janvier, commencée en 1908 & bâtie avec une dépense vraiment royale, en conséquence d'un vœu fait par la ville, le siécle précédent, en temps de peste. La porte est décorée à l'extérieur d'un revêtissement de beaux marbres, & d'un grand fronton soutenu sur deux colonnes de marbre noir. Aux deux côtés sont dans des niches les statues de saint Pierre & de saint Paul ; la porte est en cuivre doré & d'un travail fini.

La chapelle est ronde, d'une architecture noble ; la grande corniche qui l'entoure est soutenue de quarante-deux colonnes de brocatelle de Sicile. On a pratiqué dans de grands renfoncemens trois autels principaux, dont un vis-à-vis la porte d'entrée, & deux aux côtés, qui sont accompagnés de quatre autres autels de moindre grandeur ; dans des niches élevées à demi-hauteur de l'ordre, sont de grandes statues de bronze des saints patrons de la ville, qui occupent tout le tour de la chapelle ; cet ornement, quoique noble & riche, est trop multiplié, & donne à cette partie l'air d'une galerie de statues. Celle de saint Janvier est placée immédiatement au-dessus de l'autel principal ; au-dessous dans un petit tabernacle de bronze à portes d'argent, sont les deux ampoules du sang de saint Janvier qui se liquéfie deux fois par an, au mois de mai & au mois de septembre, à la fête du saint & à la translation de ses reliques. Quand le miracle ne se fait pas, c'est le plus triste pronostic pour la ville de Naples qui se croit menacée de quelque grand malheur, ou qui attribue l'interruption du miracle à la présence de quelque hérétique ; ce qui devient alors fort dangereux pour les étrangers inconnus, qui ne se livrent pas aux convulsions impétueuses dont le peuple de Naples eft agité. La proceffion folemnelle fe fait tous les ans le premier famedi de mai ; on y porte le fang de faint Janvier à quelques-uns des fiéges de la nobleffe, où le miracle doit fe faire pour la pleine fatisfaction du peuple.

Il paroît que tous les ornemens faillans d'architecture de cette chapelle font en ftucs dorés. La coupole peinte par le *Lanfranc* eft d'une belle & grande maniere ; c'eft un des ouvrages les mieux entendus de ce maître. Les anges font du *Dominiquin* qui y eft fort inférieur à lui-même. Le deffein en eft beau, l'expreffion en eft vraie ; mais le coloris eft foible ; on n'y reconnoît pas le génie de ce maître, qui ne travailloit point alors à fon aife. La rivalité qui régnoit entre lui & le *Lanfranc*, qui avoit plus de protection & de partifans, effrayerent le *Dominiquin* qui acheva fon ouvrage à la hâte & comme par force, toujours dans la crainte d'être empoifonné ; au moins il s'étoit perfuadé qu'on en vouloit à fes jours... Le grand autel à droite a un grand tableau de l'*Efpagnolet*, qui repréfente faint Janvier fortant de la fournaife ; il eft d'une très-belle couleur, bien compofé ; les groupes font heureufement placés & d'un grand effet... Celui de la décolation du saint par le *Dominiquin*, & un autre du cavalier *Maffimo* qui a pour fujet la guérifon d'un énergumene, font également beaux.

Cette chapelle appellée le tréfor eſt d'une richeſſe immenſe; outre trente ou quarante ſtatues de bronze, il y a trente-ſix grands buſtes d'argent, dont pluſieurs ſont enrichis de pierres précieuſes; celui de ſaint Janvier en eſt entiérement couvert. Les croix, les chandeliers, les reliquaires, les lampes & autres uſtenſiles à l'uſage du ſervice divin, y ſont multipliés; & toujours on a reſpecté ces richeſſes dans les diverſes révolutions de la ville de Naples.

A une des petites portes de l'égliſe eſt un vaſe antique d'Albâtre qui ſert de bénitier, & que l'on prétend avoir été à l'uſage des Hébreux; il eſt de la forme de ces vaiſſeaux appellés *Hidria*, ou au moins tel qu'on les repréſente; il n'a d'ailleurs ni bas-relief, ni aucune marque qui le caractériſe.

Cette égliſe a pour clergé trente chanoines qui portent l'habit violet & la mitre à l'égliſe, douze chanoines d'un ſecond ordre appellés hebdomadaires, dix-huit chapelains, & beaucoup de clercs

clercs tirés du séminaire de l'archevêché qui tient à la cathédrale.

Hors de cette église, dans une petite place à l'entrée de la rue de Capoue, est une grande statue de bronze de saint Janvier, posée sur une piramide ou piédestal fort élevé; le corps de la piramide est de marbre, les ornemens sont de bronze. Les Napolitains donnent à ces hauts piédestaux le nom de piramides, quoiqu'ils s'y ressemblent en rien ; ce sont proprement plusieurs gaînes posées les unes sur les autres, séparées par des corniches & terminées par une statue. Le goût de ces monumens n'a rien de la belle simplicité antique. Ici ils sont fort chargés d'ornemens, qui ne font aucun plaisir, quand on les compare à ces colonnes antiques que l'on voit à Rome, & à Florence sur-tout, sur lesquelles on a placé des statues. Ce goût de décoration qui est particulier à la ville de Naples s'y soutient ; la derniere Reine a fait élever une de ces piramides à la Conception immaculée de la Vierge qui est exécutée dans le même goût que les autres. Ce qui les gâte encore beaucoup, c'est l'usage où l'on est de les illuminer tous les ans à certains jours solemnels ; la graisse des lampions dont on les cou-

Tome IV. F

vre, les noircit & leur donne un air de malpropreté qui leur fait perdre le peu de mérite qu'elles ont par elles-mêmes.

San Giovani magiore ; on verra dans cette église, que l'on croit bâtie sur les ruines d'un temple élevé par Adrien à Antinoüs, quelques restes antiques & des fragmens de belles colonnes cannellées ; mais comme tous ces morceaux sont déplacés, & que l'église a été rebâtie plusieurs fois, rien n'indique la grandeur & la forme du temple antique. On y voit un tombeau que le peuple dit être celui de Parthenope, mais sans preuve.

Suite des églises, Vestiges de monumens.

21. S. Jean l'Evangéliste, église bâtie en 1462, par *Jovianus Pontanus*, bon poëte Latin, secrétaire du roi Ferdinand I. On y voit une quantité d'inscriptions & d'épitaphes par cet homme célébre, entr'autres celles de sa femme, de ses enfans, & la sienne qu'il fit avant que de mourir (*a*).

(*a*) Je rapporterai ici celle de sa femme. Elle ne peut qu'embellir ces mémoires.

Illa thori bene fida comes, custosque pudici,
  Cuique & Acus placuit, cui placuere coli.

San Poalo Magior, belle églife de Théatins fituée fur la petite place du marché. La face principale eſt ornée de huit colonnes cannelées de marbre, d'ordre Corinthien, qui foutiennent un grand fronton où font quelques veſtiges de bas-reliefs antiques. Ces colonnes font les reſtes d'un portique qui fervoit d'entrée à un temple de Caſtor & de Pollux, élevé par Julius de Tarſe affran-

---

Quæque focum, caſtoſque lares fervavit; & Aræ
   Et thura & lachrimas, & pia ferta dedit.
In prolem ſtudioſa parens, & amabilis, uni
   Quæ ſtuduit caro caſta placere viro.
Hic poſita eſt Adriana: roſæ, violæque niteſcant,
   Quo poſita eſt, ſirio ſpiret odore, locus.
Urna crocum dominæ fundat, diſtillet Amomum
   Ad Tumulum, & cineri ſparſa cūliſſa, fluat.

Quinquennio poſtquam uxor abiiſti; dedicata prius ædiculá, monumentum hoc tibi ſtatui, tecum quotidianus ut loquerer: nec ſi mihi non reſpondes, non reſpondebit deſiderium tui, per quod ipſa mecum ſemper es: aut obmuteſcet memoria per quam tecum nunc loquor. Ave igitur, mea Adriana, ubi enim oſſa mea tuis miſcuero, uterque ſimul bene valebimus. . . . .

chi de Tibére. Tout ce portique, de même que l'escalier de marbre qui y conduisoit, fut renversé dans le tremblement de terre de 1688 qui fit tant de ravages dans la ville de Naples; depuis ce temps on a réparé ce portail avec les mêmes matériaux, mais fort mutilés; ils sont restaurés avec des stucs auxquels on a donné la couleur du marbre. La beauté de leurs formes prouve qu'ils ont servi à un édifice construit de bon goût. Dans le cloître des religieux, on reconnoît quelques vestiges d'un théâtre antique que l'on croit avoir été très-considérable. Car c'est le premier théâtre public sur lequel Néron osa faire éclater ses talens pour la musique & pour la poësie, qu'il

---

Voici ce qu'il y fit ajouter pour lui-même.

Vivus domum hanc mihi paravi, in qua quiescerem mortuus; noli, obsecro, injuriam mortuo facere, vivens, quam fecerim nemini. Sum etenim Joannes Jovianus Pontanus, quem amaverunt bonæ Musæ, suspexerunt viri probi, honestaverunt reges Domini. Scis jam qui sum, aut qui potius fuerim. Ego vero te, hospes, noscere in tenebris nequeo; sed te ipsum ut noscas, rogo. Vale.....

NAPLES. 125

croyoit si rares. Jusqu'alors ils avoient été renfermés dans quelques jardins particuliers & dans son palais où il les avoit exercés ; mais il regardoit cet espace comme trop étroit pour la beauté de sa voix. Il n'osa pas cependant commencer à Rome l'exécution du dessein qu'il avoit formé de monter publiquement sur le théâtre. Il choisit Naples comme une ville Grecque située en Italie ; c'est là qu'il devoit commencer, passer ensuite en Achaïe, y gagner des couronnes & revenir à Rome, plus digne de l'affection & des applaudissemens des citoyens. Le bruit de cette nouveauté attira au théâtre de Naples toute la populace, non-seulement de la ville, mais encore des colonies & des villes municipales voisines ; les courtisans de l'Empereur, les officiers & les soldats de la garde s'y trouverent aussi, de sorte que le théâtre fut rempli… Un tremblement de terre qui survint lorsqu'à peine cette foule immense eut quitté le théâtre, le renversa & personne n'y périt ; ce que l'Empereur regarda comme une faveur particulière des dieux ; pour leur en témoigner sa reconnoissance, il composa de nouveaux chants qu'il rendit publics, & passa de Naples à Bénévent, d'où il

F iij

devoit se rendre à Brindes & s'embarquer pour la Grèce (a).

Il y a grande apparence que le temple de Castor & de Pollux fut aussi maltraité que le théâtre, & qu'on ne le répara point; ce fut sur ses ruines que la ville de Naples fit élever en 574 une église en l'honneur de saint Pierre & de saint Paul, pour remercier Dieu d'une victoire que ses habitans avoient remportée sur les barbares Orientaux qui avoient fait une descente sur ses côtes.

L'église moderne est riche, d'une construction élégante, enrichie de plusieurs beaux ouvrages de peinture & de sculpture, parmi lesquels on remarquera la chapelle des princes de saint Agathe où sont quelques statues de bon-

---

(a) *Adhuc per domum aut hortos cecinerat Juvenalibus Ludis, quos ut parum celebres & tantæ voci angustos spernebat. Non tamen Romæ incipere ausus, Neapolim quasi Græcam urbem delegit: inde initium fore ut transgressus in Achaïam, insignesque & antiquitus sacras coronas adeptus, majore famâ studia civium eliceret. Ergo contractum oppidanorum vulgus... Egresso qui affuerat populo vacuum sine illius noxâ Theatrum collapsum est....*

Tacit. Annal. L. 15.

ne main. Celle où repose le corps de saint Gaëtan, instituteur des Théatins, couverte de bas-reliefs en argent dont plusieurs sont d'un travail fini. Celle, où est le corps de saint André Avellin dans une châsse de bronze doré, damasquiné en argent, est d'un très-bon goût de décoration. Dans l'église sont plusieurs tableaux de *Solimeni* qui ont pour sujets les miracles de saint Gaëtan ; ils sont d'une couleur plus belle & plus fraîche que ce peintre n'avoit coutume. Les deux grands tableaux de la sacristie qui ont pour sujet, l'un la conversion de S. Paul, l'autre la chûte de Simon le magicien, sont de la plus belle ordonnance, d'un dessein fier; on y reconnoît le génie poëtique de cet artiste qui sçavoit rendre ses idées, avec une sublimité d'expression qui lui étoit particulière.

Les bâtimens réguliers de cette maison sont de belle construction & bien entretenus. Les arcades du grand cloître sont soutenus par des colonnes de granite, que l'on croit être des restes de l'ancien théâtre dont j'ai parlé.

A côté de saint Paul le majeur, est l'église de saint Laurent d'une bel-

F iv

le architecture gothique, construite par les ordres de Charles I d'Anjou, dans l'endroit même où étoit l'ancien palais de la Cité, où s'assembloit la commune de la ville (c'est-à-dire les nobles & le peuple) dès le temps qu'elle se gouvernoit en république. Le Roi pour empêcher l'union de ces deux corps fit détruire ce palais, & bâtir une église & un couvent qu'il donna aux Franciscains ; mais il a encore aujourd'hui son ancienne destination; c'est-là où s'assemblent le peuple & la noblesse pour traiter de leurs affaires communes dans une très grande salle qui leur appartient.

Le maître-autel est orné de quelques statues. On voit dans l'église plusieurs bons tableaux, entr'autres deux du cavalier *Préti Calabrésé*, qui représentent des saints de l'ordre de saint François ; ils sont peints vigoureusement, & bien dessinés. Autour du chevet du chœur sont quelques tombeaux de princes qui ont régné à Naples, & beaucoup d'épitaphes (*a*).

―――――――――――――

(*a*) On y remarquera celle-ci qui est d'un grand sens.

Le réfectoire dont la porte principale est dans le grand cloître, est d'une grandeur immense, & servoit autrefois à tenir l'assemblée du parlement général de la ville & du royaume.

Les saints Apôtres, église & maison de Théatins, bâtie à ce que l'on dit sur les ruines d'un temple de Mercure, dès le temps de Constantin le grand, est actuellement une des plus riches de Naples. Les piliers qui soutiennent la voûte de la grande nef & qui la séparent des chapelles collatérales, sont revêtus de marbres à compartimens jusqu'à la frise. Les plafonds de la nef, des croisées & du chœur sont entièrement peints par le *Lanfranc* qui y a représenté en plusieurs grands tableaux les martyres des Apôtres; les stucs qui les séparent sont dorés; les tableaux des angles qui représentent les Prophétes & quelques saints de l'An-

―――――――――――

Hospes, quid sim vides:
Quid fuerim, nosti.
Futurus ipse quid sis,
Cogita.

cien-Testament sont de la plus belle exécution ; la grande coupole a été peinte par le *Benuschi*, la couleur de ces tableaux est fraîche & brillante ; ce qui, joint aux ornemens dorés, fait paroître cette voûte d'une richesse & d'une beauté rares. Au-dessus de la porte d'entrée, en dedans de l'église, est une peinture à fresque qui a pour sujet la piscine probatique. Il y a beaucoup de goût, de variété, & de force de dessein dans cette grande machine peinte par le *Viviani*. Le maître-autel est d'une composition noble dans laquelle on a employé les plus beaux marbres, le bronze & les pierres précieuses ; les colonnes du tabernacle sont de jaspe. Les candélabres de bronze qui sont au-devant de l'autel méritent d'être remarqués à cause de la beauté de leur dessein & de la propreté de l'exécution. Ils sont formés par les symboles des quatre évangélistes, entrelacés.

La chapelle des Filomarini qui est dans la croisée à main gauche a été faite sur les desseins du Borromini avec les plus beaux marbres. Sans quelques défauts dans l'architecture que les connoisseurs reprochent à ce monument ; ce seroit l'un des plus magnifiques de ce genre. Les tableaux & les portraits dont elle est décorée, ont été faits en Mosaïque sur les desseins du Guide; la couleur en est si foible qu'à peine les nuances se distinguent-elles; ce qui les rend précieux, c'est la propreté de leur exécution & la fidélité avec laquelle on a imité le dessein original, car pour le coloris ils sont fort au-dessous du travail actuel qui se fait au Vatican. On y voit le portrait du cardinal Filomarini, archevêque de Naples, qui a fait construire la chapelle. Au-dessus de la table de l'autel est un bas-relief en marbre blanc, par *François Flamand*; il représente plusieurs enfans qui forment un chœur de musique; une beauté d'exécution, un fini précieux, une vérité sur-tout à représenter les graces naïves de l'enfance & l'agrément des proportions de cet âge qu'il est rare de trouver même dans les plus belles sculptures antiques, rendent ce morceau digne des plus grands éloges. *Le Flamand* étoit dans cette partie au moins égal aux plus habiles artistes Grecs. La table de l'autel arrondie, assez épaisse pour être ornée comme une frise dorique, est soutenue par deux lions de beau travail, de même que le sacrifice d'Abraham qui est dessous.

Vis-à-vis est la chapelle de la Conception, revêtue de beaux marbres de Sicile; on voit un tableau de l'Archange saint Michel qui paroît remercier Dieu de la victoire qu'il a remportée. Dans la chapelle du Purgatoire est un autre tableau de saint Michel qui combat les anges rébelles, composé avec feu, le dessein quoique fort en est correct, les groupes sont placés avec science. Ce tableau est de *Marco di Siena* & fort dans le goût des beaux ouvrages du Tintoret. Dans les croisées on voit, à une assez grande élévation, quatre tableaux de *Luc Giordan*, qui représentent la naissance & la présentation de la Vierge, le songe de saint Joseph & l'adoration des bergers... Le songe de saint Joseph est représenté avec la plus grande vérité, mais foible de couleur. Le second a une Vierge de la plus grande beauté, il est d'un coloris frais & gracieux. Les deux autres ne sont pas d'une moins belle composition, & ont d'excellentes parties de détail; celui de la naissance de la Vierge est vraiment digne des meilleurs maîtres de l'école Romaine; la force de l'expreſſion s'y trouve réunie avec les graces les plus touchantes. Ces quatre tableaux doivent être comptés parmi les plus beaux ouvrages de Luc Giordan... On voit encore dans les archivoltes de la nef quelques bons tableaux du *Solimeni*, toujours reconnoiſſable à la fierté de ſon deſſein, & à ſes ombres noires & tranchantes. Les deux balcons où ſe placent les chœurs de muſique, aux jours ſolemnels, ſoutenus ſur deux grands aigles de marbre blanc, ſont d'une maniere fort ingénieuſe. Cette égliſe eſt vraiment brillante, l'une des plus belles de Naples & même de l'Italie... La chapelle de la mort, ainſi appellée parce qu'elle ſert de ſépulture à pluſieurs perſonnes, eſt fort grande & entiérement couverte de peinture à freſque. Le cavalier Jean-Baptiſte *Marini* poëte très-connu, mort en 1625, y eſt enterré; on y voit ſon buſte en marbre couronné de laurier, & au-deſſous une inſcription à ſa louange (*a*). C'eſt dans cette chapelle déta-

---

(*a*) Voici celle de ſes épitaphes qui m'a paru la meilleure.

chée de l'église que se font, pendant l'hyver, les jours de fêtes, des oratorio en musique, & des instructions morales pour le peuple qui y assiste. J'ai parlé de cet usage à l'article de Bologne.

Bibliothéque des Augustins. Cresunovo. Ste Claire. S. Philippe de Néri.

22. Saint Jean de Carbonara, église & maison de religieux Augustins; il faut voir derriere le maître-autel, le magnifique mausolée du roi Ladislas qui s'éleve jusqu'à la voûte, c'est un travail gothique de la plus difficile exécution; le marbre y est taillé avec autant de dextérité que de patience; au milieu est placée la statue équestre du Roi, de grandeur naturelle, l'épée à la main... Ce roi de Naples étoit le plus grand général de son siécle, faisoit dès ce temps-là des marches très-sçavantes; quiconque sçaura

---

D. O. M.

Equiti Johanni Baptistæ Marino, Poetæ sui sæculi Maximo, cujus Musa è Parthenopæis cineribus enata, inter lilia efflorescens reges habuit Mecenates: cujus ingenium fœcunditate felicissimum, terrarum orbem habuit admiratorem. Academici Humoristæ principi quondam suo. P. P....

un peu l'histoire de son temps, trouvera entre lui & un autre prince de notre siécle beaucoup de traits de ressemblance (*a*)... Derriere le mausolée du Roi est le tombeau de Jean Carraccioli, grand sénéchal du royaume de Naples & favori de Jeanne II. Il dut son élévation à sa bonne mine & finit par encourir la disgrace de la Reine qui le fit assassiner en 1432... Il y a beaucoup d'autres curiosités en cette église ; entr'autres un couronnement d'autel d'albâtre qui représente dans différens petits bas-reliefs séparés les

---

(*a*) Au-dessous de la statue sont écrits ces mots : *Divus Ladislaus*, & plus bas ces vers :

Improba mors, hominum, heu, semper obvia
    rebus !
Dum rex magnanimus totum spe concipit orbem,
En, moritur, Saxo tegitur Rex inclitus isto.
Libera sidereum mens ipsa petivit olympum.

Il mourut en 1414 a Naples, âgé de 38 ans, d'excès de débauches à ce que l'on dit, ou, comme d'autres le prétendent, d'un poison lent que lui avoit donné la fille d'un médecin de Perouse dont il étoit amoureux, trompée par son pere, qui avoit été gagné par les Gibelins.

mystères de la passion. Il servoit à orner la chapelle de campagne du roi Ladislas.

Le cardinal Seripand, légat du S. Siége au concile de Trente, a laissé à cette maison une bibliothéque où sont plusieurs manuscrits grecs & latins dont quelqu'uns sont très-précieux, entr'autres, un Dioscoride sur vélin, en grands caractères quarrés, qui est de la plus haute antiquité, avec les fleurs & les plantes bien dessinées & très-joliment peintes (*a*).

(*a*) Ce que jai vû de plus précieux parmi les manuscrits de cette bibliothéque sont les suivans..... Les évangiles en lettres onciales, manuscrit Grec sur vélin qui paroît du VIIIe siécle..... Homélies sur les évangiles, manuscrit Grec du VIIe siécle sur vélin rouge, en grandes lettres d'or. Ce luxe dans les manuscrits est fort ancien, saint Jérôme le fronde dans sa préface sur Job ; il n'étoit pas dans son caractère ferme & austère d'estimer pareille dépense ; il ne vouloit rien au-delà du necessaire..... Eusebe de la préparation évangélique, manuscrit Grec sur soie ; il paroît récent & de belle écriture.... Dioscoride sur vélin, manuscrit Grec très-ancien, avec les fleurs & les plantes peintes en carmin ; il y manque quelques feuilles au commencement. Le premier article est ΑΜΒΡΟΞΙΑ ΟΙΔΕ ΒΟΤΡΥΖ....Ambro-

Giesu Nuovo, église & maison professe des Jésuites, le plus magnifique édifice de Naples & le plus noble qu'il y ait dans ce genre. Elle a la forme d'une croix dont les quatre branches égales répondent à une grande coupole qui occupe le milieu de l'édifice. Il paroît que l'architecte qui l'a construite a eu dessein d'imiter le plan de l'église S. Pierre de Rome, en quoi on peut dire qu'il a bien réussi. Cette église au premier coup-d'œil a un air de magnificence & de grandeur qui ne surprend pas autant que celle de saint Pierre de Rome, parce qu'elle a moins d'étendue; mais elle donne ce sentiment de plaisir & d'admiration qu'ins-

---

sia, vide, uva.... Diodore de Sicile, manuscrit Grec sur vélin, du XIe siécle.....
Polibe sur soie... Manuscrit Grec moderne...
Tite-Live sur vélin, manuscrit du XIIe siécle..... Virgile, manuscrit élégant du même temps avec des notes...
Mémoires pour le Concile de Trente, recueillis par le Cardinal Seripand. 2 vol. *in*-4°. Latins..... Avis d'une congrégation de cardinaux & de prélats sur la réformation de l'église, rédigé par les ordres du pape Paul III en 1537. Latin..... Traité de Renaud Poole sur le même sujet.....

pirent toutes les belles productions de l'art, rendues avec la perfection que l'on y imagine. Cette église, l'une des plus belles de l'Europe, semble faite pour persuader des véritables beautés de celle de saint Pierre de Rome, & fait regretter qu'on n'en multiplie pas les imitations toutes les fois qu'il est question de construire quelques grands édifices de ce genre; ainsi chaque nation pourroit avoir un monument public qui réuniroit la solidité, les graces, la majesté, & toutes les vraies beautés de l'architecture; le goût de décoration les varieroit, & ôteroit à cette imitation ce qu'elle pourroit avoir d'uniforme. Outre les grandes nefs qui aboutissent au point du milieu, éclairé par la grande coupole, il y a des bas côtés traités dans le même goût que ceux de saint Pierre; l'or, le marbre, & le bronze n'y brillent pas de toutes parts comme à Rome; l'église du *Giésu* de Naples ne doit son mérite qu'à la beauté de sa construction, quoiqu'on n'ait pas négligé de l'embellir de plusieurs ornemens dont je parlerai.

La grande coupole avoit été peinte par le *Lanfranc*; mais le tremblement de terre de 1688 ayant ébranlé la lanterne & la colonnade qui la foutenoit, on ne pût empêcher qu'elle ne s'écroulât quelque temps après, ce qui ruina les peintures qui ont été réparées par Paul de Mathéis, peintre Napolitain qui a du mérite, un affez beau coloris, de l'ordre dans l'arrangement de fes groupes, mais peu de cette hardieffe de génie & de cette vigueur de pinceau, que l'on admire dans le Lanfranc, & que l'on reconnoît encore dans les angles de cette coupole, dont les peintures ont été conservées, & que l'on regarde comme le chef-d'œuvre du Lanfranc : toutes les parties les plus élevées & les plus délicates de cette églife, fouffrirent beaucoup de ce tremblement de terre.

Il y a beaucoup d'autres belles peintures à frefque & à huile. Au-deffus de la porte d'entrée eft un magnifique tableau de Solimeni qui a pour fujet Héliodore battu de verges dans le temple de Jérufalem. Le fond du tableau eft le temple même, traité dans le plus grand goût d'architecture & de décoration. Le nombre de figures qui font intéreffées à l'action principale, la maniere dont elles font grouppées, la fcience avec laquelle la lumiere & les ombres sont distribuées dans le tableau, font du tout ensemble une composition magnifique & bien digne du génie élevé de *Solimeni*; mais le coloris y est si négligé & si monotone, que ce tableau ne fait pas au premier coup-d'œil l'effet qu'il devroit. Les voûtes des grandes & petites nefs sont peintes. On remarquera avec plaisir un plafond peint par *Luc Jordan*, qui a pour sujet les vertus accompagnées de génies symboliques; la composition, le dessein & le coloris en sont très-bons; ces peintures ont un caractère gracieux qui intéresse... La seconde voûte des bas côtés à gauche est peinte d'un goût sage qui tient beaucoup des beaux temps de l'école Romaine; on la dit d'un peintre nommé Bellisario qui vivoit dans le dernier siécle. Une partie de cette voûte fut altérée en 1688 ; c'est ce qui fait que l'on s'apperçoit que les peintures ont été restaurées par une autre main.

Le maître-autel n'est pas encore fini, ainsi on n'en peut rien dire;... la chapelle de saint Ignace qui occupe presque tout le fond de la croisée à gauche, est de la construction la plus noble ; le couronnement est soutenu par fix qrandes colonnes de marbre d'Egypte. Aux côtés de l'autel font deux grandes ſtatues de David & de Jérémie en marbre blanc ; cette derniere eſt traitée dans ce goût de force & de fierté que Michel-Ange a donnée au Moyſe qui eſt à ſaint Pierre *in Vincoli* à Rome; au-deſſus font trois beaux tableaux de l'Eſpagnolet, d'un ton de couleur vigoureux & frais. Vis-à-vis dans le fond de la croiſée à droite, eſt l'autel de ſaint François Xavier, traité dans le même goût de décoration & d'ornement, aux deux ſtatues près. Les tableaux du deſſus font de *Luc Giordan* & très-beaux; ils repréſentent des ſaints Jéſuites, un entr'autres auquel une écreviſſe de mer apporte une croix... Dans une chapelle à main droite en entrant, eſt un très-beau tableau du *Dominiquin*, qui a pour ſujet ſaint Charles à genoux priant pour ſon peuple;.. on voit quelques parties de cette égliſe déjà revêtus de marbres de différentes couleurs, à deſſeins d'architecture ſuivis, dans le goût du revêtiſſement de ſaint Pierre de Rome. Ce font des particuliers qui les ont fait faire ; il eſt à ſouhaiter que ce projet ſe ſuive & ſe finiſse ; il relevera beaucoup la beauté de la construction & fera mieux juger de la ressemblance de cette église avec son magnifique modéle.

La sacristie est très-riche, la boisure est ornée de bas-reliefs bien traités. Le tableau de l'autel qui représente une sainte famillle est *d'Annibal Carrache* & de la meilleure maniere de ce maître dont on connoît le mérite. Dans le vestibule qui conduit à la sacristie sont plusieurs bons tableaux, dont deux dits de *Raphaël*, qui ne sont pas de la meilleure maniere de ce grand homme. Ils ont plutôt l'air de copies faites par de bons peintres. Le portail de cette église ne répond en rien à la magnificence de l'architecture intérieure ; c'est une grande surface revêtue de pierres brunes taillées en pointes de diamants, au milieu de laquelle sont ouvertes une porte quarrée & quatre fenêtres, d'une proportion trop petite pour la grandeur de l'édifice. C'est l'ancienne façade du palais des princes de Salerne, *San Severino* sur l'emplacement duquel cette église a été bâtie.

Vis-à-vis est l'église royale *de sainte Claire*, bâtie par le roi Robert & sa femme Sancia, pour trois cens religieuſes de famille noble, de l'ordre de ſainte Claire; elle eſt deſſervie par un nombreux couvent de Franciſcains; la conſtruction en eſt gothique, la voûte à plein ceintre eſt hardie & bien exécutée. Une galerie dorée ſoutenue par des pilaſtres de marbres de différentes couleurs, rangés par compartimens, régne tout autour de l'égliſe. Cette décoration eſt abſolument moderne, & ſurprend au premier coup d'œil par ſon éclat; mais en l'examinant on voit qu'elle eſt plus galante que noble, & par conſéquent déplacée. Le plafond peint par Sébaſtien Concha, eſt d'une belle exécution; il eſt partagé en cinq grands tableaux, dont les ſujets ſont tirés de l'Ancien Teſtament, & allégoriques à la cérémonie qui ſe fait tous les ans dans cette égliſe le jour de la fête Dieu; l'archevêque, en vertu d'un privilége obtenu par le roi Robert, y apporte le ſaint Sacrement. Ces tableaux ont pour ſujet la réception de l'arche dans le temple... Salomon qui fait conſtruire le temple... La reine de Sabba devant Salomon, &c... Les intervalles ſont remplis par des tableaux de moindre grandeur qui repréſentent les prophétes, les évangéliſtes, les docteurs de l'église... Le tableau du fond qui est placé au-dessus du maître-autel, est l'apothéose de sainte Claire. Jesus-Christ est dans une gloire où il reçoit la sainte, au bas est une reine de Naples qui tient des fleurs dans sa draperie... Il est aussi de Sébastien Concha, d'une moins belle couleur que le plafond, mais bien déssiné; quoique dans la composition il y ait quelque chose de froid & de simétrisé; ce que l'on remarque dans la plus grande partie des ouvrages de ce peintre.

On y a conservé quelques morceaux gothiques d'une belle exécution, entr'autres la chaire à prêcher; le retable du maître autel avec quatre colonnes torses qui portent un petit baldaquin. Les deux qui sont en avant sont de marbres & ornées de bas-reliefs; les deux autres sont de bois travaillées dans le même goût; audevant est une très-grande table d'autel moderne, en quart de cercle, comme il y en a plusieurs en Italie, & faite exprès pour recevoir une grande illumination. Dans une chapelle à gauche est une excellente statue de marbre de saint François de Paule, de grandeur naturelle,

&

& d'une vérité frappante; c'est le portrait même du saint, fait, dit-on, de son temps, pendant le séjour qu'il fit à Naples en passant en France; on n'y trouve pas la pureté & l'élégance du style Grec, mais c'est en tout l'imitation la plus exacte de la nature; la robe de marbre comme le reste est aussi vraie que l'étoffe même dont il étoit habillé; on voit dans l'air du visage l'humilité, la piété, la bonté de caractère qui étoient les vertus caractéristiques du saint. Il est difficile de faire mieux rendre au marbre le sentiment.

On voit dans cette église plusieurs tombeaux anciens. Celui du roi Robert, du duc de Calabre son fils,... de plusieurs seigneurs de la maison de Baux en Provence, attachés à la maison d'Anjou, desquels on croit que la postérité subsiste encore dans le royaume de Naples. L'un d'eux nommé Hugues de Baux fut grand'sénéchal de Sicile, sous le roi Robert & la reine Jeanne Iere... Celui de *Moro Raimondo Cabano*, qui de l'état d'esclave s'éleva jusqu'au point de devenir grand sénéchal du royaume. Cette brillante fortune fut terminée par le gibet, fur lequel il périt pour avoir été complice de l'affaffinat d'André roi de Hongrie..... Dans la chapelle de la *maifon fan Felice*, outre le tableau de l'autel qui eft un très-beau crucifix peint par le *Lanfranc*, on voit un tombeau antique du meilleur temps de la fculpture; à la face principale eft un autel avec du feu allumé pour facrifier aux Dieux infernaux; la figure couchée fous un grand drap & foutenue par une femme paroît être celle de la perfonne pour laquelle le tombeau a été fait; derriere elle, à côté de l'autel, eft une autre femme qui porte fur fa tête une corbeille de fleurs & de fruits; trois figures d'hommes, dont une tient une courte maffue, font à la fuite; fur les côtés, font des figures de jeunes enfans & de vieillards, qui paroiffent être, les premiers les enfans de la jeune femme qui eft morte, & les autres fes pere & mere; par derriere font les figures emblématiques du foleil & de la lune; ce monument antique eft du plus beau ftyle. Ce tombeau renferme à préfent le corps de Céfar de *fan Felice*, chevalier de faint Jean de Jérufalem. Cette maison croit descendre des Normands qui commencerent la conquête de la Sicile sur les Sarrasins.

Saint Philippe de Néri, église de prêtres de la Congrégation de l'Oratoire, grande, belle & richement décorée ; le portail revêtu de marbres blancs, avec des ornemens saillans d'autres marbres de diverses couleurs, des niches & des statues, annonce avantageusement cette église. Douze grosses colonnes de granite d'une seule piéce, soutiennent la nef du milieu & la séparent des bas côtés ; le plafond est en bois sculpté, à compartimens dorés. Le grand autel est d'une belle forme, revêtu des marbres les plus rares & de pierres précieuses. Le tableau qui représente la naissance de la Vierge, par *Berardino*, peintre Sicilien, est bien composé & de belle couleur... A droite est la chapelle de saint Philippe de Néri, partagée en deux parties qui ont été peintes par *Solimeni* ; la coupole du sanctuaire a pour sujet l'apothéose du saint ; dans la partie supérieure est une gloire d'enfans qui est de la plus belle couleur ; c'est grand dommage que le pinceau de *Solimeni*, si habile dans son art, n'ait pas été toujours auffi gracieux qu'il l'eft dans cet endroit.

Les autres tableaux de cette chapelle repréfentent différentes actions du faint; on y voit encore deux buftes en marbre du Sauveur & de la Vierge d'un beau travail... A la fuite eft une grande chapelle, revêtue de marbres blancs & jaunes, avec deux ordres d'architecture, l'un au-deffus de l'autre, bien entendus. Les ftatues font de *Pierre Bernin*, pere de Laurent, qui eft fort au-deffous du mérite de fon fils.

Le tableau de l'autel qui a pour fujet la naiffance du Sauveur, eft du *Pomarancio*; la couleur en eft belle, la figure de la Vierge eft excellemment traitée; il y a quelques négligences dans les autres; dans l'ornement du deffus de l'autel eft peint l'Ange qui annonce aux pafteurs la naiffance de Jefus-Chrift. La compofition en eft belle, fimple & d'un grand effet; le deffein en eft fiér & vigoureux; ce beau morceau eft de *fanta Fede*.... Dans une autre chapelle qui fuit, eft un excellent tableau de faint François, par *le Guide*, qui a fouvent traité ce fujet & très-heureufement. On voit dans les autres chapelles plufieurs tableaux de diftinction, parmi lesquels est un saint Alexis mourant consolé par les Anges, par *Pierre de Cortone*; la composition est excellente, les airs de tête sont gracieux, & la couleur est fort belle... Sainte Madeleine de Pazzis, & plusieurs religieuses qui soutiennent un crucifix bien composé; le coloris en est foible & gris, par *Luc Giordan*... Saint Janvier qui foule un lion au pieds... Saint Nicolas avec un enfant à genoux à ses pieds, tous deux de *Luc Giordan* & de belle couleur... Saint Philippe de Néri & saint Charles Borromée, grande & belle composition & d'un vigoureux coloris, par un peintre Sicilien, dans le goût de l'Espagnolet... Au-dessus de la porte en dedans, est un grand tableau à fresque de *Luc Giordan*, qui occupe toute la largeur de la nef principale; il représente Jesus-Christ qui chasse les vendeurs du temple; il y a un très-grand mouvement dans cette composition, ainsi que l'exigeoit le sujet. Le Sauveur est extrêmement animé; la majesté & l'indignation éclatent sur son visage. Les marchands effrayés sont dans une sorte de confusion qui paroît encore augmentée par l'embarras de leurs marchandifes, il y a beaucoup de force d'expreffion dans plufieurs de ces figures; mais il femble qu'elles y foient trop multipliées, & qu'elles n'ayent pas l'efpace que naturellement elles devroient avoir, pour fortir auffi promptement qu'elles le veulent faire. La Gloire d'Anges qui eft au-deffus eft heureufement traitée & de belle couleur; l'action principale eft au haut de la porte; de chaque côté font deux efcaliers feints, par lefquels partie des marchands font cenfés devoir s'échapper; ce qui a été imaginé pour donner plus d'efpace à l'action, & en même-temps pour remplir le vuide qui eft aux côtés de la porte. La couleur de ce tableau eft belle, mais monotone, les ombres font prefque partout de même effet; ce qui diminue quelque chofe du prix de cette magnifique compofition, qui eft l'un des ornemens principaux de cette églife, richement décorée & de bon goût... Dans une galerie ou oratoire qui tient à la facriftie font plufieurs tableaux de chevalet des meilleurs maîtres d'Italie que l'on y conferve avec foin, & que l'on voit mieux que s'ils étoient placés dans l'églife, où ils feroient confondus avec quantité d'autres objets de même genre, souvent d'une couleur plus éclatante & d'un volume plus confidérable; qui emportent l'attention des fpectateurs, qui fe contentent de jetter un coup d'œil en paffant fur ces chef-d'œuvres de l'art, dont des piéces plus médiocres les empêchent de fentir le prix; cet ufage eft, à mon gré, fort fage, & j'ai déja parlé de quelques collections de tableaux précieux placés dans des galeries qui tiennent aux églifes... Parmi ceux-ci on remarquera un faint André de l'*Efpagnolet*, de grandeur naturelle, vû jufqu'à mi-corps, d'un fçavant pinceau, frais de couleur, & du plus beau deffein... Jacob qui lutte avec l'Ange, même proportion que le précédent de *fanta Fede*... Un excellent tableau *du Guide*, qui a pour fujet un Jefus dans l'adolefcence, avec un faint Jean de même âge.... deux ou trois familles faintes que l'on dit de *Raphaël*,... plufieurs tableaux choifis des *Baffans*...

23. *Il Carmine*, églife royale fituée fur la place du grand marché; la décoration du maître autel eft fort riche; on y voit une image miraculeufe de la Vierge, peinte par faint Luc, que

Il Carmine. Anecdotes fur la mort de Conradin.

G iv

les premiers religieux qui habiterent ce couvent apporterent de Syrie, & de l'authenticité de laquelle ils ne doutent pas. Il y a quelques peintures de *Solimeni* dans l'église... Derriere l'autel de la croix sont enterrés l'infortuné Conradin, & Fréderic d'Autriche son cousin, tous deux décapités par ordre de Charles I d'Anjou roi de Naples. Cette église & la maison doivent leur dotation principale à Elizabeth, mere de Conradin, veuve de l'empereur Conrad IV, qui étoit venue d'Allemagne avec une grande somme, dans l'intention de racheter son fils des mains du roi de Naples. Mais étant arrivée trop tard, elle donna à ces religieux nouvellement établis la plus grande partie de son argent, afin qu'ils priassent Dieu à perpétuité pour le repos de l'ame de ce prince. On voit sous la porte d'entrée, la statue de cette princesse à genoux avec une bourse à la main. Cette église est très-riche en vaisselle d'or & d'argent. La tour du clocher étoit un édifice gothique d'une construction très-hardie, élevée à côté de la porte d'entrée sur la place, ainsi que je l'ai vûe en 1762; mais au mois de mars de cette même année elle fut détruite en partie par la foudre & le reste de l'église fort endommagé.

La place du marché est la plus grande de Naples, mais elle n'a aucune sorte de décoration ni de régularité ; on y tient le lundi & le mercredi de chaque semaine un marché où se vendent toutes sortes de denrées; alors il y a un monde infini & il seroit difficile de la traverser; les autres jours elle est embarrassée par une multitude de petites boutiques où se vendent toutes sortes de marchandises communes.

A quelques pas du *Carmine* est une chapelle bâtie dans l'endroit même où Charles I d'Anjou fit décapiter au mois d'octobre 1268 Conradin, fils de l'Empereur Conrad, & Fréderic duc d'Autriche ; Conradin se croyoit légitime héritier de ce royaume, comme représentant les princes Normands qui l'avoient fondé, par constance sa bisayeule, fille de Tancréde, dernier duc de Pouille & de Sicile qu'avoit épousée l'empereur Fréderic II ; mais le pape Clément IV en avoit disposé autrement ; il avoit excommunié le jeune Conradin, pour être entré à main armée dans un royaume feudataire du S. Siége; & comme tel il l'avoit livré à la justice du bras séculier. C'est sur ce motif que le roi de Naples fit faire le procès à Conradin, & lui fit prononcer sa sentence de mort par Renaud de Bari, grand protonotaire du royaume; sentence qui fut exécutée sur le champ par la main du bourreau, sur Conradin, Fréderic d'Autriche, & plusieurs de ses partisans qui avoient été pris les armes à la main. C'est le premier exemple d'un souverain condamné juridiquement à mort; il est vrai que Charles ne le regardoit que comme un usurpateur & un excommunié. Cette scène tragique fut très-touchante; Conradin avoit à peine dix-sept ans; sa grandeur d'ame étoit déja connue; il étoit brave & généreux; il avoit toutes les qualités d'un franc & loyal chevalier. Fréderic d'Autriche étoit plus jeune encore, Conradin l'avoit amené avec lui, pour lui faire faire ses premieres armes. Ce jeune prince fut exécuté le premier, & Conradin reçut le coup mortel, comme il tenoit la tête de Fréderic qu'il avoit beaucoup aimé, duquel il déploroit la mort prématurée, dont il se croyoit la cause. Avant que de mourir, il jetta son gand dans la place, pria quelqu'un de l'assemblée de le porter à son cousin, Pierre d'Arragon, qui vengeroit un jour sa mort... Cette déplorable histoire étoit autrefois peinte autour de la chapelle de la place du marché ; mais les peintures sont tombées en grande partie ; on y voit seulement Conradin, tenant la tête de Fréderic, à l'instant de recevoir le coup mortel (*a*).

L'Ascension, au fauxbourg de Chiaia,

(*a*) On voit dans cette chapelle une colonne de porphire qui fut érigée au lieu même de l'exécution. On lit autour ce distique.....

Asturis ungue, leo, pullum rapiens Aquilinum,
Hic deplumavit, acephalumque dedit.

Ces vers sont dignes du temps où ils ont été faits ; ce qui révolte c'est le ton de mauvaise plaisanterie qui régne & qui fut solemnisé dans un monument public. Ils ne feront pas aisés à entendre pour quiconque ne sçaura pas que le poëte, sous le nom d'*Asturis*, a désigné un baron Romain de la maison *Frangipani*, seigneur du château d'*Astura*, entre Velletri & Sermonetta, dans lequel le jeune Conrandin s'étoit retiré après sa défaite, & où il fut livré aux gens de Charles I, par la trahison du seigneur d'Astura. Cette maison Frangipani, jadis très-puissante à Rome, est éteinte il y a long-temps ; à moins que la maison du même nom en Hongrie n'en soit une branche.

église de Célestins nouvellement construite & tenue fort proprement; elle est médiocre pour ce qui regarde l'architecture. L'autel principal revêtu de marbre blanc est travaillé avec goût. Il faut voir le grand tableau qui est au-dessus peint par *Luc Giordan*, que l'on regarde comme le chef-d'œuvre de ce maître ; il a pour sujet la victoire de S. Michel sur les Anges rébelles. La figure principale de l'Archange est noble & intéressante ; il a vaincu Lucifer qu'il précipite dans l'abîme, où sont déja tombés tous les démons subalternes; ceux qui soutenoient le trône que Lucifer vouloit s'élever, sont entraînés par le poids de ce même trône renversé, sur lequel on lit ces mots : *& ero similis altissimo*, qui semble accélerer leur chûte ; un autre Archange exterminateur conduit cette machine bien imaginée qui désigne la cause du combat. Au-dessus est le Pere éternel dans une gloire. Ce tableau est composé avec esprit, d'une belle exécution ; on y remarque surtout une sublimité d'expression qui met cette production du peintre en parallèle avec le poëte Anglois qui a chanté le même sujet. Le coloris n'en est pas assez soigné, ce qu'il faut attribuer à la grande célérité avec laquelle Luc Giordan travailloit.

Santa Maria à pié di grotta, églife de chanoines réguliers. On y conferve une image miraculeufe de la Vierge, à laquelle le peuple de Naples a grande dévotion. Tous les ans le huit feptembre, le Roi y va en grand cortége, accompagné de toute fa cour. Les troupes de fa maifon & une partie de celles des garnifons voifines fe rangent en parade le long du grand quai de Chiaia, qui eft alors couvert de tout le peuple de Naples, cependant fans tumulte, à caufe que les troupes y tiennent la populace en refpect; ce qui doit former un fpectacle magnifique.

24 *La Madonna del parto à Pofilippo*, églife de Servites, fituée fur un rocher à la pointe du Paufilippe; derriere le maître-autel, on voit le tombeau du célèbre poëte *Sannazar*, né à Naples en 1458, & mort en 1530. Ce monument eft tout en marbre blanc & d'une belle forme. Un grand foubaffement chargé de bas reliefs foutient les piédeftaux qui portent l'urne fépulchrale; au-deffus eft le bufte du poëte couronné de laurier, accompagné de deux génies pleurants, qui tiennent des guirlandes de de cyprès; aux côtés du tombeau font

Tombeaux de Sannazar & de Virgirie. Anecdotes.

deux grandes statues d'Apollon & de Minerve, au pied desquelles on a écrit les noms de *David* & de *Judith*, afin que la superstitieuse ignorance ne fît pas mutiler ce beau monument. Entre les deux statues, au-dessous de l'urne, est un bas-relief bien travaillé, où sont représentés Neptune, Apollon, Pan & les autres divinités symboliques des poësies de Sannazar. Au-dessous dans un cartel sont gravés ces deux vers du Bembe :

Da sacro cineri flores, hic ille Maroni
Sincerus, Musâ, proximus ut tumulo...

Le nom du poëte étoit Jacques Sannazar, & pour se conformer à la mode des auteurs de son siécle, il avoit changé son nom en celui d'*Actius Sincerus*... Cette église est décorée de bonnes peintures. Le tableau de la voûte au-dessus du tombeau représente le Parnasse avec le cheval Pégase & une renommée qui tient une couronne sur la tête du buste ; aux angles sont peintes la grammaire, la rhétorique, la philosophie & l'astrologie, par *le Rossi* ; la couleur en est fraîche & le dessein sage. On voit encore dans une chapelle un beau tableau de la fuite en Egypte par le même...

Dans la chapelle en entrant, à main droite, est un tableau de saint Michel qui a sous ses pieds un diable, peint avec le visage & le sein d'une femme ; on prétend que c'est le portrait d'une dame de Naples dont le nom étoit Victoire, qui avoit une passion décidée pour un évêque d'*Ariano* de la maison *Caraffa*, lequel résista courageusement à ses avances, & qui étant bien sûr de lui-même, fit peindre ce tableau avec ces mots : *fecit victoriam alleluia*. Cet évêque est enterré au-devant de cet autel.

On a des dehors de cette église, une vûe délicieuse qui domine sur la mer, sur une partie de Naples, & sur tout le côté oriental du golfe, & la montagne du Vésuve ; c'étoit-là qu'étoit la maison de campagne de Sannazar, & c'est sur ses ruines qu'est bâtie l'église des Servites. Il se plaisoit tant dans cet endroit où il passoit ses jours, partagé entre l'étude & le plaisir, qu'on prétend qu'il mourut de chagrin de ce que le prince d'Orange, commandant dans ce pays pour Charles V, fit abattre sa maison. Quelques instans avant sa mort, il apprit que le prince avoit été tué en France ; & il dit encore avec satisfaction... *La Vendetta d'Apollo ha fatto Marté.* Il expira peu après.

Le tombeau de Virgile auquel le Bembe a fait allusion dans l'épitaphe de Sannazar, est peu éloigné de la *Madona del Parto*; il est dans les jardins qui sont sur la croupe du Pausilippe, au couchant de Naples, en tournant de la pointe du *Mergellino*, du côté de l'ouverture de la grotte, immédiatement au-dessus, sur une petite plate-forme pratiquée dans le rocher. C'est un petit édifice de brique, de forme piramidale, voûté en dedans. Aux côtés sont quelques petites niches destinées à placer des urnes cinéraires; il ne reste ni dans le milieu ni dans les côtés aucun vestige de la place qu'a dû occuper l'urne principale qui sans doute étoit celle de Virgile. Ce bâtiment qui a eu un revêtissement & quelques ornemens extérieurs en est entiérement dépouillé; on a seulement infixé dans le rocher une bande de marbre blanc, sur laquelle est gravé le distique suivant que l'on dit avoir été fait par Virgile lui-même pour lui servir d'épitaphe:

*Mentua me genuit, Calabri rapuere, tenet nunc
Parthenope, cecini pascua, rura, duces.*

Au-dessus de la voûte est le prétendu laurier qui crut sur le tombeau, dès que les cendres de Virgile y eurent été déposées; il a l'air déja ancien, c'eſt-à-dire que cet arbre, au moins la branche principale qui paroît, peut avoir cinquante à ſoixante ans; car on a dit qu'on a beau le couper ou l'arracher, qu'il repouſſe toujours; cependant de crainte que l'eſpéce n'en périſſe, le jardinier a ſoin de faire des boutures qu'il replante autour & qui y croiſſent aiſément, de même qu'une multitude d'autres arbuſtes, qui ont pris racine ſur cette vieille conſtruction; qui eſt dans un endroit frais & preſque toujours à l'ombre. Toute la tradition s'accorde à dire que Virgile étoit un homme de mœurs douces & très-réglées, aimant la ſolitude & craignant le tumulte des cours & du grand monde, autant par goût pour la tranquillité, que pour éviter les éloges que ſes rares talens méritoient. Il avoit été élevé à Naples, dont il préféroit le ſéjour à celui de Rome. Son nom y eſt encore en vénération même parmi le peuple, dont les uns le regardent comme un ſaint & les autres comme un grand magicien. Ils prétendent que par la vertu de ſes charmes, il a ouvert le chemin de Naples à Pouzzols à travers le Pauſilippe; qu'il avoit conſtruit par art magique le grand cheval de bronze qui étoit autrefois à la place de faint Janvier & dont la tête fe voit encore dans la cour du palais Caraffe, qu'il avoit communiqué à ce cheval la vertu de guérir tous les chevaux malades qui viendroient tourner autour de lui, ou paffer fous fon ombre. J'ai recherché ce qui pouvoit avoir donné lieu à de femblables traditions ; & d'abord il me paroît que fon habileté rare dans tout ce qui concernoit l'agriculture, le foin du bétail & des troupeaux, a pû être regardée par un peuple groffier, comme quelque chofe de furnaturel; quant à la vertu qu'il avoit communiquée au cheval de bronze; je trouve dans une vie de Virgile imprimée à la tête de la traduction de l'Enéïde en vers Italiens, par *Annibal Caro*, qu'il avoit étudié à Naples la médecine & les mathématiques; qu'étant venu à Rome il guérit beaucoup de chevaux malades des écuries d'Augufte, qu'en conféquence il fut compris au nombre des officiers commenfaux de l'Empereur, qui avoient part à la diftribution journaliere du pain qui fe fait à fon palais; qu'ayant enfuite reconnu & annoncé tous les vices d'un jeune cheval d'une beauté rare, dont les Crotoniates avoient fait préfent à l'Empereur, & en même-temps guéri des chiens de chasse qui lui avoient été envoyés d'Espagne ; il eut une double part dans cette même distribution ; c'est sans doute une idée imparfaite de ces succès qui a porté le peuple de Naples à croire dans des temps postérieurs que Virgile avoit communiqué à ce cheval de bronze quelque vertu secrette. Au sujet de la distribution du pain, je remarquerai en passant que les souverains Pontifs ont conservé cet usage des Empereurs, & qu'actuellement il se fait, aux dépens de la chambre Apostolique, une distribution journaliere de pain aux clercs de chambre & autres officiers commensaux du Pape, dont quelques-uns ont double part : la part ordinaire est estimée environ deux séquins par mois.

Monte Oliveto. L'église nouvellement réparée a quelques bons tableaux des anciens maîtres ; tels que le Vasari, le Peinturrichio... & d'autres peintres Napolitains qui ne manquent pas de mérite. Mais la maison est d'une magnificence digne de curiosité ; il y a quatre grands cloîtres à arcades ouvertes d'une belle construction, qui forment une perspective très-étendue ; l'apothicairerie ouverte du côté de la rue de Tolede, passe pour la plus belle d'Italie ; c'est-là où on trouve le meilleur savon de Naples, les pommades & les essences les plus fines... (*a*) La bibliothéque de cette maison est nombreuse, & enrichie de manuscrits, dont les plus beaux sont de la fin du quatorziéme siécle ou du commencement du quinziéme, lors du rétablissement des sciences en Europe ; alors on s'appliqua à rectifier les manuscrits qui s'étoient fort multipliés dans les siécles d'ignorance ; mais qui étoient pleins d'incorrections, de bévues, de falsifications, & d'abréviations vicieuses & arbitraires. On dut cette réforme aux princes d'Italie, & sur-tout aux Médicis qui y tenoient le premier rang par leur opulence, & leur goût pour les sciences & les arts. C'est dans la forme des beaux manuscrits de ce temps que l'imprimerie fit ses premiers essais, vers l'an 1450....

Santa Teresa, église de Carmes déchaussés, bâtie de bon goût, hors de l'enceinte de la ville dans le fauxbourg

___

(*a*) Il y a long-temps que cette sorte d'industrie est établie à Naples. Athenes L. 15. vante les parfums que l'on y faisoit avec les Roses..... *Rosaceum nobilissimum ex Phaselide, Capuá & Napoli......*

du saint Esprit. Le maître-autel est revêtu de pierres précieuses, de même que les deux portes de côté qui entrent dans le cœur des religieux. On a suivi dans cette décoration un petit ordre d'architecture, orné de statues de saints & d'anges de bronze doré; le fond de l'architecture & des ornemens est en lapis lazuli, calcédoines, agathes, & autres pierres précieuses. Les petites colonnes du tabernacle sont de même matiere. Le devant d'autel est traité dans le même goût. La piéce du milieu est une sainte Thérese environnée d'Anges, sur un fond de lapis lazuli. On voit dans la croisée, deux très-grands tableaux de *Giacomo del Po*, peintre moderne de Naples, qui sont d'un grand effet, de coloris & d'ordonnance... L'un représente un repos dans la fuite en Egypte sur le bord du Nil; on y voit une chaloupe qui est censée avoir amené la famille sainte, & aussi galamment ornée que le pouvoit être celle de Cléopâtre, lorsqu'elle alla au devant d'Antoine... L'autre est une bataille gagnée par la protection de quelque saint Carme qui est sur un nuage, le crucifix à la main, sans doute pour effrayer les ennemis de ses protegés, dont il se fait un grand carnage. Il y a beaucoup de mouvement dans ce tableau qui est dans le goût du *Tempesta*...

La Sanita, église de Dominicains d'une belle construction ; elle est à trois nefs, celle du milieu se termine à une grande coupole. En face de la porte principale est un escalier de marbre à deux rampes qui monte au maître-autel. Dessous est une chapelle souterreine dans une voûte semi-circulaire, & autour plusieurs petits autels dédiés aux saints martyrs, que l'on croit avoir été enterrés dans cet endroit même qui répondoit aux catacombes de S. Gennariel, avant le grand tremblement de terre de 1688 ; dans lequel cette église fut détruite en partie, & la communication avec la partie principale des catacombes qui subsiste, fut interrompue. Le maître-autel a un ornement de cristal de roche qui est riche & de bon goût. On verra dans la sacristie un ostensoir singuliérement composé. Une statue de Noé en argent, haute d'environ deux pieds, soutient en l'air une petite arche d'or, sur laquelle est posée la colombe qui tient en son bec une branche d'olivier, travaillée de façon que l'on peut y poser sûrement un cercle d'or garni de diamants, dans lequel on place l'Eucharistie. Cette machine est très-ingénieusement travaillée & a quelque chose d'original. La chaire à prêcher est de marbre, & d'un fort beau travail. On voit aussi dans cette église plusieurs bons tableaux de *Luc Giordan*.

25. *Les Catacombes de saint Gennariel* sont le monument le plus considérable qui existe en Italie, de l'église primitive. Elles sont absolument creusées dans le roc ; on prétend qu'elles avoient deux milles d'étendue; ce qui en reste est encore très-vaste , & a trois étages distingués les uns des autres. Chaque étage a plusieurs voûtes parallèles, assez étendues pour y cacher dans leur état actuel quarante-mille hommes qui n'y seroient point gênés. Les côtés des voûtes sont taillés & ouverts exprès, pour former une multitude de tombeaux, placés les uns sur les autres. On voit plusieurs parties considérables d'une forme différente, qui paroissent avoir été particuliérement destinées aux assemblées. On entre d'abord dans une petite église entiérement creusée dans le roc; au milieu est un autel de pierre grossiérement taillé, sous lequel on dit que l'on a trouvé le corps de saint Janvier ; derriere cet au-

Catacombes de S. Gennariel.

tel est une chaire coupée dans le roc vif qui y est encore adhérente, au milieu d'un demi rond entouré de banquettes; c'est-là où se plaçoient l'évêque ou prêtre principal avec ses ministres, & d'où se faisoient les instructions au petit troupeau qui y étoit assemblé. La forme de cette grotte, l'endroit reculé où elle est, sous la montagne même au nord, & couverte de bois, donne lieu de conjecturer que c'est là même où se sont faites les premieres assemblées des fidéles dans le premer siécle de l'église. Cette partie de Naples qui n'est pas fort peuplée à présent, l'étoit alors beaucoup plus; l'ancienne *Palæopolis* y avoit été bâtie; on sçait que l'on y a trouvé plusieurs monumens de la plus haute antiquité Grecque.

A côté de cette chapelle sont quelques excavations où étoient des sépulchres. Assez près delà, à main droite, on voit une ancienne ouverture faite dans le roc de bas en haut, à peine assez large pour passer deux personnes, avec un escalier grossiérement taillé. On l'a un peu élargie dans le dernier siécle. En parcourant les catacombes, on voit d'espace en espace des parties creusées en demi-cercle, qui ont servi d'autels; ils
font

sont encore ornés de quelques restes de peintures à fresque; un entr'autres où on voit une moitié de crucifix, & qui étoit l'autel principal, à en juger par sa grandeur. Il y a quelques peintures des premiers saints honorés dans l'église, c'est-à-dire de ceux dont le nom fut d'abord porté dans les diptiques sacrés; ce qui pourroit servir à prouver l'antiquité de notre liturgie; car il y a grande apparence que ces souterreins furent abandonnés, dès que, dans le quatriéme siécle, le libre-exercice de la religion chrétienne fut permis. Il y avoit même quelques inscriptions en grands caractères Romains & Grecs, peintes avec une couleur rouge, dont il reste quelques vestiges si imparfaits qu'on n'y peut plus rien lire. Ces caractères sont de la même forme que ceux des inscriptions chrétiennes les plus authentiques de ce même temps, gravées sur le marbre & le bronze, & dont on voit plusieurs à sainte Agnès hors des murs à Rome. Dans l'épaisseur des pilastres laissés d'espace en espace pour soutenir ces voûtes immenses, sont creusées de petites chambres sépulchrales dont quelques unes ont été ornées de peintures & de mosaïques, & qui sans doute étoient le lieu de la sépulture des familles les plus confidérables. Ces excavations font faites avec plus de foin, les tombeaux y font plus réguliers & plus égaux; on y entroit par une petite porte quarrée, étroite & baffe; on monte dans les unes, on defcend dans les autres; c'eft furtout là que l'on remarque le trou où fe plaçoit la lampe fépulchrale qui étoit hors du tombeau; ce que l'on voit auffi dans la plûpart de ceux qui font le long des grandes voûtes. Dans une efpèce de croifée qui eft environ au milieu du fecond étage, eft une chapelle à trois petites nefs, où l'on prétend que fe faifoient les ordinations; elle aboutit à une très-grande excavation ou falle, fpécialement deftinée à l'inftruction des peuples. A quatre ou cinq pieds plus haut que le plan de cette falle, eft une efpèce de chaire creufée dans le roc même, d'où l'évêque parloit au peuple; tous ces veftiges de l'antiquité chrétienne prouvent que dans les premiers temps de la religion il y avoit un grand nombre de chrétiens à Naples & dans les environs. Ce qui leur donna l'idée de fe creufer ces retraites, ce font les chemins ouverts dans le centre des montagnes, bien avant l'établiffement du chriftianifme. Ils imaginèrent avec raifon qu'ils tiendroient sûrement leurs assemblées dans ces grottes obscures, connues d'eux seuls. Tout ce qui embarrasse est de sçavoir où ils ont pû placer la quantité prodigieuse de pierres qu'ils ont été obligés de tirer de ces vastes excavations; ne seroient-ce pas d'anciennes carrières adaptées aux assemblées de religion? On en voit d'autres très-grandes à côté de l'ouverture du Pausilippe du côté de Naples, qui dans leur état actuel, pourroient servir de retraites à un peuple nombreux ; il est vrai qu'elles ne sont pas disposées avec la régularité suivie des catacombes de S. Gennariel.

Parmi les tombeaux, quelques-uns sont ouverts en partie, d'autres ne l'ont pas été, & ceux-ci ont servi dans un temps où on les cachoit avec le plus grand soin ; ils sont fermés avec des pierres plattes, recouvertes d'un enduit qui imitoit si bien la couleur du rocher, qu'à présent encore il semble faire un même corps avec la pierre. On m'a dit à Naples qu'on y avoit trouvé des tombeaux de payens, ce qui donneroit lieu de croire que cet ouvrage est bien antérieur à l'établissement du christianisme ; mais le peu d'intelligence des inscriptions Grecques dont j'ai parlé plus haut, & la vanité dominante en Italie d'avoir chez foi des monumens très-antiques, ont pû donner lieu à cette tradition, que l'infpection même des lieux démontre être fauffe. L'ufage dans tout ce pays étoit de brûler les corps & de mettre enfuite les cendres dans des urnes de différentes formes féparées les unes des autres, ou dans des efpéces de caveaux autour defquels il y avoit des trous formés avec des briques, ou même des pots de terre cuite, rangés comme dans les colombiers; ce qui fait que ces fortes de monumens étoient appellés *Palumbarii*. La fuite des cimétières antiques que l'on voit à *Baüli*, entre les Champs Elifées & l'Achéron; ceux qui font à Rome & qui appartiennent à l'antiquité payenne, font tous conftruits de cette façon. Quelques-uns de ces trous étoient fermés avec une petite piéce de marbre, fur laquelle étoit écrit le nom du défunt & fa profeffion; les autres ne l'étoient que d'une fimple brique; j'en ai vû plufieurs de cette efpéce, & dans quelques-uns j'ai encore trouvé des cendres, des charbons, & des os à demi brûlés; partout ils font de la même forme, & ne reffemblent en rien aux tombeaux des catacombes de

Naples, qui font de la grandeur ordinaire des corps que l'on ne brûloit point. Ce qui a pû encore donner lieu à ce bruit, c'eſt qu'en fouillant la terre dans ce voiſinagne, on a trouvé des tombeaux, accompagnés d'inſcriptions Grecques, mais qui étoient feuls, & qui n'avoient rien de commun avec les catacombes hors deſquelles ils étoient placés.

Ce monument eſt encore très-curieux à examiner; on voit au fond qu'il devoit s'étendre fort loin; mais une grande quantité de pierres & de terres éboulées ont fermé le paſſage, & il y a apparence que c'eſt l'effet d'un grand tremblement de terre dont il n'eſt pas aiſé de fixer la date. Il faut y marcher avec quelques précautions; il y a des ouvertures faites dans le milieu même des grandes allées, par leſquelles on pourroit tomber d'un étage dans l'autre. Comme la lumiere n'y peut pénétrer par aucun endroit, on ſe ſert pour les viſiter, de petites torches, que fourniſſent ceux qui en ont les clefs. En 1656 on enterra une grande quantité de peſtiferés dans ces catacombes.

A côté eſt un hôpital pour les pauvres infirmes & les vieillards, & un confervatoire de filles orphélines qui font l'office dans l'église de faint Janvier ou *Gennariello*; elle est d'une construction ancienne. Le plafond fort élevé est soutenu fur de grandes colonnes; ce qui lui donne un air de magnificence qui est relevé par quelques ornemens modernes que l'on y a ajoutés. Les jeunes filles qui y font l'office paroiffent avoir de belles voix. L'hôpital fondé dans le dernier fiécle pour les ufages dont j'ai parlé, est riche & doit fa principale dotation à un boucher opulent, qui n'ayant point d'héritiers, laiffa en mourant tous fes biens au confervatoire & à l'hôpital que l'on venoit d'établir environ l'an 1670.

Château S. Elme. Chartreufe. 29. Au-deffus de la montagne qui domine la ville entre le couchant & le nord, est le château S. Elme, qui dans fon origine n'étoit qu'une tour ou fortin, bâti par les princes Normands, & abandonné enfuite; l'importance de fa fituation le fit fortifier dans le temps que Louis XII fit la conquête du royaume de Naples; c'étoit cependant peu de chofe, & il doit fa forme actuelle à Charles V, qui fit conftruire le grand hexagone qui fait le corps de la place, fitué fur un rocher & d'un abord très-difficile. Philippe V, après avoir été reconnu roi de Naples, y fit ajoûter un grand foffé creufé dans le roc, défendu par un chemin couvert & quelques ouvrages avancés. Il y a actuellement une bonne garnifon & beaucoup d'artillerie. Il faut voir la citerne de ce château qui eft d'une grandeur prodigieufe, & entiérement creufée dans le roc; les ouvertures en font garanties de façon qu'elle eft à l'abri des bombes.

Au bas des fortifications extérieures du côté de la ville eft la magnifique Chartreufe de faint Martin. Charles duc de Calabre, & la reine Jeanne I en font regardés comme les fondateurs. Cette maifon eft dans la pofition la plus heureufe & la plus belle que l'on puiffe imaginer; elle a vis-à-vis d'elle, fous fes fenêtres, la ville de Naples affez près, pour voir les plus belles rues dans toute leur longueur; on diftingue les maifons, les voitures qui y paffent, les hommes mêmes & les femmes, & la couleur de leur habillement quand l'air eft pur & le ciel ferain. A droite la mer, vis-à-vis, le port & tout le golfe de Naples, Portici, Refina, le Véfuve & les côteaux qui l'environnent; à gauche toute la campagne de la terre de Labour jusqu'au delà de Capoüe, que l'on distingue très-bien, ainsi qu'Aversa, Caserte & les aqueducs nouvellement construits le long du mont Tifata. Il est impossible de se faire une idée d'une vûe aussi étendue, aussi variée & aussi gracieuse, si on n'en a pas joui. Les Chartreux eux-mêmes en connoissent le prix, duquel l'habitude ne diminue rien. Ils ne sont pas étonnés qu'on leur envie le bonheur d'habiter une retraite si agréablement située. La magnificence de cette maison annonce qu'elle est très-riche, tout y respire la propreté, le bon goût & l'opulence; ces religieux mêmes ont une sorte de politesse qui n'est pas ordinaire à ces solitaires; ils sont estimés à Naples pour leur régularité, & la sagesse de leur administration économique; car c'est avec leurs revenus seuls qu'ils ont fait une dépense pour la décoration de leur maison, qui au premier coup-d'œil paroît être au-dessus du capital de leurs biens.

L'église pavée & revêtue de marbres différents, & à desseins suivis, est ornée d'excellentes peintures. Le plafond revêtu de stucs dorés a plusieurs tableaux de *Lanfranc* qui se répondent. Le sujet principal est le Christ montant au ciel. Il y a beaucoup de feu dans toute cette composition, un caractère de dessein fier, & une belle couleur. Les différents morceaux sont diversifiés par quelques peintures en grisailles qui ont rapport au sujet principal, & sont bien traitées; au-dessus de la porte d'entrée est un grand tableau de la descente de croix; toute l'expression en est admirable, la composition sage, les attitudes nobles & vraies. La couleur en est un peu noircie. Il est de l'*Espagnolet*. Aux deux côtés de la nef entre les archivoltes & les pilastres sont encadrés douze tableaux qui représentent les prophètes, *par le même*.

Chaque tableau est d'une seule figure, mais peinte avec une sublimité d'expression, une variété de caractères, des draperies si belles, un pinceau si vigoureux, que l'on n'imagine pas que la peinture puisse aller au-delà, surtout en pareil sujet. On peut regarder ces tableaux comme ce que l'*Espagnolet* a fait de mieux dans ce genre, qui étoit vraiment celui où il excelloit. Les deux tableaux de Moïse & d'Elie qui sont au font de la nef, ont quelque différence dans le ton de couleur & les draperies, quoique les caractères & l'expression soient traités avec autant de force & de génie que dans les autres tableaux. On les dit de *Luc Giordan*, qui en ce cas a heureusement imité *l'Espagnolet*.

Au fond de l'église, derriere le maitre-autel est un très-grand tableau qui représente l'adoration des bergers. L'Enfant Jesus, duquel part toute la lumiere qui éclaire le reste du tableau, est du plus beau caractère de dessein, plein d'esprit & de graces, d'un pinceau aussi gracieux que celui du Corrége même. La Vierge est très-belle, & distinguée par les graces de la figure sur toutes les autres femmes du tableau, quoiqu'elles soient peintes avec beaucoup d'agrémens. Dans celles-ci l'air d'admiration & de respect est celui de la naïveté même & de la vérité; toute cette partie est d'une belle couleur & finie.

On voit que les têtes d'hommes de différens âges, qui sont dans ce tableau, sont d'un beau dessein, les cheveux sont bien traités, & si cette partie du tableau étoit finie de peindre, il seroit partout du plus grand effet, & l'un des plus excellens du Guide.....
A gauche du chœur à côté de l'autel,

est un grand tableau de la Cêne, de l'école de Vénise, fort dans le goût de *Paul Veronese*, toute l'ordonnance qui est bonne est imitée de ce grand-maître; mais on voit bien que sa belle exécution de même que son pinceau enchanteur, ont manqué à cet ouvrage. Ce tableau perd beaucoup d'être en opposition avec un tableau de l'*Espagnolet*, qui a pour sujet Jesus-Christ donnant la communion à ses apôtres, qui est de la plus belle couleur, d'un dessein correct & très-fier en même-temps; à côté est un tableau moins grand qui a pour sujet le lavement des pieds, bien composé; les airs de têtes sont variés & naturels, le dessein est vrai; mais le choix de la nature n'en est pas beau. Il est tout-à-fait dans le goût de *Michel Ange de Carravage*. Vis-à-vis est un tableau qui représente la vocation des apôtres; il est très-ingénieusement composé & d'une belle couleur, par le cavalier *Massimo*... Le maître-autel isolé entre la nef & le chœur est de bon goût; il n'est actuellement que de bois doré & peint, & a été fait pour servir de modéle à celui auquel on travaille, qui sera des marbres les plus précieux. De chaque côté feront deux figures d'Anges adorateurs, de grandeur naturelle, en argent, de même que les deux enfans qui foutiendront le cartel du devant d'autel. La baluftrade qui fépare le chœur de la nef travaillée délicatement à jour & à grands deffeins fuivis, eft revêtue de jafpes, d'agathes, de verd & de jaune antiques, & d'autres pierres précieufes de ce genre. Les chapelles qui font dans les bas-côtés, fermées par de grands grillages de fer avec des ornemens en cuivre, font pavées & revêtues de marbre, & ornées de beaux tableaux, dont les principaux font... Deux de *Solimeni*, dont l'un repréfente faint Martin qui partage fon manteau avec un pauvre; & l'autre J. C. qui lui apparoît revêtu de ce même manteau; dans une autre chapelle font trois tableaux de *Paul Matheis*, qui ont pour fujet l'Affomption, la Vifitation & l'Annonciation; il eft difficile de peindre plus gracieufement & de rendre les figures plus intéreffantes. Dans le premier, le ton de couleur de la Vierge paroît un peu foible; mais elle eft dans une lumiere très-vive, qui l'éclaire de tous les côtés... Le fecond eft à mon gré une des compositions les plus gracieuses qu'il soit possible de voir... Le troisiéme est maniéré; l'attitude de la Vierge à genoux sur un prie-Dieu n'est pas juste; à côté sur une chaise sont des ouvrages de mode à-demi commencés, ce qui est tout-à-fait contre le costume; je ne dis rien du chat qui regarde l'Ange avec la plus grande attention. L'étonnement n'est pas assez marqué sur le visage de la Vierge. Ce peintre manquoit de force dans l'expression; mais son dessein est sage & son coloris très-agréable... Dans le chapitre qui est bien boisé, & dont les tableaux de plafond sont de bons maîtres, est un grand tableau de *Solimeni*, qui a pour sujet Jesus-Christ disputant au milieu des docteurs; la composition en est vraiment belle. Le Christ a toute la noblesse & la force qu'il doit avoir dans un âge aussi tendre... Les figures des docteurs de la Loi sont heureusement contrastées; dans un des côtés du tableau sur le devant, on voit la Vierge qui entre & qui montre Jesus à saint Joseph; il semble voir disparoître de son visage l'inquiétude qui agitoit cette mere tendre, pour faire place au plaisir qu'elle a de retrouver son divin fils. Ces deux paſſions y ſont peintes. La figure de la Vierge eſt auſſi intéreſſante que belle ; que d'eſprit dans toute cette compoſition, l'une des plus belles & des plus agréables de *Solimeni*, que j'aye vûes !

On regrette que cet excellent artiſte ait fait ſes ombres ſi dures & ſi tranchantes, & ſi peu ſoigné ſon coloris ; s'il ſe fût perfectionné dans cette partie, il eût été de pair avec les plus grands maîtres de l'art ; car il compoſoit avec génie, deſſinoit bien & fiérement, & animoit toujours ſes figures de la paſſion qu'elles devoient éprouver.

La ſacriſtie eſt revêtue d'une marquetterie brune, ſur laquelle on a repréſenté avec les ſeules couleurs du bois pluſieurs hiſtoires de l'ancien & du nouveau teſtament. Le plafond eſt de *Luc Giordan*; il a pour ſujet Judith qui effraye l'armée des Syriens en leur montrant du haut des murs de Béthulie la tête d'Holopherne... Les tableaux des angles repréſentent les femmes fortes de l'écriture... Dans les galeries ou ſalles qui communiquent de l'égliſe aux ſacriſties, & qui ſont décorées avec autant de propreté que de goût, on voit beaucoup de tableaux choisis ; entr'autres la vocation de saint Matthieu à l'apostolat, par *Luc Giordan*, beau d'ordonnance & de couleur, comme les ouvrages choisis de *Paul Veronèse*, & tout-à-fait dans son goût... Un Christ attaché à la colonne; la tête est admirablement peinte... Saint Pierre qui rénie Jesus-Christ, la servante qui lui parle vûe par le dos, & au coin du tableau quelques soldats qui jouent aux dez sur une table, par *Michel-Ange de Carravage*, de la meilleure maniere de ce maître, à qui ce sujet avoit plû; il l'a répété, & on le voit à Rome en plusieurs endroits... En général on peut dire que tous les tableaux, tant de l'église que des piéces qui y tiennent, sont de bon choix & de très-bonne main.

Le trésor de la sacristie est très-riche en reliquaires, en vaisselles d'or & d'argent, en statues, en chandeliers, &c... Il y a des calices à coupe d'or soutenue par des figures symboliques de porcelaine de Naples, qui approche beaucoup de la perfection de celle de Saxe; plusieurs autres calices d'or, dont un tout nouvellement fait & d'un travail précieux; c'est une figure dans le goût de celle du bon pasteur, qui soutient la coupe sur l'épaule droite... Un ostensoir d'or parfaitement travaillé, de trente pouces de hauteur. La niche pour le placer sur l'autel, est une demi-coupole d'argent, soutenue par six colonnes d'ordre corinthien, à bases & chapitaux dorés, ornée de filets de pierreries de différentes couleurs. Le travail en est plus agréable que la matière n'en est riche.

L'appartement à recevoir du prieur, est orné de plafonds peints, de tableaux choisis, & de desseins originaux que l'on conserve sous glace. Parmi les tableaux est un Christ attaché en croix que l'on assûre être l'original de Michel-Ange, fait d'après un homme crucifié & expirant, fable que la vûe même de ce tableau démontre être fausse... Un homme à genoux devant une Vierge par l'*Espagnolet*, tableau excellent dans lequel on dit que l'on trouve son portrait, celui de sa femme & de son fils... S. Jérôme & saint Sébastien, par le même, excellens & bien conservés... La galerie qui est autour du cloître est pavée, revêtue de marbre, & soutenue par des colonnes de même, avec des bustes de Chartreux placés sur des gaînes d'espace en espace.

L'apothicairerie située à un des coins de ce cloître, a plusieurs grandes pièces, très-proprement ornées, & enrichies de curiosités d'histoire naturelle, rassemblées par un frere lais de cette maison. Les religieux sont bien logés ; quelques-uns ont de leur appartement l'agrément de cette belle vûe dont j'ai parlé, que l'on ne se lasse point d'admirer, & à laquelle on revient avec un nouveau plaisir, après que l'on a examiné ce que l'intérieur de la maison a de curieux. On vante beaucoup la Chartreuse de Pavie, l'église est plus grande & plus majestueuse que celle de Naples ; la maison a plus d'étendue & est plus nombreuse ; mais pour les choses d'agrément & de goût, pour la beauté de la position, & la salubrité de l'air, combien celle de Naples est au-dessus ! Je ne crois pas qu'il y ait aucun monastère au monde dans une situation aussi belle.

27. Les hôpitaux à Naples sont très-multipliés ; dans une ville où la population est si nombreuse, il est de l'intérêt de l'état & des citoyens que les

Hôpitaux. Réflexions sur leur utilité.

établiffemens de charité foient communs & bien entretenus. Le fouverain & les fujets y font également intéreffés. Les fecours que les miférables y trouvent dans leurs maux confervent à l'état une multitude de fujets qui périroient promptement, ou qui n'étant pas foulagés à temps, ne traîneroient plus que des jours languiffans, & fe trouveroient hors d'état de fe livrer à aucune efpéce de travail. Ces fecours font fur-tout néceffaires dans un pays où le dérèglement des mœurs, le découragement auquel le peuple s'abandonne fi aifément, & la vie pareffeufe qui en eft la fuite, font la caufe d'une multitude de maladies. Mais ce que l'on ne peut trop louer, trop encourager, foutenir avec trop d'attention; ce font les hôpitaux d'enfans trouvés, où il eft du véritable intérêt de l'état de recevoir indiftinctement tous les enfans qui y font préfentés, & avec les plus grandes facilités; ainfi on prévient une multitude de crimes obfcurs, qu'il eft prefque impoffible à la vigilance des loix d'arrêter & de punir, & on prend le moyen le plus fûr de multiplier les fujets de l'état, & les fujets utiles; car il eft très-facile de deftiner ces enfans aux travaux les plus nécessaires, & de les élever de façon qu'ils ne connoissent pas d'état plus doux que celui dans lequel ils sont placés. C'est ce qui me fait croire qu'on les tient pour la plus grande partie trop long-tems dans les conservatoires, où ils ont une éducation molle & trop resserrée, & où ils ne se fortifient pas en s'exerçant au grand air, & en suivant les travaux de la campagne dès qu'ils peuvent marcher. Il en couteroit beaucoup moins de les placer à la campagne chez d'honnêtes cultivateurs, auxquels on payeroit une petite pension, & qui seroient obligés de répondre de ces enfans à l'état; ils y trouveroient leur avantage en ce que de bonne heure ces enfans seroient capables de leur rendre quelques services & qu'ils auroient en profit presque toute la petite somme qu'ils recevroient; la nourriture & l'entretien de ces enfans, pris sur la masse générale du ménage, étant un objet de peu de considération; & il faudroit y placer indistinctement les garçons & les filles, tous jusqu'à un certain âge; on en retireroit ensuite ceux qui étant d'un tempérament foible & délicat, seroient moins propres aux travaux de la campagne, à la culture des terres, & même à la vie militaire; car le souverain pourroit se former par ce moyen une pépinière de bons soldats, sur lesquels il auroit plus droit de compter que sur des mercenaires, que le libertinage & la paresse n'engagent que trop souvent à embrasser ce genre de vie.... Ceux donc que l'on ne jugeroit pas à propos de laisser à la campagne, seroient destinés à travailler aux manufactures & aux métiers, & quand on leur reconnoîtroit des dispositions pour les arts, ils seroient placés de façon à pouvoir développer leurs talens, toujours sous les yeux du gouvernement, & aux dépens des conservatoires auxquels ils appartiendroient... Il est peu intéressant encore, pour l'état, que la plûpart des filles trouvées soient élevées dans les hôpitaux ou conservatoires, de façon à préférer la tranquilité de la vie religieuse à tout autre état, c'est multiplier les charges sans presqu'aucun avantage réel, dépense pour dépense, il seroit plus avantageux de donner à ces filles une éducation plus robuste, en les mettant de bonne heure à la campagne & en les habituant à la vie que l'on y mene, & ce qu'il en coûte pour les établir dans une communauté religieuse, leur étant donné en dot de mariage, seroit beaucoup plus utile à l'état dont la population ne pourroit que gagner à cet arrangement. Un objet de moindre conséquence, qui mérite cependant quelque considération, est qu'en diminuant dans l'enceinte des villes le nombre de ces bouches que l'on peut y regarder comme inutiles, il seroit plus aisé d'y entretenir l'abondance, & d'y éviter ces disettes inopinées qui se font sentir plus dans les climats les plus fertiles & les plus délicieux de l'Europe, que dans les régions froides & dures du septentrion. Telles sont les réflexions que j'ai faites sur cette multitude d'hôpitaux, de conservatoires, & d'autres établissemens de charité, que l'on ne peut, je le répéte, trop encourager, maintenir avec trop d'attention; mais qui par un mauvais usage conservent à l'état une multitude de sujets qui lui sont peu utiles, & dont une grande partie, par l'éducation molle qu'ils reçoivent, sont hors d'état d'être cultivateurs ou soldats. La réforme à faire dans cette partie est si aisée, qu'il faut espérer que dans toutes les capitales de l'Italie, ceux qui sont à la tête du gouvernement ouvriront les yeux sur ces abus & les feront cesser. Les idées que je propose à ce sujet sont d'autant plus faciles à exécuter, qu'elles n'exigent aucune dépense nouvelle; il n'est question que d'employer différemment les revenus des hôpitaux & d'une maniere plus utile à l'espéce humaine en général & à chaque état en particulier.

Le principal hôpital de Naples est celui de l'*Annunziata*; la belle inscription qui est gravée sur le marbre, au-dessus de la porte principale, en indique la destination.

Lac pueris, dotem innuptis, velumque pudicis,
  Datque medelam ægris, hæc opulenta domus.
Hinc merito sacra est illi, quæ nupta, pudica,
  Et lactans, orbis, vera medela fuit.

Il doit son origine à la dévotion de quelques particuliers qui commencerent dans cet endroit même un établissement de charité; mais il prit une forme nouvelle, par les libéralités de la reine Jeanne II, que l'on peut en regarder comme la fondatrice. Il a été considérablement augmenté dans la suite par les dons des souverains, & de différens particuliers dont il a recueilli les successions qui lui avoient été léguées. Il est administré par quelques nobles du siége Capouan, & par des députés de la bonne bourgeoisie. Comme cet hôpital est situé au centre de la ville, où les convalescens ne se rétabliroient pas si aisément qu'en plein air, il a une maison dans la montagne, au nord de la ville, appellée *Nuntiatella*, où il envoie une partie des malades qui n'ont plus besoin que de bon air, de repos & d'une nourriture saine; les autres vont à la *Torre del Greco*, dans une maison située sur le bord de la mer, & destinée au même usage.

Tous les ans il envoie une certaine quantité de malades à Pouzzols, pour être à portée de prendre les bains chauds & froids, & les étuves de Tritoli, entre Pouzzols & Baya. On peut juger par tous ces établissemens de la richesse de cet hôpital & combien il est utile de la conserver. On verra dans son vaste emplacement que chaque partie est dans un bâtiment particulier. Les malades, soit de fiévre, soit de blessures, sont dans un quartier séparé, les enfans trouvés dans un autre; quand ils peuvent marcher seuls, on sépare les garçons des filles qui ont leurs logemens à part, les fous, les magazins de toute espéce, l'apothicairerie; les manufactures font dans d'autres bâtimens, & on voit que tout cela est tenu avec le plus grand soin. Au-dehors est une ouverture avec un tour, dans lequel ceux qui ne veulent pas être connus viennent apporter secrettement les enfans qu'ils fçavent devoir être reçus dans cet hôpital.

L'église est de la plus grande magnificence de décoration & d'ornemens; elle est revêtue de stucs travaillés avec élégance & dorés en partie; le maître-autel est fous un grand baldaquin foutenu de quatre colonnes de marbre, dont les chapitaux, les bafes & les ornemens font en bronze doré; l'enfemble en est très-noble. Le grand tableau de l'Annonciation qui est au deffus de la porte, d'un grand caractère de deffein & de belle couleur, est de *Lama*, peintre Napolitain. Sur les arcades à côté du maître-autel, on voit deux grandes peintures de Lanfranc; l'une a pour fujet l'apparition de l'Ange à faint Joseph pendant le sommeil; l'autre le même faint Joseph qui se difpose à partir pour l'Egypte; la Vierge qui semble attendre que l'enfant soit éveillé

éveillé est du plus beau caractere....
Plusieurs tableaux de Luc Giordan qui
représentent la reine de Saba devant
Salomon... Le voyage de Tobie avec
l'Ange... La lutte de Jacob..... L'instant où Marie sœur de Moyse entonne son cantique au milieu des filles d'Israël... David qui joue de la harpe
devant l'arche... Ces différens sujets
sont traités chacun dans leur genre avec
beaucoup de vérité, d'une expression
gracieuse, & de belle couleur... Dans
la croisée sont deux très-grands tableaux; l'un de *Massimo* qui représente les nôces de Cana, l'ordonnance
en est grande & bien entendue ; & il
est très-beau pour le dessein, l'expression & le coloris... L'autre a pour sujet la présentation de Jesus au temple,
par un peintre François peu connu,
appellé *Charles Merlin*, que l'on croit
avoir été de Lorraine. Le dessein est
partout sage & correct, la composition
en est assez noble ; il y a de très-belles choses, & d'autres ridicules ; par
exemple, on y voit saint Joseph & un
des ministres du temple qui courent
après un pigeon qui s'est envolé de la
cage.

La reine de Naples Jeanne II est en-

Tome IV.   I

terrée dans cette église, son tombeau est à platte terre, sans autre décoration qu'une épitaphe (*a*) où sont tous ses titres... La sacristie de cette église est fort riche ; on y montre une chappe qui a servi de manteau royal à Alphonse I d'Arragon.

Le Mont de la Miséricorde, est un

(*a*) *Joannæ II Hungariæ, Hierusalem, Siciliæ, Dalmatiæ, Croatiæ, Ramæ, Serviæ, Galitzæ, Lodomeriæ, Comaniæ, Bulgariæque reginæ, Provinciæ ; Folcalquerii ac Pedemontis comitissæ, anno Domini* 1435. *die* 11 *mensis Febr.* . . . . . .

Regiis ossibus & memoriæ, sepulchrum quod ipsa moriens humi delegarat, inanes in funere pompas exosa ; reginæ pietatem secuti & meritorum non immemores, œconomi restituendum & exornandum curaverunt, magnificentius posituri si licuisset. A. D. 1696. *mense mayo.* . . .

Cette reine qui avoit été si fiere & si coquette, défendit absolument qu'on fit aucune dépense pour sa pompe funébre & son tombeau. Les noms inconnus qui sont dans les titres que prenoit avant elle le roi *Ladislas*, & qu'elle crut devoir conserver, sont ceux de quelques provinces de Hongrie & de Pologne . . . .

autre hôpital auffi fort riche; on y reçoit les incurables; il a été fondé par les habitans de Naples pour les fept œuvres que l'on appelle Miféricorde, & qui font véritablement l'objet de fon établiffement. Il a fept directeurs principaux & porte pour devife fept montagnes entaffées, furmontées d'une croix avec la légende, *fluent ad eum omnes gentes*. Cet hôpital entretient tous les ans, dans la faifon des bains, une maifon à l'ifle d'*Ifchia*, où il fait tranfporter à fes frais les pauvres qui ont befoin de les prendre; l'églife éclairée par une grande coupole qui la couvre prefque en entier, eft d'une jolie forme. Les autels font revêtus de marbre. Le principal a un très-beau tableau de *Michel-Ange de Carravage* qui repréfente les fept œuvres de miféricorde, parmi lefquelles eft une charité Romaine; ces différentes allégories unies enfemble ne font pas aifées à deviner, quand on ne fçait pas le but de l'établiffement de cette maifon....

Hors de la porte du faint Efprit, dans un très-grand emplacement qui étoit libre, le roi d'Efpagne a fait commencer un bâtiment immenfe où fon intention étoit de faire renfermer tous les mendiants valides, & de les forcer à travailler aux manufactures qui y font établies... Ce fera pour l'architecture un des plus beaux édifices de la ville.

Le rez-de-chauffée & le premier étage étoient achevés en 1762; on continuoit cette conftruction qui demande encore quelques années, avant que d'être en état de fervir à fa deftination, qui fera de la plus grande utilité pour une ville auffi peuplée que Naples.

Le bâtiment de l'univerfité qui eft à la porte de Médine, eft d'une architecture fort apparente; enrichie à l'extérieur de plufieurs ornemens de fculpture. On y a rétabli nouvellement les chaires de profeffeurs qui auparavant avoient été transferées à faint Dominique le majeur, parce que dans des temps de guerre, on avoit fait de ce bâtiment des cafernes pour loger les troupes, par lefquelles il a été fort dégradé, ainfi qu'il eft aifé des'en appercevoir.

L'étude du droit eft floriffante à Naples, la médecine a de bons profeffeurs, & quelques praticiens habiles; la théologie n'y eft pas encore débarraffée des épines de la fcholaftique & de la méthode ariftotélicienne. Il y a d'habiles phyficiens & de très-bons géométres. Les belles-lettres y font cultivées avec foin. Le *Giannone*, avocat Napolitain, a écrit l'hiftoire de ce royaume & s'eft fait une réputation par cet ouvrage. Des auteurs de toute forte font rouler les preffes de la capitale; leurs ouvrages font volumineux, chargés de beaucoup d'érudition étrangère que la critique n'a point encore éclairée de fon flambeau; ce qui fait qu'ils ne font connus que par les journaux qui quelquefois en font mention... Outre l'univerfité, il y a fept colléges d'exercice public.

Au-deffus de l'univerfité il y a un grand corps de cafernes pour l'infanterie, bâti par Charles III.

28. De ce même côté de la ville fur la montagne au couchant, appellée *Capodi monte*, eft un magnifique palais commencé par ordre du roi d'Efpagne, & abandonné depuis que l'on bâtit le château de Caferte. Ce qui eft élevé eft de l'architecture la plus noble & la plus belle, & fait regretter que l'on ne finiffe pas un édifice fi heureufement entrepris; mais qu'il paroît que l'on n'a pas deffein de continuer; car on en a couvert une partie qui n'eft qu'à moitié de fa hauteur; cette conftruction eft

Capodimonte, maifon royale & autres palais à Naples.

de *Vanvitelli*, architecte Romain; on m'a assûré que ce qui avoit déterminé le Roi à la faire cesser étoit le peu de solidité du terrein sur lequel elle a été fondée; on m'a même fait voir des murs de soutenement très-épais, appuyés de fortes culées, que l'on a été obligé de faire pour empêcher le terrein de s'écarter, & de céder au poids dont il est chargé. On avoit crû fonder sur le roc vif, & on s'étoit trompé. Sa situation sur un des côtés de la montagne de Pausilippe est très-agréable pour la vûe, la salubrité de l'air & la fraîcheur que l'on y goûte en été; actuellement on en a fait un *Museum*, où on a mis en dépôt la plus grande partie des effets précieux que don Carlos apporta en passant de Parme à Naples, & que les princes de la maison de Farnése, surtout le dernier cardinal de ce nom, avoient rassemblés avec autant de soin que de goût. Il y a une collection magnifique de tableaux des meilleurs maîtres & tous bien conservés; c'est-là que l'on peut voir Raphaël, le Corrége, le Parmesan, le Schidoné, les Carraches, dans tout leur brillant, & apprendre à les connoître. Mais ces tableaux sont placés sans ordre, & ne font-là que jufqu'à ce qu'on les tranfporte au château de Caferte, dont ils feront l'ornement le plus précieux. J'y ai vû une belle fuite de miniatures peintes fur velin dans des heures de la Vierge, par dom *Jules Clovio*. Ces petits tableaux font très-bien exécutés, & du plus beau fini; les idées en font prifes d'après les tableaux des plus grands maîtres.

La fuite des médailles en or, en argent & en grand bronze, y paroît complette; on y trouve tout ce qu'il y a de plus rare & de plus précieux dans ce genre; la collection de Camées de toute efpéce n'eft pas moins belle; il y en a d'une grandeur rare, & d'un travail recherché. Parmi les curiofités naturelles, il y a un morceau de criftal de roche que l'on m'a affûré être du poids de deux mille, quoiqu'il foit creux en partie...

La bibliothéque eft très-nombreufe & occupe plufieurs piéces du rez-de-chauffée; je n'ai pû ni l'examiner, ni me faire une idée de fon prix; les livres étoient en tas, & les menuifiers occupés à boifer l'appartement où ils doivent être placés. On dit qu'il y a peu de manufcrits. Ce tréfor littéraire est confié aux soins du P. D. *Gio-Maria della Torre*, clerc régulier-Somasque, bibliothécaire du Roi, chargé du soin de l'édition du *Museum Herculanum*, que le roi de Naples continue de faire imprimer, & dont le premier volume sortit de l'imprimerie royale en 1757.

Je ne puis pas parler avec trop de reconnoissance des bons offices que j'ai reçus du P. de la Torré, pendant mon séjour à Naples; il est honnête, obligeant, communicatif, fort habile surtout dans ce qui regarde la physique expérimentale & la géométrie; il est connu par la meilleure histoire du Vésuve que nous ayons, imprimée à Naples en 1755, avec un supplément en 1761, & traduite en François par M. l'Abbé Peiton en 1761... Lorsque je l'ai vû, il étoit fort occupé d'une nouvelle découverte sur la configuration des parties du sang, qui peut être de quelque utilité dans la médecine, soit pour sçavoir comment se fait la dépuration du sang, soit même pour la faciliter. Il doit cette découverte à la perfection des lentilles dont il se sert pour faire ses observations microscopiques, & qu'il fabrique lui-même. Elles sont rondes, extrêmement petites, & grossissent prodigieusement les objets, au point qu'une très-petite goutte de sang paroît d'une étendue considérable. Au moyen de ces lentilles, il a découvert que chaque globule de sang étoit composée de plusieurs petites bulles ou vessies, les unes plattes, les autres arrondies, quelques unes annullaires, liées ensemble par une membrane extrêmement mince que l'on apperçoit à peine; il a fait un petit ouvrage à ce sujet, pour se révendiquer cette découverte qu'on lui disputoit, & pour maintenir la vérité de ses observations (a),

---

(a) Cet ouvrage est latin, imprimé à Naples en 1760. in-8°. Il est adressé à M. l'Abbé Nollet, pour être communiqué à l'Académie des Sciences, dont le P. de la Torré est correspondant. M. Felix Fontana Professeur en Médecine de l'Université de Pise, vient de donner (en 1766) des Observations sur les globes rouges du sang, dans lesquels il prétend que le P. de la Torré s'est trompé dans ses expériences microscopiques. La découverte du P. de la Torré est nouvelle, heureuse, & peut-être d'une très-grande utilité en Médecine, il n'est pas étonnant qu'il rencontre des contradicteurs, jaloux de sa gloire, & qui tâchent de s'approprier, par des voies obliques, le fruit de ses travaux. M.

j'en ai fait plusieurs avec lui sur cette matière, qui toutes m'ont assûré la vérité de sa découverte, & de l'exposition qu'il en a donnée au public. Cet homme avec toutes ces connoissances, est des mœurs les plus simples, & de la plus grande modestie; il demeure dans une maison au bas de *Capo di monte*; il est d'une santé foible, & quelques indispositions furent cause qu'il ne put faire avec nous le voyage du Vésuve, sur lequel il a tant de connoissances.

A l'autre extrêmité de la ville, derrière les casernes de la cavalerie, qui sont en plaine sur la strada nuova, dans le voisinage du Sébeto est la ménagerie du roi, bâtiment qui a fait partie de l'ancien *Poggio Réale*, ou maison de plaisance des rois de Naples, & après eux des vicerois. On ne voit plus aucun vestige de grandeur dans les constructions qui res-

---

Fontana me paroît très-bon Physicien, mais tous ses raisonnemens ne me persuadent pas que les expériences du P. Toré ne soient très-vraies, je les ai faites plusieurs fois avec lui, & elles ne me laissent aucun doute sur la vérité de sa découverte, dont il a rendu le compte le plus exact.

tent. Les loges où sont renfermés les animaux, sont autour d'une grande cour en quarré long, fermée chacune de deux fortes grilles de fer. Il n'y avoit que quelques ours, deux panthères, une lionne, un tigre, une aigle, un loup, une autruche & quelques grands oiseaux de proie ; quelques années avant on y nourrissoit un éléphant que l'on m'a assûré y être mort d'ennui. On voit son squelette revêtu de sa peau, dans une des salles de l'université ; il mérite attention.

Le goût de l'architecture moderne à Naples, n'a rien que l'on puisse citer comme modéle, ou remarquer ; les palais habités par la noblesse, sont de très-grands bâtimens, où il y a de longues suites d'appartemens, & d'ordinaire une galerie assez-bien décorée à l'intérieur, & où se tient le gros de l'assemblée dans les maisons où l'on reçoit beaucoup de monde... Ceux que j'ai vûs, sont ;

Le palais du duc de Gravina (Orsini) le plus beau de Naples, après celui du Roi, bâti dans le goût des grands palais de Rome. Dans la frise au-dessous de la corniche, on lit cette inscription en très-grands caractères, taillés en relief sur la pierre... *Ferdinandus Ursinus, genere*

Romanus (a), *Gravinenſium Dux ac Nerulanorum Comes, conſpicuam hanc domum, ſibi, ſuiſque & amicis omnibus à fundamentis erexit...*

Palais Filomarini occupé par le prince *de la Torré*, de cette maiſon. Il y a une collection conſidérable de tableaux précieux, parmi leſquels on voit les trois Maries avec l'Ange, aſſis ſur la pierre du tombeau, excellent tableau d'*Annibal Carrache*, & très-connu par l'eſtampe qui en a été gravée. Les figures ſont de demi-grandeur...

La fuite en Egypte, petit tableau charmant de *Pierre de Cortone*, peint proprement, du coloris le plus gracieux; les figures ont un pied & demi de proportion... S. Pierre & S. Paul, par l'*Eſpagnolet*, demi-figures, de proportion un peu plus grande que le naturel, deſſiné fiérement, d'un pinceau vigoureux, en tout d'une beauté rare... Un Ecce-Homo *du Guide*... Un Chriſt mort ſur les genoux de la Vierge, avec la Madelaine & ſaint Jean par *le Dominiquin*... Une ſainte famille, par le

___

(a) *Gravina & Lago Negro*, petites villes de la terre de Labour.

même... Un saint François mourant assisté des Anges, par *le Lanfranc*... Un buste de femme *du Titien*. Deux tableaux du Poussin, l'un représentant l'Annonciation, l'autre un repos dans la fuite en Egypte... Ces tableaux & beaucoup d'autres, sont excellents, du plus beau choix, & très-bien conservés. Le prince auquel ils appartiennent les fait voir avec plaisir aux étrangers. C'est un homme d'un caractère doux & aimable, fort affable, duquel je ne puis trop exalter les attentions polies.

Palais du prince Carraffe d'Arragon. La cour est remplie de restes précieux d'antiquités. Vis-à-vis la porte d'entrée on voit une tête de cheval de bronze, de taille colossale, qui étoit autrefois placé devant la cathédrale; il étoit nud & sans frein, & avoit été fait pour être le symbole de la liberté des Napolitains. On prétend que les deux soudures qui sont aux côtés de la bouche, sont les endroits que fit percer l'empereur Conrad IV, lorsqu'après avoir subjugué Naples & ses habitans, il les soumit à ses loix, & les priva de cette liberté prétendue dont ils se glorifioient. Il fit, dit-on, graver à ce sujet sur un marbre le distique suivant :

Hactenus effrænis, Domini nunc paret habenis :
Rex, domat hunc, æquus partheno penfis,
~~æquus~~

Le cheval étoit alors entier; le peuple attribuoit à fon ombre la vertu de guérir les chevaux malades ; ce qui fut caufe qu'on le brifa, & qu'on en fit faire une cloche pour la cathédrale ; il n'en eft refté que la tête & l'encolure, traitées d'une grande maniere, dans le goût Grec... Au-deffus eft infixé dans le mur, un tableau antique de vœu, bas-relief en terre cuite. La figure principale eft à genoux devant Apollon qui a autour de lui les trois Graces & Efculape. Le deffein en eft affez-bien confervé, cette piéce eft rare. Le long de l'efcalier, il y a quelques buftes antiques de belle proportion, & d'un très-bon travail Grec. Entr'autres, un Mercure, Cicéron, Augufte, une Veftale; une Urne fépulchrale fur laquelle eft en relief une tête d'Antinoüs. Dans la cour, vis-à-vis de l'efcalier, eft une petite ftatue équeftre en bronze de Ferdinand II, roi de Naples, par le *Donatello*, érigée par un comte de Mantaloné, en mémoire de l'amitié de ce Roi pour lui, qui fouvent étoit venu à cheval le chercher pour aller à la chasse, & l'avoit attendu dans l'endroit même où est la colonne.

Palais du prince Sansevero (Sangro) est d'une grande étendue & a de beaux appartemens. Je ne les ai vûs que dans un grand désordre; il y avoit partout des ouvriers qui travailloient à le réparer à neuf pour le mariage du fils aîné du prince. J'y ai remarqué quelques plafonds peints de belles couleurs, & plusieurs parquets coloriés en stucs auxquels on travailloit, qui m'ont paru très-beaux & très-propres à parer un appartement... La chapelle des Sangro, appellée *santa Maria della Pietatella*, est la plus belle chapelle domestique qu'il soit possible de voir, tant pour sa grandeur, que par le goût dont elle est décorée ; elle est revêtue d'un bout à l'autre des marbres les plus beaux, & enrichie de plusieurs monumens & mausolées des Sangro, placés dans des enfoncemens, pratiqués dans les murs, & presque tous ingénieusement décorés... A côté des pilastres qui soutiennent la demi-coupole, sous laquelle est l'autel, sont des statues que l'on peut regarder comme des chef-d'œuvres pour la beauté de l'exécution & la difficulté du travail. L'un représente un homme enveloppé d'un filet très-fort dans lequel il est enfermé, & qu'il a rompu pour en tirer la tête & un bras. La statue est travaillée dans ce filet avec grand soin, & autant de vérité que de noblesse. C'est l'ouvrage d'un sculpteur Génois. Elle est, dit-on, l'emblême d'un prince de cette maison qui, après bien des avantures cruelles qu'il s'étoit attirées par son tempérament fougueux & vindicatif, ne trouva d'autre moyen, pour se soustraire à la vengeance de l'Empereur & au dernier supplice, que d'entrer dans l'état ecclésiastique sous la protection du pape Benoît XIII ; l'autre est celle d'une femme en pied, enveloppée d'un voile ou suaire. Elle est du fameux *Corradini*, sculpteur Vénitien. C'est vraiment une très-belle chose, quant à l'exécution & à l'intelligence ; il faut la voir pour en juger & imaginer comment avec du marbre, on a pu faire paroître les traits d'une figure cachée sous un voile, de façon à donner une idée de leur régularité. Un sculpteur Napolitain a voulu l'imiter en représentant un Christ mort enveloppé d'un suaire ; mais on n'y voit que le travail pénible & lourd d'un copiste, tandis que dans l'autre on admire la nature même imitée avec la plus grande vérité. Dans la femme, à peine le voile a t'il quelque épaisseur, les traits paroissent à travers; au lieu que le Christ semble couvert d'un suaire épais comme le plus gros drap. A côté de la porte d'entrée est un Génie aîlé de grandeur naturelle, qui tient un cartel sur lequel est gravée une inscription qu'il regarde en pleurant; c'est encore un ouvrage du Corradini, exécuté avec la pureté & les graces du plus beau style Grec. On travailloit à la décoration de l'autel qui n'étoit point fini, de même qu'à celle d'une grande tribune qui est au fond & qui communique aux appartemens du palais. L'ensemble de cette chapelle est noble & beau, & mérite d'être vû.

Le prince *San Severo* est un homme plein de talens; il a le secret de la peinture encaustique, qu'il prétend avoir trouvé aumoins aussi tôt qu'il a paru en France. Il m'a assûré qu'il ne devoit rien aux artistes François, que cette découverte étoit le fruit de ses recherches, dont il avoit expliqué tous les procédés à M. le comte de Caylus; on voit chez lui & au palais du roi à Naples plusieurs tableaux exécutés sous sa direction, qui sont d'une fraîcheur de coloris qui n'appartient qu'à ce genre de peinture... Il sçait dépouiller la cire de toutes ses parties grasses, au point de la réduire à une pâte qui tient ensemble par la seule configuration de ses parties, qui se mêle avec toutes les couleurs, sans y causer la moindre altération, & leur donne la même solidité que l'huile; c'est par ce moyen que je crois qu'il prétend fixer le pastel. Il m'a montré de ses épreuves en ce genre, où le pastel conserve effectivement tout son flou, & paroît très-solide... Il tire de plusieurs plantes cuites à un certain degré, du miel & de la cire. J'ai goûté de ce miel qui est doux & bon; quant à la cire, il prétend la porter au même point de finesse & de solidité que la cire du levant; j'en ai vû quelques petits pains de la plus grande beauté... Il donne au marbre blanc de Carrare les couleurs les plus vives & les plus belles qui pénétrent à une très-grande épaisseur; de sorte que l'on pourra scier une table qu'il aura préparée, la polir ensuite, & elle conservera les couleurs qu'il lui aura données, & qui sont d'un éclat singulier. Il y a des tables chez le Roi de cette façon, & il m'a fait voir une suite confidérable d'échantillons de marbres les plus charmans, que lui seul sçait préparer. Les couleurs y sont d'une beauté & d'une finesse surprenantes. Il n'y a aucune difficulté à préparer l'albâtre de cette maniere ; il faut seulement avoir attention que les teintes ne se confondent... Il a une composition qui imite le lapis lazuli si parfaitement que les connoisseurs mêmes s'y trompent ; elle a le brillant, la dureté, la finesse de grain, & les mêmes beautés que cette pierre précieuse, & il assûre qu'on peut l'employer aux mêmes usages... J'ai vû du jaspe sanguin de sa façon, imité à soutenir la confrontation avec la nature même... Il a le secret d'une espéce de stuc qui tient de l'éclat argenté de la nacre de perle. Il en a fait faire la frise de sa chapelle, dont le travail est très-solide... Il a trouvé le moyen de filer cette espece de soie que l'on recueille dans des coques sur la plante appellée.... & qui croît aussi-bien dans les pays froids que dans les régions méridionales ; jusqu'à présent on n'a pas crû pouvoir l'employer à autre chose qu'à faire des oüates. J'en ai vû filée en pelottons, d'un beau blanc & assez solide ; il m'a montré des piéces de moires qu'il en a fait fabriquer, & sur lesquelles il prétend que les couleurs se montrent avec plus d'éclat que sur la soie ordinaire... Il sçait préparer le lin de façon à lui donner la blancheur & l'éclat de la soie, & la douceur au tact... Il est certain que si toutes ces épreuves ont des succès constans, elles peuvent enrichir les arts de goût d'une multitude de nouvelles découvertes, dont quelques-unes mêmes peuvent devenir d'une ressource utile; telles que celles de tirer du miel & de la cire des plantes, & de filer la soie de la plante communément appellée oüete.

Ce prince est un homme de mœurs douces, honnête & affable, plein de talens, dont il fait son plaisir, & sa plus grande occupation; il reçoit les étrangers qui vont le voir avec la plus grande politesse, & aime beaucoup à s'entretenir avec eux de ce qui a rapport aux beaux arts. Il a écrit en François un traité sur les lampes antiques inextinguibles, imprimé à Naples *in*-8°. en 1756.

Il y a plusieurs autres palais à Naples où on peut voir des tableaux précieux; entre autres chez le prince Francavilla, le duc Roffo, le prince de la Rocca;

il y a même des marchands de tableaux chez lesquels, parmi quantité de piéces médiocres ou communes, on rencontre de très-bons morceaux, qu'ils ne connoissent pas & qui souvent sont comme au rebut... Ce que j'ai trouvé de fort beau à Naples, c'est la distribution des grands appartemens à recevoir qui est noble & très-bien entendue, il y a de ces maisons ou palais surtout à *santa Lucia* & à *Chiaya*, qui sont admirablement situés, en belle vûe & en bon air. Plusieurs de ces maisons sont décorées à l'intérieur de plafonds peints qui paroissent beaux ; mais comme on ne voit la plûpart de ces maisons que le soir, à l'heure des conversations, il est difficile de juger de la beauté des détails; on ne peut connoître que la distribution générale qui, étant bien éclairée, a toujours l'air de la magnificence.

CONSIDÉRATIONS GÉNÉRALES

Sur les mœurs & les usages à Naples.

LA grande quantité de noblesse qui habite la ville de Naples contribue beaucoup à la population & à son éclat. Cette noblesse que l'on représente dans quelques autres cours de l'Italie, comme grossière & dure dans le commerce, vûe de près, n'a rien de ces défauts. Je crois bien qu'autrefois les mœurs étoient moins douces, qu'il y avoit moins de politesse & d'union qu'à présent. Le dernier siécle surtout & le commencement de celui-ci, ont été pour ce pays, une suite de révolutions continuelles, de conspirations & de guerres, qui divisent les citoyens en différens partis, les rendent ennemis les uns des autres, & les entretiennent dans une sorte de barbarie qu'il n'est pas aussi facile d'anéantir qu'on le pense, surtout quand les sentimens qu'elle inspire sont conservés par des personnes d'un rang & d'une puissance à les maintenir; or les changemens qui se font faits dans ce royaume, ont toujours été ménagés par la noblesse & par les plus puissans d'entr'elle, comme les plus capables de se former des créatures, d'entretenir de grandes intelligences, & de soutenir le parti à la tête duquel on les mettoit. On les y intéressoit autant qu'il étoit possible, afin qu'il leur fût plus difficile de changer, & il sembloit que ce fût l'état naturel de ce pays. Le royaume de Naples, depuis la conquête qu'en fit Ferdinand le catholique, n'avoit jamais eu de souverains résidans ; mais il avoit toujours été livré à des vice-rois, dont la noblesse supportoit avec impatience l'autorité absolue, & dont les exactions accabloient le peuple. Le plus riche pays de l'Europe ne connoissoit son abondance que pour en voir passer le produit entre les mains d'un seul homme qui en disposoit à son gré, & qui croyoit affermir son autorité, en réduisant la nation à l'état le plus misérable. Aussi ce peuple étoit toujours prêt à se révolter, parce qu'il n'avoit aucun intérêt à vivre dans la paix & la tranquillité ; la fureur des factions étoit pour lui un tems de récolte, pendant lequel il se vengeoit sur ceux qu'il regardoit comme les auteurs de ses maux, en pillant leurs maisons, les massacrant même, ou les obligeant à se souftraire à la mort par une prompte fuite. Ces ravages ne l'enrichissoient pas, mais ils le satisfaisoient, & il étoit toujours prêt à se livrer aux follicitations des personnages accrédités, qui lui faisoient entrevoir un fort plus heureux dans un changement de souverain. Souvent il avoit été trompé par ce leurre; mais le dernier qui l'excitoit au soulevement étoit toujours celui qui méritoit le plus sa confiance

La noblesse, avec des vûes plus vastes, pensoit à ce sujet comme le peuple; ceux qui étoient dans l'oppression ou dans l'oubli, se laissoient gagner par l'espérance des grandes charges & des places utiles qu'on leur proposoit, & qui très-souvent leur manquoient; aussi ils n'avoient pas plutôt contribué à l'exécution d'un projet, que mécontens de n'avoir pas été récompensés comme ils l'espéroient, ils changeoient de parti & tramoient une nouvelle révolution. Cette facilité de changer la face de l'état quand il leur plaisoit, & toujours par des moyens violens, avoit si bien établi dans toute la nation, & dans les

sujets

NAPLES. 217

sujets les plus puissans, un esprit de dureté, de sédition, d'intérêt propre, de domination même, toute la sagesse du gouvernement, & la vigilance de Charles III, & plus que tout encore, sa présence, pour commencer à assouplir la nation & à en changer les mœurs. En quoi on peut dire qu'il étoit admirablement secondé par la Reine son épouse, *Marie Amélie de Saxe*, princesse d'un génie ferme & vraiment digne du trône, très-capable de donner un excellent conseil & de le faire exécuter. Le peuple de Naples connoissoit la régularité de ses mœurs, sa piété solide, la hauteur avec laquelle elle soutenoit les droits de sa couronne; il trembloit devant elle; mais il l'aimoit & la respectoit, parce qu'elle s'intéressoit à sa misere, la soulageoit à propos, & protégeoit l'innocent avec autant de fermeté qu'elle punissoit le coupable.

29. Le jeune monarque qui occupe aujourd'hui le trône des deux Siciles, suivra sans doute l'excellente forme de gouvernement que le Roi son pere a établie, & qui est exercée actuellement par des ministres qui se sont formés sous ses yeux, dont il connoît l'attachement & les grandes qualités & qu'

Idée de la cour de Naples.

ont fa confiance. Le confeil de régence eft compofé des chefs de la nobleffe du pays; les autres poffédent les charges de la couronne, ou font attachés au fervice du jeune Roi.

Le peuple lui eft très-attaché parce qu'il l'a vû naître, & qu'il eft Napolitain, avantage dont il n'avoit pas joui depuis plufieurs fiécles, & qu'il fait bien valoir dans fes cris de joie, lorfque le Roi affifte à quelque cérémonie publique. Il en parle comme d'un jeune prince qui lui appartient; c'eft, dit-il, notre Roi, né parmi nous.

Les enfans de fon âge le connoiffent & le montrent à ceux qui font plus jeunes qu'eux. La jeune nobleffe eft exacte à lui faire fa cour; tout femble concourir à refferrer le lien, qui doit unir étroitement les fujets avec le fouverain, & faire le bonheur de cet état. La tendreffe groffiére du peuple de Naples pour fon Roi eft quelque chofe qu'il faut & qu'il n'eft pas aifé de décrire.

Le jeune Roi, quand je l'ai vû en 1762, croiffoit heureufement & paroiffoit devoir être d'une taille avantageufe. Il eft blond & reffemblera beaucoup au roi d'Efpagne fon pere; il eft vif, annonce de l'efprit, & fent très-bien qu'il est Roi. Sa grande attention est de prévoir ce qu'il doit faire, & de sçavoir d'avance les sentimens de ses gouverneurs, afin de pouvoir dire, mon intention est de faire telle chose, & d'être approuvé. Il recevoit les étrangers qui lui étoient présentés, gracieusement, quoiqu'avec un air sérieux. Il avoit un air plus ouvert & en quelque sorte plus affable pour la jeune noblesse de ses états.

Le prince don Philippe son frere, qui est resté à Naples & qui ne quitte jamais la cour, est dans un état d'imbécillité, qui ne fait que croître à mesure qu'il avance en âge. Les personnes qui l'approchent, disent que son intelligence va quelquefois jusqu'à répéter les derniéres paroles de celui qui lui parle, & du même ton précisément qu'elles lui ont été adressées; quelquefois il parle trois ou quatre heures de suite, mais on n'a encore rien compris à ce qu'il disoit; ce ne sont que des sons mal articulés & qui n'ont aucun sens. Il étoit né d'une figure assez agréable, qui change tous les jours. Au reste, il n'est pas méchant & n'a point de fantaisies incommodes; le prince de *san Nicandro*, gouverneur du Roi, l'est aussi du prince dom Philippe, & a sous ses ordres deux sous-gouverneurs, l'un desquels ne quitte jamais le prince.

La noblesse & le peuple conservent toujours de grands sentiments d'attachement & de respect pour le roi d'Espagne. Ils n'ont pas oublié les circonstances de son départ qu'ils racontent avec attentendrissement. Les jours qui le précéderent, le Roi se montra peu ; occupé à donner des ordres essentiels, à recommander son fils au conseil de régence & aux ministres qu'il laissoit en place, il ne leur en parloit qu'avec larmes. La fermeté même de la Reine l'abandonna ; elle auroit préféré le séjour de Naples à celui de Madrid ; mais il falloit céder à l'ordre d'une destinée si brillante, auquel cependant elle ne se soumit que malgré elle, en disant bien qu'elle laissoit à Naples son cœur & ses affections; il est vrai que son empire y étoit bien établi ; elle en connoissoit les peuples & sçavoit la maniere de les gouverner. Elle alloit dans un pays nouveau où d'autres mœurs & d'autres usages étoient établis, & où elle ne pouvoit pas espérer un empire auffi abfolu que celui dont elle jouiffoit.

Le trois octobre 1759, le roi d'Efpagne fit une grande promotion de l'ordre de faint Janvier, de laquelle fut le roi de Naples. Le fix du même mois, jour de fon départ, en lui donnant le collier de cet ordre, & en le ceignant de l'épée royale, il lui dit... » Je vous » donne cette épée, ne vous en fervez » jamais que pour la défenfe de votre » religion, de vos fujets, & la vôtre... » paroles admirables que ce jeune monarque ne doit jamais oublier, pour fon bonheur & celui de fes peuples.... Enfuite fe tournant du côté du marquis de Tanucci, fon miniftre de confiance, il l'embraffa en le remerciant de fes longs fervices, & en le priant de les continuer à fon fils.... Vous ferez toujours mon ami, lui dit-il, & je ferai le vôtre.... & tirant de fa poche fon portrait enrichi de diamans, il le lui donna, en lui difant de le garder pour fe fouvenir de fon meilleur ami....

Ce jour-là le vent étoit contraire; l'officier qui commandoit l'efcadre d'Efpagne, lui repréfenta qu'il devoit attendre un tems plus favorable.... L'heure est venue, répondit le Roi, la providence qui m'a toujours favorisé ne m'abandonnera pas dans cette occasion, & je pars dans cette espérance. Au moment même de l'embarquement, le vent favorable prit le dessus, & continua pendant toute la traversée de Naples à Barcelonne, qui se fit très-promptement & très-heureusement. Les rivages de la mer étoient couverts de la noblesse & du peuple qui combloient le roi d'Espagne de bénédictions ; ils resterent tous immobiles à suivre l'escadre de vue jusqu'à ce qu'elle eût doublé le cap de Pausilippe : on m'a assuré que tout le peuple se retira dans un morne silence, les larmes aux yeux. Les sentimens du Roi, ses discours, sa fermeté religieuse & héroïque, méritoient tous les regrets d'un peuple qu'il avoit gouverné si sagement.

Depuis son départ, les choses sont restées au même état de tranquillité dans lequel il les avoit établies. La cour du jeune Roi, sans avoir rien de fastueux, a la pompe convenable à un monarque qui tient un rang distingué dans la Hiérarchie des souverains de l'Europe, & le premier parmi ceux d'Italie, & on peut dire que les ministres de régence n'oublient rien de ce qui dépend d'eux pour l'entretenir; je ne l'ai vue qu'à Caserte, petite ville épiscopale & maison royale à seize milles environ de Naples au nord, où le Roi résidoit alors, & tenoit sa cour le dimanche & le jeudi; ces jours il y avoit grande affluence de Napolitains & d'étrangers, & j'ai vu que les ministres de régence s'empressoient tous de faire bon accueil aux étrangers qui devoient être présentés au Roi. Les Princes de Sannicandro, de Campo Florido, de Stigliano Colonna, le marquis de Tanucci, & plusieurs autres y avoient un grand état de maison dans des bâtimens fort resserrés; comme le Roi a fait cette acquisition depuis peu de tems, & qu'il y fait bâtir, les particuliers s'y sont logés partout où ils ont pu. La maison que le Roi y habite à présent, & qui étoit le château des ducs de Caserte, est peu considérable; pour un particulier, cette maison étoit grande & commode; il n'en est pas de même d'un Roi; il ne fait en quelque sorte qu'y camper. Il y a deux ou trois piéces assez vastes, où les officiers, la noblesse & les étrangers se rassemblent en attendant l'heure de la cour; la salle où le Roi mange en public, suffit à peine pour contenir ceux qui doivent s'y trouver; il n'y a aucune espéce de décoration dans le château. La cour dans laquelle on descend est très-petite; il y a à peine la place pour tourner deux voitures à six chevaux. Les ministres de régence ont table ouverte le dimanche & le jeudi, & y invitent avec beaucoup d'empressement & de politesse; j'en dois juger ainsi par l'accueil que j'ai reçu chez le prince de Campo Florido, homme de beaucoup d'esprit, dont la conversation est d'autant plus intéressante, qu'il a une multitude de connoissances variées, même de littérature, qu'il est rare de trouver dans des personnes de ce rang, plus occupées d'affaires d'état que de celles d'agrément. La princesse sa femme est Sicilienne, de la maison de Moncade, d'une figure très-intéressante, faisant les honneurs de sa table & de sa maison avec beaucoup d'attention, & parlant très-bien les principales langues de l'Europe.

Le Marquis de Tanucci, comme chargé des affaires les plus importantes, & obligé d'avoir des bureaux chez lui, m'a paru logé plus au large que les autres ministres. Sa maison est bien servie, & il a une très-bonne table, dont fa femme fait les honneurs. Ce miniftre, unique dans fon genre, livré à un travail continuel, n'a d'autre délaffement que celui qu'il prend au tems des repas, & une heure ou deux après le dîner. Malgré cette vie férieufe & toujours occupée, il a toute la gaîté d'une ame honnête & tranquille, qui fait fon plaifir de fon devoir. Il paroît que tout ce qui a rapport aux affaires politiques de l'Europe fait en même tems fon occupation & fon délaffement; c'eft ce dont il s'entretient avec les étrangers, mais avec une facilité qui prouve l'étendue de fes connoiffances. Il met dans fa converfation une fimplicité, j'oferois dire, une bonhommie, qui met à l'aife tous ceux qui l'approchent, & qui empêche qu'on ne foit ébloui de l'éclat de fa grande réputation, & de la place importante qu'il occupe. Lui même n'en eft point *engoué*. Il a vécu long-tems à Pife, fans imaginer qu'il tiendroit le premier rang dans une des cours de l'Europe, & qu'il auroit toute la confiance d'un grand Roi; c'eft fon mérite qui l'a conduit à ce pofte, d'où il defcendroit avec autant de tranquillité qu'il l'occupe; c'eft vraiment un homme rare, un philosophe à la tête du gouvernement, dont l'élévation & la conduite sont la preuve la plus sensible de cette maxime, que les peuples ne seront heureux que lorsque les philosophes seront Rois, ou les Rois philosophes. Tout dans sa maison est monté au même ton de simplicité & d'honnêteté ; sa table est bonne, parce qu'elle doit être telle, eu égard à son état & aux personnes qu'il y reçoit d'ordinaire, mais il ne s'en occupe point ; enfin, c'est un homme si rare qu'il se concilie l'estime, le respect, on peut dire même l'attachement de tous ceux qui le connoissent ; la ville & la cour, la noblesse & le peuple, souhaitent également qu'il remplisse la plus longue carriere dans la place qu'il occupe pour leur bonheur ; les étrangers qui l'ont vû partagent ces sentimens avec eux ; mais le *mérite* n'allonge pas la durée des jours.... Il donne à l'ordinaire audience aux ambassadeurs & ministres étrangers le dimanche après midi, & le jeudi à l'extraordinaire à ceux qui ont quelques affaires particulieres à lui communiquer...... (*a*). J'ai trouvé dans les

---

(*a*) M. le chevalier de Basquiat de la Houze

autres maisons ouvertes de Caserte le même ton de politesse & d'attention, sans gêne & sans morgue imposante.

31. Le château royal de Caserte, placé au nord de cette ville, presqu'au pied des montagnes, se construit actuellement sous les yeux & sur les plans de *Vanvitelli*, architecte romain, le meilleur, à ce que l'on croit, d'Italie. Tous les voyageurs s'accordent à dire que quand cette maison royale sera finie, elle sera la plus belle & la plus réguliere de l'Europe. Elle est composée de quatre grands corps de bâtimens qui forment un carré parfait ; au milieu de chaque face & aux angles sont des corps avancés avec des pilastres &

Château royal de Caserte.

───────────────

chargé des affaires de France à la cour de Naples, pendant l'absence de M. le marquis de Durfort, nommé à cette ambassade, jouissoit à la cour & à la ville de beaucoup de considérations & d'agrémens, que lui avoient mérité son caractére aimable, & ses talens pour la place qu'il occupoit. Ses nationaux qui l'ont vû, soit à Naples, soit à Rome où il passa ensuite avec le même titre, ne peuvent trop se louer de ses attentions polies & de son attachement pour les François, qui, comme il le disoit lui-même, méritoient de porter ce nom. Il est aujourd'hui ministre du Roi à la cour de Parme.

deux ordres de colonnes qui s'éleveront jusqu'au comble du bâtiment & qui soutiendront de larges frontons décorés de sculpture. Quatre corps de bâtimens séparés par autant de grandes cours carrées forment l'intérieur de cette maison; on y entre par quatre colonnades ou galeries couvertes, qui aboutissent à un vestibule spacieux, au milieu duquel est l'ouverture du grand escalier. Au-dessus de l'escalier est un grand sallon de forme ronde, sur le plan même d'un temple antique nouvellement découvert à Pouzzols, & construit des mêmes matériaux, avec un double rang de colonnes que l'on a enlevées pour les placer dans ce sallon, qui sert de vestibule à la chapelle. Toute cette partie sera éclairée par une grande coupole qui tiendra le centre de l'édifice. Cette construction n'en étoit qu'au second étage commencé, lorsque je l'ai vue. La distribution de l'appartement du Roi, est magnifique; celui de la Reine qui est de l'autre côté, ne sera pas moins beau; mais tout y est encore nud; il n'y a ni fenêtres, ni cheminées, ni aucune espéce d'ornement. Ce qui est vraiment beau, & qui n'aura d'autres ornemens que ceux de sa construction,

& des marbres qui y sont employés, ce sont les quatres portiques ou entrées principales du château qui aboutissent au grand vestibule. On voit que l'architecte y a habilement réuni les beautés majestueuses de l'architecture antique, avec la noble aisance de l'architecture moderne; ce qui est fait pour être employé dans les maisons royales, où un artiste habile déploye toutes les ressources de son génie, & essaye des choses hardies, qu'il n'oseroit pas risquer dans un plan moins vaste. J'ai oui des gens se plaindre de l'obscurité du bas du château; mais ils n'observoient pas que rien n'étoit encore achevé, que la plûpart des grandes ouvertures destinées à l'éclairer, étoient fermées avec des planches, mal jointes à la vérité, mais à travers lesquelles la lumiere n'avoit pas un libre accès, & ne donnoit que de faux jours.

Les jardins répondront à la beauté du château; on a de tout côté le plus bel espace & le terrein le plus uni; il n'y avoit encore rien de tracé en 1762. Le Roi, avant que de commencer le château, avoit eu soin de sçavoir où il trouveroit de bonnes eaux & assez abondantes pour le service de la maison, des jardins & des écuries, parce que dans les environs il n'y a point de sources considérables, & que les eaux du *Volturno*, qui n'est pas éloigné de Caserte, sont comme celles de toutes les rivieres qui coulent de l'Apennin, pesantes, troubles & toujours désagréables au goût; il les a tirées des montagnes voisines par des aqueducs qui ont plus de trois lieues d'étendue. Cet ouvrage n'a pas la magnificence des constructions antiques des Romains, mais il en a la solidité & la commodité; il a été fort dispendieux, car il a fallu percer des montagnes, & traverser des vallées assez profondes. L'ouvrage est fini, & conduit une riviere à Caserte; à mesure que l'on élève le château, on place des corps dans l'épaisseur des murailles, qui porteront l'eau à tous les étages & dans tous les appartemens.

Dans deux grandes chambres du rez-de-chaussée sont une quantité de Termes représentant les divinités du paganisme & les héros des tems fabuleux, en marbre blancs veiné, destinés à orner les jardins de Caserte. La Reine qui se mêloit de tous les ouvrages de goût qu'elle entendoit très-bien, & qui n'aimoit point les nudités, a voulu toutes les statues dans cette forme. Elles sont de très-grande proportion & assez bien exécutées; sans doute qu'il y aura dans ces jardins beaucoup de palissades & d'allées couvertes; au moins ce genre d'ornemens semble l'annoncer.

32. La noblesse attachée à la cour, soit par des charges, soit par des dignités ou des marques d'honneur, qu'elle ne peut tenir que de la bonté du Roi, paroît très-contente, a un extérieur fort gai, & loue beaucoup le gouvernement actuel. *Mœurs de la noblesse.*

L'esprit de révolte & d'indépendance dominoit tellement autrefois parmi la noblesse du royaume de Naples, & surtout chez les grands les plus accrédités, qu'ils se portoient à des excès terribles, & que rien ne paroissoit capable de les arrêter dans la poursuite d'une vengeance presque toujours injuste. Ce siécle même en a vu plus d'un exemple. On dit que les dispositions ont tout-à-fait changé à Naples; il n'y reste plus que quelque dureté dans la société, dont on ne s'apperçoit point parmi ceux qui sont attachés à la cour, & qui diminue tous les jours parmi les autres. Cependant on doit dire que ceux qui font employés dans les affaires du gouvernement, les ambaffades & toutes les places éminentes, ont une aménité dans le commerce qui les fait diftinguer de tous les autres. On peut regarder comme le peuple choifi ceux qui dans cet ordre préferent les plaifirs tranquilles qu'ils trouvent dans l'amour des fciences & des arts, aux embarras d'une vie plus brillante & plus agitée. Plufieurs ont ce goût à Naples & dans l'Etat; le gouvernement a des égards pour eux, & leur accorde des faveurs même diftinguées.

Promenade à la ftrada Nuova. 33. Le fafte extérieur à Naples n'offre rien de bien éclatant; à la cour & à la ville on ne cherche point à fe diftinguer par la magnificence des habits, les femmes même y font vêtues fort fimplement. Mais on y a les plus beaux attelages, & on y voit quelques voitures affez belles. C'eft la dépenfe de goût de toute la nobleffe Napolitaine; c'eft à qui aura parmi eux les plus beaux chevaux, & certainement ils ont de quoi fe fatisfaire. La race des chevaux Napolitains le difpute en bonté & en beauté à tous les chevaux de l'Europe. On conferve les plus beaux dans le pays, & prefque tous les gentilhommes ont des haras dans leurs terres, d'où ils tirent les chevaux dont ils se servent à la ville. Un spectacle vraiment magnifique est la promenade des vendredis du mois de mars, quand le tems est beau. Elle se fait depuis le pont de la Madeleine jusqu'à saint Jean *Téduccio*, dans le chemin neuf que le Roi a fait élever sur le bord de la mer, & qui a deux milles de longueur en ligne droite. C'est-là où chacun aime à faire parade de la beauté de ses équipages qui sont en très-grand nombre, attelés depuis quatre jusqu'à dix chevaux, & tous vraiment choisis. Il y a ordinairement trois files d'équipages dans toute cette longueur; je ne sçais pas ce qui en regle la marche, mais quelquefois on va au pas, d'autrefois on court de la plus grande rapidité; comme c'est un mouvement général, chacun est obligé de s'y conformer; je suis allé à une de ces promenades dans la voiture d'un prince Napolitain, & je ne m'apperçus pas qu'il donnât aucun ordre à ses gens pour aller plus vîte ou plus lentement. Outre les équipages de la noblesse, il y a une multitude de voitures de toute espéce, surtout de très-petits cabriolets fort propres, attelés de chevaux de louage qui vont avec la plus grande légereté. Les cochers sont fort adroits; car dans cette multitude de voitures qui vont en tous sens, je n'ai vu arriver ni accidents ni embarras. Comme les traits des chevaux sont très-longs, il faut avoir l'attention de les démêler, lorsque l'on s'arrête tout d'un coup après une course rapide; les chevaux sont vifs & gais; alors ils s'embarrassent dans leurs traits; mais à tous les grands équipages il y a ordinairement deux coureurs qui marchent à côté des chevaux, ou des laquais qui sont accoutumés à descendre, & à tout remettre. Cette promenade est aussi belle que curieuse; outre le spectacle des équipages, on a d'un côté la mer, de l'autre une suite de maisons de plaisance qui se succèdent de Naples jusqu'au village prochain, qui est très-bien bâti; au levant on voit le Vésuve & les montagnes voisines; au couchant le Pausilippe & la partie de Naples, bâtie sur la montagne; ce qui fait de tous côtés les plus beaux points de vûe & les plus variés. Je m'y suis promené dans le mois de mars, par un temps assez laid, & malgré cela la promenade avoit ses agrémens. La mer étoit fort agitée & couverte d'une multitude de gros oiseaux de mer qui suivoit exactement le flot, pour attraper le poisson qu'il élevoit sur la surface de l'onde, tandis que la petite populace, dans l'eau jusqu'à la ceinture, & quelque fois entiérement couverte de la vague, tâchoit d'enlever la proye aux oiseaux. Vis-à-vis, le Vésuve jettant une fumée épaisse mêlée de quelques étincelles, & couvert de frimats & de petites grêles, rangées par rubans, que la chaleur du volcan ne faisoit fondre qu'insensiblement; de l'autre côté des arbres déja verds, des fleurs différentes, & d'autres productions nouvelles donnoient une idée de toutes les saisons réunies.

Le peuple aussi curieux à Naples & aussi désœuvré que dans aucune autre ville de l'Italie, veut prendre part à ces promenades générales, & en être au moins le spectateur. On le voit rangé par groupes de plusieurs mille personnes, aux environs du pont de la Madelaine, & dans les endroits les plus élevés, le long du chemin. Il quitte son ouvrage avec satisfaction pour venir partager les plaisirs de la noblesse. Le plus vil artisan, s'il a dans sa poche un (*a*) *Carlin*, loue pour une heure une petite voiture dorée, dans laquelle il étale sa figure crasseuse, & court de rang en rang avec autant d'assûrance & de satisfaction que s'il n'avoit autre chose à faire ; c'est peut-être celui qui jouit le mieux du plaisir de la promenade. Sa vanité est satisfaite, & s'il n'est ni prince ni marquis, il croit se mettre à leur niveau par sa ridicule impudence.

C'est bien à Naples que l'on peut dire que tout petit prince tranche du souverain, & que tout marquis veut avoir des pages. Cette espéce de luxe y est très-répandue ; il faut qu'un gentilhomme titré soit bien pauvre s'il n'a pas dans son antichambre un écuyer & quelques pages. Dans les maisons opulentes, ils sont bien vêtus & sans doute bien payés ; mais dans celles où la vanité seule & l'usage les appellent, ils ont l'air de la misére même. Au reste, cet état n'est point à Naples ce qu'il est en France ; tout jeune-homme de quatorze a seize ans qui a la figure agré-

―――――――――――

(a) Le Carlin est une piéce d'argent qui vaut huit sols de notre monnoie.

able & de la hardiesse, peut se présenter pour être page sans aucun autre garant que lui-même. On lui donne la casaque de la maison, ou on le garde tant qu'il se conduit de maniere à ne pas obliger son maître à le renvoyer nud & mendiant son pain. J'en ai vû à Naples de toutes les nations, qui pour la plupart étoient de jolis enfans, que le libertinage avoit fait fuir de la maison paternelle. J'en ai vû d'autres renvoyés que la misere forçoit à regagner leur patrie en demandant l'aumône. Il n'y a rien de réglé sur cet usage, a des pages qui veut; j'en ai vû dans des maisons riches à la vérité, quoique d'un rang subalterne. Il est encore d'usage d'en louer pour certains jours de représentation. Partout ils servent à table, présentent des rafraîchissemens, éclairent aux assemblées du soir ceux qui entrent ou qui sortent, & font les messages dans la ville. Dans les grandes maisons, ils suivent l'équipage à cheval dans les grandes promenades, ou lorsqu'on va à la campagne.

Il y a peu de galanterie à Naples; les mœurs y ont encore trop de dureté, pour que le gros de la nation soit susceptible de cette sorte de sentiment, qui ne doit exiſtence qu'au déſœuvrement, à la politeſſe extérieure, & au deſir de plaire généralement répandu. La cour qui auroit pû donner ce ton pendant plus de vingt ans, vivoit dans une régularité & une ſévérité de mœurs qui, bien loin d'autoriſer la galanterie, ne l'auroit pas approuvée. Ainſi il y a peu d'intrigues publiques qui conſervent quelque air d'honnêteté ; l'uſage eſt encore de les tenir ſecrettes ; tout ce qui paroît au-dehors étant regardé comme débauche, & l'étant en effet dans ce pays ; car les femmes qui ſe reſpectent aſſez peu pour donner ouvertement dans la galanterie, ne ſe refuſent plus rien, dès que la complaiſance de leurs maris eſt bien décidée ; car beaucoup de Napolitains s'en tiennent aux anciens uſages & ſont très-jaloux. On y parle d'autres vices encore plus abominables & que l'on dit y être communs ; comme ils ne peuvent jamais avoir une certaine publicité, & qu'un étranger n'a point d'intérêt à vérifier ces bruits, il lui importe peu de ſçavoir ce qui en eſt...

Les Siciliens paſſent pour être plus diſſimulés & plus fins que les Napolitains ; cela peut être ; mais à en juger

NAPLES, MŒURS ET USAGES. 239
par le peu que j'en ai vû, ce sont des qualités cachées sous une écorce bien grossiére.

Les femmes du premier rang qui reçoivent compagnie chez elles, ont assez de cette politesse d'usage qui rend leurs maisons agréables ; on y joue partout & toutes sortes de jeux, même ceux de hazard. Le pharaon ou bassette y est fort à la mode. La plûpart de ces assemblées sont brillantes & nombreuses. Il est d'usage que les jeunes femmes reçoivent toute la ville, trois jours après qu'elles sont accouchées, usage ancien sans doute, & qui prouve autant la force de leur tempérament, que la douceur du climat qu'elles habitent. Aucune ne se dispense de cette loi, sur-tout si elle est d'un rang qui exige de la représentation. Ces sortes d'assemblées sont les plus nombreuses que j'aie vûes à Naples, & sont des fêtes de gala.

L'accouchée est dans un lit bien paré, dont tous les rideaux sont ouverts ; elle a autour d'elles autant de dames parées & assises que la chambre du lit en peut tenir. On lui présente tous les hommes, aux complimens desquels elle est obligée de répondre. Il faut que ces jeunes femmes ne soient sujettes dans cet état, ni aux vapeurs, ni aux maux de tête, ni aux fluxions. Car la chambre où elles sont est ouverte, & répond à une grande galerie où se tient le gros de l'assemblée & où on parle comme dans une halle; c'est ce que j'ai vû en deux maisons de Naples, & surtout chez la jeune princesse d'Ardore, où l'assemblée étoit prodigieuse ce jour-là; le prince d'Ardore son beau pere qui a été ambassadeur en France & qui est décoré du cordon bleu, en faisoit les honneurs. Cette maison avoit l'air de l'opulence & de la magnificence même; les écuyers, les pages & tous les officiers de la maison étoient richement vêtus; tout étoit bien éclairé, & les rafraîchissemens de toute espéce étoient servis à profusion.

Mœurs de la bourgeoisie. 34. Depuis long-tems les nationaux & les étrangers s'accordent à dire du bien de la bourgeoisie de Naples que l'on y appelle *la Civilta*; elle est composée des avocats, & autres gens de loix, médecins, notaires, banquiers, négocians, libraires principaux, marchands de soie & de draps, & orfèvres bijoutiers. Plusieurs d'entr'eux ont des états de maison considérables, &
de

de grands biens-fonds. Leur situation ne leur a jamais permis d'aimer les factions, aussi n'en ont-ils pas pris l'esprit. Leurs mœurs sont douces & honnêtes; on assûre que leurs sentimens & leurs actions répondent à cet extérieur. La plûpart entendent très-bien le commerce. C'est de cet ordre que l'on tire l'élû du peuple. Quelques-uns même possèdent des terres titrées, dont on s'accoûtume peu-à peu à leur donner le titre; il n'est pas rare de trouver dans la bourgeoisie des particuliers qui possèdent propriétairement des duchés & des marquisats. Il est vrai que la noblesse ne leur donne que par dérision, des qualités que les gens de leur état leur accordent très-sérieusement. J'ai connu dans cet ordre un banquier appellé *Lignola*, homme poli, obligeant, & de mœurs fort douces; il étoit magnifiquement logé, avoit un grand état de maison, & étoit désigné pour être élû du peuple, à ce que je crois, l'année suivante. On se préparoit déjà chez lui à cette grande cérémonie, qui est la plus belle aventure qui puisse arriver à une famille bourgeoise de Naples, & la marque la plus distinguée de la faveur de la cour, qui désigne ceux qu'elle aura pour agréables. Il y a outre cela à Naples des négocians étrangers de toutes les nations qui y sont établis, & dont la plûpart sont fort riches; on y trouve même de très-bonnes maisons de réfugiés François, ils n'y ont point l'exercice libre de leur religion; mais quand ils peuvent en faire la dépense, ils envoient leurs fils à Genêve pour y être élevés, & viennent y marier leurs filles; c'est pour eux le temple de Jérusalem qu'ils viennent voir au moins une fois dans leur vie. J'ai vû une de ces familles originaires du Dauphiné qui faisoit un très-gros commerce à Naples; j'en trouvai une partie à mon retour à Lyon, qui venoit à Genêve pour les affaires de religion dont j'ai parlé. Les docteurs en droit sont admis à remplir des places dans les tribunaux souverains de la justice; c'est une distinction que le Roi accorde à ceux dont la probité & la capacité sont reconnues; car il n'y a point de charges vénales.

L'état d'avocat ou de curial est très-utile; plusieurs s'y enrichissent, & quand leur fortune leur permet de représenter comme la noblesse, ils ont chez eux très-bonne compagnie, & sont reçûs partout; beaucoup même paſſent de cet ordre dans celui de la nobleſſe, ſurtout quand ils poſſédent des terres titrées; mais ils n'abandonnent pas pour cela l'étude des loix, ni le ſoin important de rendre la juſtice.

35. Mais que dire du peuple de Naples & de celui du royaume? Il ſe préſente ſous un aſpect ſi peu favorable, qu'il paroît impoſſible d'en bien juger. Il n'a pas même le bruit public pour lui, ni celui de ſes égaux. C'eſt une nation ſi peu unie entr'elle, que l'on n'imagine pas comment elle a pu donner l'ombre même d'exiſtence à une révolution auſſi forte que le fut celle de *Maſaniello*. Ces gens ſont perpétuellement occupés à ſe décrier les uns les autres. Ils affichent avec brutalité les vices les plus honteux, & ſe font une ſorte de gloire d'y exceller. C'eſt donc avec quelque raiſon que ce peuple a été regardé long-temps comme l'eſpéce la plus miſérable de l'Europe, féroce, capable de tout quand il n'a rien à craindre, & tremblant à la moindre réſiſtance ou à une démonſtration de force qu'il croit ſupérieure à la ſienne; dès-lors on peut juger de ſon inconſ-

Mœurs du peuple.

tance. On ne doit pas s'attendre à beaucoup de bonne-foi quand on a à traiter avec lui, fur-tout les étrangers qu'il cherche à duper de toutes les façons. Il n'eſt pas rare de voir un pere négocier l'honneur de ſes filles & en faire métier, de même qu'un mari proſtituer ſa femme. Si deux de ces proxenetes ſe rencontrent enſemble, ils ne s'épargnent pas réciproquement les horreurs les plus noires pour décrier leurs marchandiſes; pour en avoir le débit, ils la metttent au rabais; ils en propoſent la vûe, & conviennent de céder la place à celui qui préſentera quelque choſe de mieux, & au même prix. Les premiers refus ne les rebutent point; ils font conſtans dans leurs projets; il faut en quelque forte les maltraiter pour les obliger à ſe retirer. C'eſt la pareſſe & l'avidité du gain, qui les obligent à ces trafics ſi deshonorans... On doit encore ajoûter à cela la plus grande groſſiéreté dans la conduite ordinaire de la vie, une mal-propreté dans laquelle ils croupiſſent par goût:... c'eſt un dommage d'autant plus grand, que l'eſpéce y eſt aſſez belle. Les hommes y font d'ordinaire robuſtes, grands & bienfaits, quand ils ne font pas rongés par ces maladies honteuses qui sont le fruit de leurs débauches. C'est sans doute ce qui a donné lieu à ce proverbe, que Naples étoit un paradis habité par les démons... Je sçais qu'il y a des exceptions à faire à cette régle générale ; que parmi le peuple il y a d'honnêtes gens ; mais que l'on s'en défie à bon compte. On dit que dans les deux Calabres, & sur toute la côte d'Amalphi à Regio, la brutalité est encore plus grande qu'à Naples & dans les environs ; en ce cas, c'est une espéce tout-à-fait abrutie ; car que peut-on voir de plus grossier que le peuple de Pouzzols & de toute la côte de Baya, de même que celui de Portici, Resina & des environs du Vésuve ? Il faut avoir vû de ces hommes pour les connoître, de cette vile espéce sur laquelle la raison ne peut rien, & qu'il faut absolument mener par la force & la crainte du châtiment.

Ce portrait n'est pas flatteur, mais il ne peut être que l'ouvrage de la réflexion ; car on oublie les vices du peuple pour jouir des beautés & de la douceur du climat qu'il habite. Ce païs a été sujet à tant de révolutions, habité par tant de peuples différens & dont la partie la plus méprisable s'y est fixée, qu'il faut moins s'étonner de tout ce que l'on y voit de vicieux & de révoltant. Le fonds de la nation a été originairement de Grecs, & on sçait que ce peuple, même dans ses plus beaux temps, n'eut jamais de mœurs publiques, la réforme même de Sparte n'étoit qu'un désordre plus grossier que la liberté d'Athènes; si c'étoit ici le lieu, il seroit aisé de prouver que les usages à Naples & dans toute la grande Grèce étoient à peu-près les mêmes qu'à Athènes. Les Romains y établirent le séjour de leurs plaisirs & de leur intempérance en tout genre; Tibère y vint cacher les désordres de sa vie, auxquels il n'osoit pas se livrer publiquement à Rome. L'insensé, le furieux Néron, commença par faire éclater à Naples sa folle passion pour la musique & le théâtre, où il étoit assûré de trouver plus d'applaudissemens qu'en aucun autre lieu de l'empire Romain. C'est encore sur la côte de Baya qu'il porta la barbarie à son comble, en y faisant poignarder sa mere.

Les Vendales vinrent après les Romains, & accoutumerent à la cruauté ce peuple plongé dans les délices. Les

Sarrafins ont ravagé pendant plufieurs fiécles ces mêmes provinces, ils y ont eu des établiffemens, ils ont mêlé leur fang avec celui des habitans du royaume, & ont enté fur des plans favorables, la mauvaife foi, la barbarie, l'irréligion & tous les vices de l'Afrique. Les avanturiers Normands qui les chafferent, furent plus occupés à y former un nouvel empire qu'à policer le peuple: les rois de la maifon d'Anjou y établirent leur trône chancellant fur le fang même du malheureux Conradin. Les François qu'ils avoient amenés avec eux, & fur-tout les Provençaux qui s'y fixerent en grand nombre, irriterent la nation par leurs galanteries outrées, & par le mépris avec lequel ils la traiterent; à ce temps commencerent les factions continuelles qui ont agité ce peuple jufqu'à notre fiécle, & dont la licence avoit autorifé & entretenu tous les vices. C'eft donc une nation à former, & ce ne peut être que l'ouvrage de la conftance, des bienfaits & du bon exemple des fouverains établis parmi eux, qui peu-à-peu remettront l'ordre dans ce chaos obfcur.

36. L'extérieur de la religion à Naples n'a rien parmi le peuple d'impofant

Extérieur du culte religieux.

qui réponde à sa divine institution. La même grossiereté qu'il porte dans toutes ses actions ne l'abandonne même pas dans le sanctuaire, où il se trouve un quart-d'heure les jours de Dimanche & fêtes de précepte, pour assister à la messe de la maniere la plus indécente & la plus irréligieuse. Le peuple, j'entends sous ce nom les artisans, les gens de mer, les petits marchands détailleurs des denrées de consommation journalière, les portefaix; cette quantité de gens inutiles qui se vouent au service du public, pour n'avoir à dépendre que de leur caprice, tous ces gens n'ont pas même l'extérieur de la dévotion de leur état; ils entrent tumultueusement à l'église, cherchent un banc où ils puissent s'asseoir, ou se tiennent assemblés en rond, & s'occupent d'ordinaire à parler de choses tout-à-fait étrangéres au sacrifice. En entrant ils saluent l'autel principal, ou celui sur lequel est exposée l'image du saint dont on célébre la fête. Ils lui témoignent leur affection en lui envoyant quelques baisers; ils en font de même au prêtre lorsqu'il passe pour aller à l'autel; geste indécent partout ailleurs, mais ici marque de dévotion, à en juger par l'empressement avec lequel on s'en acquitte. Pendant le reste du temps, ils ne s'inquiétent plus de ce qui se passe, jusqu'à l'instant de l'élévation où ils mettent un génou en terre, en se frappant la poitrine avec grand bruit. Plusieurs ne se donnent pas la peine de fléchir le génou; ils se contentent d'une simple inclination de tête pour ne pas quitter la place où ils sont assis. Il m'a paru que c'étoit l'habitude générale des grands & des petits. J'y ai vû des personnes du premier rang occupées, à ce que je crois, à lire des livres de prieres, mais rester constamment assises, de sorte que c'est une nouveauté pour le peuple de Naples, de voir un étranger assister à la messe à genoux, avec la domestie & le recueillement qu'exige ce devoir de religion.

J'ai vû de ces grossiers portefaix se montrer les uns aux autres un homme qui étoit à genoux dans un coin, occupé à faire ses prieres pendant la messe. Ce n'est pas qu'ils n'ayent leurs pratiques de dévotion auxquelles ils sont fort attachés. Ils ont des *Madonnes* & des saints de prédilection, auxquels ils s'adressent dans leurs besoins avec l'empressement le plus brutal. J'ai parlé ailleurs de la fureur avec laquelle j'ai vû une vieille faire des reproches à une *Madonne* qui est dans l'église de saint Thomas d'Aquin, parce qu'elle lui avoit manqué dans une occasion essentielle.

Pour que les choses aillent bien à Naples au gré du peuple, il faut que la liquéfaction du sang de saint Janvier, patron de la ville & du royaume, se fasse deux fois par an, aux mois de mai & de septembre. On sçait à-peu-près le temps & l'heure à laquelle se doit opérer le miracle. Un peuple innombrable se trouve alors ou à sa chapelle, ou au siége auquel la procession solemnelle fait sa station, qui demande à saint Janvier avec des cris confus, des soupirs & des battemens de poitrine, de faire le miracle. Quand il ne se fait pas assez promptement, mille voix s'élevent & crient avec l'air de l'impatience & de la colere, *san Genaro fa dunque presto*; ce qui veut dire, saint Janvier, dépêchez-vous donc. Si par malheur le miracle ne se fait pas, & qu'il se trouve quelque étranger dont la figure déplaise au peuple, il imagine aussi-tôt que c'est un hérétique, dont la présence arrête la liquéfaction du sang, & il court grand risque pour sa vie. Un domestique principal d'un ambaſſadeur étoit à genoux, au milieu de la rue, avec le peuple, attendant que le miracle ſe fît, il ne crioit pas comme les autres, *ſan Genaro fa preſto*; il avoit plutôt l'air de la curioſité que de l'impatience. On le remarque, on croit que c'eſt un hérétique; on ſe le montre, & ſur le champ il eſt percé de mille coups de ſtilet. Cependant il avoit dans ſa poche un livre de prieres à l'uſage de Rome, & un chapelet, ce qui prouva à ſes aſſaſſins qu'il étoit bon catholique (*a*); tout le peuple témoigna quelques regrets de ſa mépriſe; mais il n'en fut pas davantage, comment venger un crime commis par une populace effrénée & nombreuſe comme le ſable de la mer? J'ai ouï dire

───────────────────

(*a*) Le célèbre Leibnitz paſſant par mer de Véniſe à Ancone par un très-gros temps, & entendant les matelots qui le prenoient pour un hérétique diſcuter entr'eux s'ils le jetteroient à la mer ou non, pour appaiſer l'ire de Dieu, & faire ceſſer la tempête, ne s'effraya point, mais il tira doucement un chapelet de ſa poche qu'il fit ſemblant de réciter dévotement; cet expédient fit ceſſer tout ſoupçon ſur ſon compte; ſi le pauvre François en eût fait autant, on n'eût pas imaginé qu'il arrêtoit le miracle.

à un prêtre de la congrégation de la miſſion de France, homme digne de foi, qu'étant à une de ces ſolemnités, placé de façon à être vû du peuple, comme le miracle tardoit à ſe faire, ſon habillement & ſon collet firent croire que c'étoit un prêtre de l'Oratoire François, & par conſéquent un janſéniſte. Sur le champ le peuple ſe mit en rumeur; on s'en apperçut, & on n'eut rien de plus preſſé que de le faire ſortir par les derrieres, & le dérober à la fureur du peuple, qui auroit crû faire une œuvre méritoire, & accélérer le miracle en l'aſſaſſinant. Ces événemens tous récens prouvent avec quelle circonſpection doit ſe conduire un étranger, qui veut ſe trouver à ces cérémonies.

Les jours de fêtes ſolemnelles des patrons des égliſes, qui ſont toujours accompagnées de belle muſique, on voit la plus grande affluence de peuple dans les égliſes où elles ſe font; mais qui y eſt comme à un ſpectacle tout-à-fait profane. Voilà quel eſt ce peuple dans les actes de religion auxquels il paroît prendre le plus d'intérêt; il ne manque pas d'inſtructions; on prêche dans les égliſes, dans les places publiques, ſur les quais : les dimanches de carême & ceux de l'avent à toutes les folemnités, il se fait de ces sortes de missions publiques, où les Dominicains qui en sont chargés, essayent de toutes les manieres, d'inspirer des sentimens plus raisonnables de religion, à ce peuple ignorant & grossier. J'ai vû une quantité de ces religieux prêcher avec la plus grande action. Les uns les écoutent sérieusement, les autres en plaisantent, quelques-uns même ne se dérangent pas d'une partie de jeu qu'ils ont commencée, à côté même du prédicateur. Je ne parle que de ce que j'ai vû en vingt endroits différens.

On doit cependant dire que la ville de Naples est une de celles d'Italie, où le clergé, même celui du second rang, a le meilleur ton & l'air le plus honnête. Les ecclésiastiques y sont élevés avec soin, & bien instruits de la science de la religion ; les archevêques de Naples sont en possession depuis long-temps d'avoir d'excellens séminaires. La plûpart de ces prêtres, chargés du soin des ames, s'en acquittent avec un zéle éclairé, une vigilance & une fermeté chrétiennes; ils sont respectés & considérés, & ils le méritent par leur conduite. Le clergé régulier est très-nombreux. L'ordre de

S. Dominique surtout y est très-florissant, & tient plusieurs colléges fameux; cependant pour la régularité de la conduite, le clergé séculier l'emporte sur le régulier. On a grande attention à ne donner les places qu'à ceux qui sont en état d'en bien remplir les fonctions. Le gouvernement même a l'œil à ce que la brigue & la faveur n'emportent pas des places qui ne doivent être accordées qu'au mérite.

J'ai remarqué beaucoup plus de décence & un extérieur de dévotion plus réelle & plus éclairée à la cour du jeune Roi, que partout ailleurs; à sa messe tout se passe avec la décence & le respect que l'on doit souhaiter en pareille circonstance.

Etat des sciences & arts à Naples.

37. De toutes les parties des sciences, l'étude des loix est celle qui s'est maintenue avec le plus d'honneur dans le royaume de Naples, parce qu'elle a toujours été confiée à un ordre qui a pris le moins de part qu'il lui a été possible aux grandes révolutions qui ont agité cet état; à en juger par les écrits des théologiens modernes de Naples & de Sicile, il paroît que leurs études tiennent beaucoup plus au droit canonique qu'à la scolastique; quelques-uns même

commencent à goûter la positive, qui est la vraie théologie des Peres de l'église, l'exposition de la doctrine par les faits. Mais on voit que cette carriere n'est pas encore bien battue ; ils n'ont pas encore ce goût de critique & de discernement, qui ne prend que la substance des choses, & ce qui est vraiment nécessaire. Leurs ouvrages sont très-volumineux ; un sujet quelque restreint qu'il paroisse de lui-même, fait sortir plusieurs *in-folio* de la plume d'un docteur Napolitain ; que l'on juge de-là combien de digressions inutiles & d'érudition déplacée dans leurs écrits. Mais en travaillant ils sentiront eux-mêmes l'incommodité de cette méthode, & donneront à leurs ouvrages plus de précision & d'ordre, sans leur rien ôter de leur solidité & de leur clarté.

Giannone a écrit l'histoire de Naples avec succès, il a été critiqué même dans son pays ; ce qui prouve qu'il n'est pas le seul qui s'applique à ce genre d'étude. Le tombeau de Virgile, ceux de Sannazar, de Pontanus, du cavalier Marini, annoncent que toujours les belles-lettres & la poësie ont été cultivées à Naples avec les plus grands succès ; ces grands noms connus & respectés dans toute la république des lettres, font un encouragement pour les Napolitains à entretenir parmi eux la suite de ces hommes illustres qui ont tant contribué à la gloire de leur patrie. Il y a beaucoup d'excellens géométres & connus ; l'étude de l'antiquité qui n'y a jamais été négligée, doit y reparoître avec un nouvel éclat, eu égard à tous les monumens que l'on a nouvellement découverts dans les ruines d'Herculée, & qui peuvent servir de sujets à des écrits également curieux & intéressans dans ce genre. Quelle suite d'observations rares & même nouvelles, ne présentent pas dans tout ce pays, l'histoire naturelle & ses phénomènes multipliés, à un sçavant qui voudroit en faire une étude suivie ? Il n'y a point de contrée au monde qui offre un spectacle aussi brillant, & sur lequel il y ait autant à écrire ; car personne encore n'a rendu un compte exact de toutes ces merveilles de la nature.

Les beaux-arts, malgré le tulmulte des armes & l'inquiétude des révolutions, s'y sont soutenus avec autant d'éclat que dans aucune autre ville d'Italie. Il n'y a point eu d'école de peinture ; mais les ouvrages immortels de l'Espagnolet, de Lanfranc, de Luc Giordan, de Solimeni, du cavalier Massimo, qui ont passé la meilleure partie de leur vie à Naples, prouvent qu'ils y étoient accueillis & encouragés ; on y a vû quantité d'excellens peintres dont les derniers sont morts depuis peu de temps. Le Corrado qui avoit succédé à Sébastien Concha, & dont j'ai vû plusieurs bons tableaux, est passé en Espagne avec le roi Charles III. Quant à présent, il n'y a aucun peintre de réputation.

Il y a plusieurs beaux morceaux de sculpture moderne dans les églises, qui cependant n'ont rien de la beauté des ouvrages de Jean Bologne, de l'Algardi, du Vénitien Corradi ; ce qu'il y a de plus remarquable dans ce genre à Naples est de la main d'artistes étrangers à cette ville.

Les maîtres de chapelle de Naples l'ont emporté dans ce siécle sur tous les compositeurs de musique de l'Italie. Quel homme que le Pergolese qui n'a paru que pour se faire regretter ! Le Piccini le remplace & console de sa perte les amateurs de la belle musique. Il y a plusieurs autres maîtres de chapelle à Naples moins connus, & dont les talens méritent de la confidération. On entend partout à Naples de la bonne mufique, dans laquelle on trouve le nouveau, le gracieux, & le frappant réunis. Les fymphonies y font excellentes ; on y entend de très-belles voix qui feroient très-communes dans ce pays, fi la forte conftitution de la plûpart des chanteurs n'étoit pas altérée par des accidens étrangers.

J'ai déjà dit que de tous les beaux arts, celui qui avoit le moins réuffi à Naples étoit l'architecture ; ce font des artiftes étrangers qui ont fait conftruire tous les édifices remarquables. Ceux du pays n'ont jamais rien produit que de médiocre.

Avant que le roi eût fait commencer la defcription du *mufeum Herculanum*, la gravûre exiftoit à peine à Naples, & n'y avoit encore rien produit de diftingué. Il faut efpérer que cette magnifique entreprife excitera l'émulation des artiftes & développera leurs talens. Combien de belles chofes dont l'idée mérite d'être confervée, tant en peinture qu'en fculpture ! Que d'ouvrages excellens de l'Efpagnolet, du Lanfranc, de Luc Giordan, de Solimeni, tomberont dans l'oubli, fi la gravure n'en fait paſſer le ſouvenir à la poſtérité ! Les vûes mêmes de Naples qui ſont ſi belles, fourniroient des ſujets admirables & très-intéreſſans pour des eſtampes de payſage & de marine.

Les orfévres-ciſeleurs doivent être mis au rang des artiſtes ; il y en a pluſieurs à Naples qui travaillent avec goût & délicateſſe ; leurs ouvrages ſont répandus ; on voit ſur-tout dans les égliſes des buſtes, des vaſes, des chandeliers, des calices & d'autres uſtenſiles pour le ſervice des autels, du meilleur goût, où il y a du génie, des choſes nouvelles & recherchées.

La Reine, peu de temps après ſon mariage, y avoit établi une fabrique de porcelaine, qui approchoit beaucoup de la fineſſe & de la ſolidité de celle de Saxe ; il en eſt ſorti des piéces exécutées dans les formes les plus gracieuſes & pluſieurs morceaux très-grands. J'ai vû entr'autres un Parnaſſe d'un volume conſidérable, & d'une belle exécution. L'émail en étoit beau, les couleurs fines, mais moins vives que celles de Saxe. On verra à Portici un grand cabinet de toilette dans l'appartement de la Reine, qui en eſt entiérement revêtu. Cette manufacture ne s'eſt point soutenue, au moins elle est interrompue.

Commerce & industrie. 37. Le commerce dans cet état devroit être de la plus grande étendue, la mer le baigne de tous les côtés, la moitié de ses habitans sont matelots ou pêcheurs ; le reste devroit être de négocians & de cultivateurs. Cependant il n'y a point de marine ; on y construit peu de bâtimens, & le commerce s'y fait presque tout sur des vaisseaux étrangers. Le tumulte des armes, la fureur des factions, le gouvernement qui a été si long-temps sans avoir une forme fixe & stable, l'éloignement du souverain dont les regards ne pouvoient ni encourager le commerce ni le protéger ; peut-être la très-grande fertilité du pays, & la grossiéreté du plus grand nombre de ses habitans, qui, contens du nécessaire, n'ont pas imaginé les avantages qu'ils pouvoient tirer d'une fortune plus considérable, dont ils seroient les artisans par leur industrie ; tout cela réuni, est sans doute cause de l'état de langueur où est le commerce extérieur par rapport aux naturels du pays. Car ils ont sous les yeux de très-gros négocians, tant étrangers que Napolitains, dont ils ont vû commencer la fortune; mais ces exemples ne les touchent point.

La vente des grains ne peut jamais faire un objet confidérable dans le commerce d'exportation de ce royaume; il est trop peuplé & refferré dans des bornes trop étroites. Son premier foin doit être de nourrir fes habitans.

Néanmoins fi la culture étoit plus foignée, non feulement, il n'auroit pas befoin de rien tirer de l'étranger, mais en trois ans il pourroit avoir des magafins affez confidérables pour fe mettre au-deffus des craintes d'une difette pareille à celle qu'il vient de fouffrir. C'est une affaire de haute police & qui demande une attention particuliére du miniftère qui force chaque ville & même chaque communauté à former des magafins de réferve; il ne faut pour cela que trois années où la récolte fe faffe à l'ordinaire, pour mettre tout le royaume à l'aife; cette précaution une fois prife, il fera aifé d'établir le commerce d'exportation même de cette denrée, & d'augmenter les richeffes de l'état. Que l'on n'oublie pas que dans les temps de difette, les Romains avant que d'avoir une marine, tiroient leurs grains de la Campanie, & que Virgile en parlant de la fertilité de ces campagnes heureuses, regardoit la culture des grains comme la source de leurs richesses. *Dives arat Capua.*

Ce qui est très-abondant dans ce royaume & de bonne qualité, ce sont les vins; les côteaux de Cécube & de Falerne sont encore chargés de vignes qui en produisent d'excellens. Le *lacryma Christi* (*a*) qui croît dans les cendres du Vésuve, & dont on fait tant de cas dans le reste de l'Europe, est plus abondant que l'on ne pense. Tous les vins des côtes de la terre de Labour, de la principauté citérieure, des deux Calabres, sont excellens, & peuvent être regardés comme les meilleurs d'Italie, ceux qui se conservent le plus long-temps. Les vins communs même de ces pays ont de la qualité. On trouve partout des vignes dans le reste du royaume ; & la plus grande partie de celles qui servent à la consommation du peuple, sont élevées sur de hauts peupliers,

---

(*a*) Un bon Allemand qui buvoit de ce vin avec satisfaction, s'écrioit avec une sensualité dévote :.. *cur non lachrimasti in partibus nostris Domine*....

fous lefques les grains de toute efpéce croiffent en abondance. J'ai vû dans les ports de ce royaume, plufieurs bâtimens chargés de ces vins que l'on tranfporte ailleurs.

Ces vins font très-chauds, & tiennent de la qualité fulphureufe du terrein dans lequel ils font nourris; auffi la confommation qui s'en fait dans le pays ne peut pas être confidérable, il n'eft pas poffible d'en boire beaucoup. Les vins des environs du Véfuve, croiffent fur la lave dans les cendres & le foufre mêlés de pierres & de quartiers de fcories, qui y confervent quelque humidité en arrêtant les rayons du foleil; ces vignes font moins élevées, & ne font pas mêlées d'arbres & d'autres productions; quoique le printemps y foit précoce, que l'été y foit brûlant, la vendange ne s'y fait qu'à la fin d'octobre (*a*); ces vins, quand il font nouveaux, font rouges & épais; ils deviennent plus

---

(*a*) *Hic poft novembres, imminente jam bruma*
Seras putator horridus refert uvas.
Martial.

légers en vieillissant, sans rien perdre de leur force & de leur agrément. Ainsi le peuple de Naples connoît peu la bonté de ses vins ; il est dans l'usage de les boire l'année même qu'il les a recueillis. Je parlerai ailleurs de la maniere dont les anciens les conservoient si long-temps, & avec quelles préparations ils les buvoient.

Le commerce des chevaux rapporteroit beaucoup d'argent au royaume de Naples, si les haras y étoient plus multipliés, & qu'il fut libre d'en faire sortir du royaume autant que les étrangers voudroient en tirer; il y en a de toute taille & de tout poil; & on peut dire qu'en général ils sont fiers, pleins de feu, souples, légers à la main, obéissans, portant bien leur tête, & fort déchargés : bons à toutes sortes d'usage ; au sortir de la charrue, on leur met la selle sur le dos, & ils sont aussi légers, ont la jambe aussi sûre que s'ils n'avoient jamais tiré. Il faut les voir attellés aux équipages de la noblesse de Naples, pour juger de la beauté de ceux de la grande taille. Enfin c'est la plus belle espéce de chevaux de l'Europe, qui tient beaucoup de celle de Barbarie pour la durée. Ils meurent plutôt qu'ils ne ne vieilliffent. Mais le commerce n'en eft point libre; dans ces derniers temps, il y avoit défenfe, fous peine de la tête, d'en vendre ni d'en faire fortir du royaume. Les bons haras font dans l'intérieur du royaume, dans les montagnes de la Bafilicate, de la principauté ultérieure, des deux Abruzzes, & de la terre de labour. Ces chevaux ne mangent que de la paille hachée & de l'orge ou quelques autres grains mêlés ; on ne leur donne jamais de foin fec. On les met au verd tous les ans au printemps; cette nourriture les affoiblit beaucoup pendant quelque-temps; mais les renouvelle & les rajeunit en quelque forte. Tous les chevaux des poftes font marqués, & appartiennent d'ordinaire à quelque feigneur voifin qui les fournit de fon haras, & qui en tire le produit.

Le gros bétail eft encore une branche de commerce confidérable, furtout dans toute la partie du royaume qui s'étend de Naples au détroit & à la mer Adriatique. Les bœufs y font de la plus grande taille; il y a de bons pâturages & ils y multiplient aifément. La chair en eft excellente à manger ; les cuirs n'en font pas auffi forts que ceux des bœufs du nord.

Tome IV. M

Les bêtes à laine seroient une richesse dans ces contrées, où elles ne coutent presque aucun soin, si on les multiplioit davantage; mais il y a si peu d'industrie & d'émulation que l'habitant ne pense même pas à tirer parti des richesses qu'il a en main, & qu'il ne tient qu'à lui de faire fructifier.

Par-tout on y cultive des muriers, & on y éléve des vers à soie; la capitale & les provinces en consomment beaucoup; ce qui entretient ce commerce dans un état plus florissant que les autres. Mais on n'y sçait pas encore donner à la soie une premiere façon aussi parfaite qu'en Lombardie; ce qui fait qu'elle ne passe pas pour être aussi fine & d'aussi bonne qualité que celles du Milanois & du Piémont; mais je crois que c'est faute de préparation; car quoiqu'il ne sorte de la plûpart des fabriques établies à Naples que des étoffes d'une qualité médiocre, cependant au tact & à l'œil les soies paroissent de même qualité que celles du levant; mais dans beaucoup de choses à Naples on aime mieux travailler la soie crue que de se donner la peine de la préparer; ce qui fait perdre à l'ouvrier & sur le prix de la soie & sur les façons qu'il y donneroit & qui lui feroient payées. Telles font à-peu-près les denrées qui peuvent faire le fonds d'un commerce confidérable dans la partie du royaume de Naples que j'ai vûe, & qui fuffiroient à l'enrichir, fi elles étoient multipliées autant qu'elles peuvent l'être, & portées à leur vraie valeur; ce qu'elles ne peuvent acquérir que par une exportation bien établie; car c'eft plutôt l'étranger que le naturel du pays qui met le prix aux chofes qui font reparties à-peu-près également entre les poffeffeurs.

Dans une ville auffi peuplée & où les étrangers abondent de toutes parts, il y a une quantité de fabriques & de manufactures de toutes efpéces, dont les marchandifes fe confomment dans le pays même. Auffi il y a beaucoup de magafins de toutes fortes d'étoffes, dans lefquels les détailleurs vont fe fournir; les provinces tirent de ces mêmes fources, au moyen defquelles il fe fait un très-grand commerce intérieur. Les propriétaires de ces magafins font très-riches & tiennent un rang diftingué dans la bourgeoifie; quelques-uns font le commerce de mer, & ont des correfpondances étendues en Europe, en Afie & en Afrique. D'autres, quoique dans un état honnête, ne font que facteurs, c'est-à-dire qu'ils reçoivent & font paſſer les marchandiſes qui leur ſont adreſſées; les droits de remiſe leur ſont avantageux, & les mettent en état de profiter des occaſions de négocier pour leur compte.

Il y a un petit commerce de détail particulier à la ville de Naples & qui lui eſt très-avantageux; il ſe fait ſurtout avec les étrangers, dont quelques-uns, tirés de Sicile, ſont précieux; on y trouve des jaſpes, des agathes, de beaux albâtres, dont on fait des vaſes, des boëtes, de petites tables; la curioſité même a mis la lave du Véſuve au rang des pierres, ſinon précieuſes, du moins ſinguliéres; on en fait des boëtes de toutes façons, & la monture que l'on y ajoûte, décide de leur prix. Elles ſont d'un mauvais uſage pour le tabac qui y ſéche très-vîte, & y contracte un goût de ſoufre & de rouille que la lave échauffée lui donne néceſſairement. On y trouve des pierres gravées, des camées modernes de toute taille, gravées ſur les morceaux choiſis des jaſpes & des agathes de Sicile. Il ſe fait une exportation prodigieuſe de macaronis, & d'autres pâtes préparées;

celles de Naples ayant la réputation d'être les meilleures de l'Italie. Les bas de soie, les gands & les mouchoirs s'y vendent à grand marché, parce que le fabriquant ou le détailleur ne payent aucun droit, tant qu'ils ne sortent pas leur marchandise de la ville; c'est l'affaire des étrangers qui s'en chargent de payer les douanes qui sont sévéres & fort cheres, pour qui ne connoît pas le tarif ; il en est de même des autres marchandises. Le commerce intérieur de Naples seroit la chose la plus facile, s'il ne falloit pas en tirer ce que l'on y a acheté. On y fait beaucoup d'essences & de pommades; ses savons sont connus dans toute l'Europe, & il sen fait une consommation prodigieuse ; on y trouve encore quelquefois de bons tableaux à acheter, & beaucoup de vûes du Vésuve & des environs de Naples, par des peintres bien médiocres, & à bon marché.

Mais ce que j'y ai vû à très-bas prix, ce sont les denrées de consommation ordinaire, de toute espéce & d'excellente qualité. La volaille & le gibier y abondent, la mer qui est très-poissonneuse fournit du poisson & des coquillages. La douceur du climat & la fertilité du terroir font que les légumes & l'hortolage y font communs en tout temps ; la végétation n'y est jamais interrompue, chaque saison a ses plantes, ses fleurs & ses fruits ; on y a communément des poids-verds, des artichaux & des asperges dès la fin de février ; ce qui fait qu'il n'y a point de ville en Europe où les tables puissent être servies plus abondamment & à moins de frais. Aussi le peuple y vit aisément, & l'étranger y est à meilleur marché qu'en aucune autre ville d'Italie. C'est le long de la rue de Toléde que se fait, à toutes les heures du jour & de la nuit, le détail le plus considérable de tous les comestibles; pain, viande, volaille, gibier, jardinage, poisson. On y trouve tout ce dont on a besoin, soit qu'on veuille l'apprêter chez soi, soit qu'on aime mieux l'acheter cuit & préparé. Il y a une multitude de cuisines en plein air, dont l'odeur & la propreté n'excitent pas l'appétit ; mais la populace qui ne se pique pas de délicatesse, se croit très-heureuse de trouver, dans l'instant qu'elle a quelques sols, dequoi satisfaire son appétit; les fruits de toutes les saisons n'y sont pas moins abondans que les autres denrées. Les environs de Naples en fourniſſent la plus grande quantité. Les oranges de toute eſpéce & les citrons y ſont au plus bas prix ; ce qui augmente beaucoup cette conſommation, ce ſont les équipages des vaiſſeaux qui arrivent au port de Naples, & qui, après avoir été quelque temps en mer, n'ont rien de plus preſſé que de ſe fournir de ces denrées fraîches.

Les carroſſes & voitures de toute eſpéce ſont auſſi multipliés à Naples que les gondoles à Véniſe. Ils y ſont au même prix que dans toute l'Italie ; c'eſt-à-dire que l'on paye environ huit livres, argent de France, le carroſſe & les chevaux qui d'ordinaire ſont bons ; mais les caroſſes de louage ſont rudes, incommodes, & le pavé à Naples n'eſt pas aſſez bien entretenu pour l'on ne s'en apperçoive pas. Les cochers conduiſent ſûrement, quoique les embarras ſoient continuels à toutes les heures du jour & de la nuit ; ils ſe tirent d'affaire adroitement & ſans accrocher. Le peuple eſt ſinguliérement accoutumé à ces embarras ; les enfans ſurtout paſſent entre les chevaux & les roues des voitures avec autant d'adreſſe que de témérité...

Le bruit à Naples ne diſcontinue point ; une heure avant le jour commencent les cris des petits marchands qui courent les rues, & ils ne finissent qu'à dix heures du soir. Chacun a son ton particulier, & comme son intérêt est d'être bien entendu, il n'épargne pas ses poumons ; les carrosses roulent le matin de bonne heure, c'est-à-dire à commencer au temps où les gens de loi & les magistrats se rendent aux tribunaux de justice, & ils ne cessent d'aller que peu avant le jour, c'est-à-dire à deux ou trois heures après minuit, temps où finissent les jeux & les conversations. Alors les voitures pour le service de la ville commencent à rouler, ceux qui ont à partir s'y préparent, de sorte que le mouvement & le bruit ne sont jamais interrompus dans cette ville. Le voisinage du port, du marché, des rues les plus peuplées, augmente encore le tumulte, auquel il est difficile de s'accoutumer quand on a passé quelque temps dans les autres villes d'Italie, à Rome sur-tout qui est le centre de la tranquillité, en comparaison de Naples.

Habillemens. 39. Tout le monde à Naples est habillé à la Françoise, il ne m'a pas paru qu'il y eut aucun usage particulier qui se fut conservé. Je ne sçais pas s'il y a des loix somptuaires qui réglent la manière de s'habiller ; mais à la cour & à la ville, la noblesse y est vêtue très-modestement ; la beauté de la parure des femmes dépend plus du goût avec lequel elles s'habillent que de la magnificence de leurs ajustemens. J'ai déjà parlé du train de leurs maisons & du luxe de leurs appartemens. La bonne bourgeoisie, comme par-tout ailleurs, prend les airs & les modes de la noblesse.

Dans le peuple les femmes qui sont volontaires & vaines, n'épargnent rien pour leur parure ; souvent ce ne sont que des chiffons, mais elles les font valoir autant qu'elles peuvent. Elles ont leur intérêt à avoir l'air propre & arrangé ; cette apparence leur fournit plus aisément les moyens de contenter leur vanité dans ce genre. Les peres & les maris qui participent à ce bien être, contribuent de tout ce qu'ils peuvent à la parure de leurs filles, tandis qu'eux-mêmes n'ont pour habit principal qu'un mauvais manteau qui cache les haillons salles dont ils sont couverts.

En été ils sont ordinairement jambes & pieds nuds ; en hyver & quand il pleut, la plûpart au lieu de souliers, ne portent qu'un piéce de cuir quarrée & rattachée sur le pied avec de petites cordes. Sur les bords de la mer, dans les quartiers de la ville les plus reculés, dans les villages des environs de Naples, hommes & femmes du commun sont à peine habillés de quelques morceaux de linge ou d'étoffe déchirés. Les femmes vont ordinairement tête nue, les cheveux rattachés en rond derriere la tête. Les enfans sont accoutumés d'aller nuds la meilleure partie de l'année; je les voyois dès le mois de mars, n'ayant la plûpart pour couverture qu'une mauvaise chemise, jouer par les rues, & aller hardiment à la mer dès qu'ils sont assez forts pour résister au flot. C'est cette espéce d'éducation si négligée qui forme ce peuple dur & grossier, habitué dès sa plus tendre enfance à toutes les miséres & les hasards de la vie, qui brave le péril & qui ne connoît d'autre crainte que celle de la faim ou du supplice, qu'il s'accoutume peut-être trop aisément à méprifer. Il en résulte un avantage, c'est que presque tous les hommes & les femmes mêmes, sont grands & forts, d'une santé vigoureuse, quand la débauche n'en altére pas les principes. Il n'est pas douteux que si ce peuple pouvoit se discipliner aisément, on en formeroit d'excellens soldats; mais il n'aime pas le service militaire à cause de la gêne qu'il impose. En 1762 on m'a assûré que plus d'un tiers des troupes Napolitaines étoient de déserteurs François ; & j'ai observé presque partout que les soldats parloient François même entre eux ; ce qui peut prouver la vérité de ce que l'on m'avoit dit à ce sujet.

Telles sont les observations que j'ai faites sur l'état actuel de cette grande & belle ville, l'une des principales de l'Europe par sa population & son étendue, & la premiere par la beauté de sa situation & la richesse de son climat. Il y en a peu où on trouve autant d'étrangers de toutes les parties de l'Europe, que la beauté du pays & la douceur de sa température y attirent, & qui presque tous y font d'assez longs séjours ; ce que les voyageurs doivent regarder comme un agrément réel. Ils sçavent tous qu'il est convenable & même nécessaire de se monter au ton du pays où l'on se trouve ; cependant le caractère national perce toujours, & se fait remarquer même dans les choses les plus indifférentes. La politesse d'un Anglois ne ressemble point à celle d'un Portugais; on remarque la différence qu'il y a entre un Saxon & un Polonois; j'ai été étonné de la douceur des mœurs & du ton honnête des Russes qui voyagent. Les Allemands sont assez partout les mêmes. Les Italiens des différens états ne se ressemblent point; ils ont presque tous un caractere distinctif qui les fait reconnoître.

Les environs de Naples offrent à mon gré un spectacle plus curieux encore. La nature en Italie est partout élégante; ici elle tonne, elle entraîne, *Ribomba*. Nous n'avons point de terme dans notre langue qui exprime aussi bien le sujet dont je parle.

ENVIRONS DE NAPLES.

Côte de Pouzzols & de Baïes.

LA beauté des environs de Naples n'a rien à envier à celle de la situation de la capitale. La nature dont le spectacle est partout intéressant par ses variétés, surprend ici. Les merveilles semblent accumulées les unes sur les autres ; ailleurs elle parle, ici elle est d'une éloquence qui tonne souvent & foudroie, mais elle n'en est pas moins sublime & majestueuse dans ses phénomènes variés; il semble même qu'elle ait donné à quelques ouvrages de l'art, une hardiesse dans l'entreprise & un succès dans l'exécution qui étonne. J'entreprends de donner une idée de mille choses qui m'ont vivement affecté ; je les ai considérées avec la plus grande attention ; j'aurois bien voulu avoir le temps de les étudier ; mais au moins ce que je dirai engagera peut-être les voyageurs curieux à tenter de nouvelles découvertes qui enrichiront & renderont plus intéressante l'histoire de ce beau pays.

<small>Montagne & grotte de Pausilippe. comparaison de systêmes sur la formation des montagnes.</small>

1. La montagne de Pausilippe, située au couchant de Naples, est entièrement couverte de belles maisons & de jardins toujours verds; c'est un des endroits les plus délicieux qu'il soit possible d'imaginer, & d'autant plus cher aux Napolitains, que sa position le met à l'abri des vents brûlants du midi & du couchant, & leur offre sur-tout en été des promenades & des habitations, où ils jouissent d'une ombre & d'un frais qu'ils ne peuvent trouver que dans cet endroit; c'est ce qui les a déterminés à ne pas laisser la moindre partie du terrein de cette montagne qui ne fut employée à cet usage; c'est encore ce qui a fait dire à un Poëte Napolitain que c'étoit un morceau du ciel tombé en terre.... *Egli é un pezzo di ciel caduto in terra.*

Le chemin ou grotte de Pausilippe qui perce la montagne de ce nom à sa base, dans toute son épaisseur, qui est de neuf cent soixante pas communs mesurés exprès en 1762 par un homme de cinq pieds six pouces, jeune & marchant bien, est une entreprise aussi belle & aussi hardie que l'on puisse en imaginer. Elle prouve combien ce beau pays a été peuplé autrefois, & combien fes habitans cherchoient leur commodité, & à fe garantir de l'ardeur du foleil; pour s'épargner la peine de paffer fur la montagne ou de faire un long circuit, ils ont taillé un chemin de près d'un mille de longueur à travers une montagne dont le centre eft prefque entiérement occupé par un rocher folide. On ne fçait à quelle date placer cette entreprife; fi l'exiftence des géants ne paffoit pas pour fabuleufe, on l'attribueroit à ceux que l'on dit avoir habité ce pays. Le fentiment le plus commun la donne à un *Marcus Cocceïus* que l'on ne qualifie point, & que ce nom fait croire avoir été un Romain autorifé dans ce pays. Dom Jean d'Arragon, comte de Ripacorfa, viceroi de Naples, fous Ferdinand le catholique, fit élargir ce paffage qui probablement n'étoit pas plus large que celui que l'on appelle l'antre de la Sibille de Cumes. Pierre de Toléde qui fut viceroi de Naples pour l'empereur Charles V, le fit paver & mettre dans l'état où il eft aujourd'hui. Cette grotte a partout dixhuit à vingt pieds de largeur, ce qui fuffit à paffer deux voitures, les gens de pied, & les bêtes de fomme fans aucun embarras. La hauteur n'eft pas égale partout; l'entrée du côté de Naples eft fort élevée, & n'a guéres moins de foixante pieds; celle du côté de Pouzzols l'eft un peu moins; partout il m'a paru qu'elle avoit aux environs de quarante pieds.

Au milieu de la grotte on a conftruit une petite chapelle à l'honneur de la Vierge, & au-deffus on a percé la montagne dans toute fon épaiffeur, pour tirer de la lumiere par le haut; ainfi quand le temps eft ferein, on voit à fe conduire dans toute la longueur de la grotte. Ce qui contribue à la rendre auffi obfcure qu'elle le paroît quelquefois, c'eft la quantité de pouffière qui s'y amaffe, que le paffage continuel des voitures & des gens de pied, & l'air extérieur mettent en mouvement, furtout quand il règne quelque vent orageux du midi; alors cette pouffière eft extrêmement incommode; on l'enleve quelquefois; il feroit à fouhaiter qu'il y eût des ordres pour nettoyer ce chemin, trois ou quatre fois chaque année. Par ce moyen il feroit toujours propre. Les jardiniers du Paufilippe, les habitans des campagnes voifines tireroient de l'utilité de ces pouſſières, en les répandant dans leurs jardins & leurs terres qu'elles fertiliſeroient certainement. On voit que l'on a eu ſoin de faire tailler le rocher en petits quarrés, pour que les chevaux & les autres bêtes de ſomme marchaſſent plus ſûrement. Aux deux côtés des ouvertures on voit de très-grandes voûtes qui conduiſent aux carrières, d'où l'on tire les pierres à bâtir. Elles ſont très-ſolides; les pierres n'y ſont point poſées horizontalement & par bancs comme dans la plûpart des autres carrières, toute la montagne ne paroît être qu'un ſeul maſſif, d'une pierre griſe, ſans mélange d'aucune autre matière que celle des terres ou vaſes qui ont ſervi originairement à former le rocher, dans lequel ſur-tout on n'apperçoit aucune partie de matière inflammable; ce qui eſt cauſe que dans les grands tremblemens de terre, qui ont culbuté ſi ſouvent ce pays, il ne paroît pas que le Pauſilippe ait jamais ſouffert aucune altération. Cette maſſe eſt ſi conſidérable qu'aucun mouvement n'a jamais pû la déranger de ſon point d'appui. En l'examinant avec attention, on voit comment une très-grande quantité de vaſe de même qualité, affermie par le sel qui est propre aux eaux de la mer & qui lui a servi comme de ciment, a pû, entourée de ces mêmes eaux, servir à former ce rocher immense, que l'on peut regarder comme le noyau de cette montagne, qui a pris de la solidité à mesure que les eaux de la mer se sont retirées, & que l'air extérieur l'a durcie & consolidée. La grotte de la Sibille de Cumes est une autre preuve de cette même opération naturelle; il faut voir ces grands corps à l'intérieur, pour les bien connoître & juger de leur formation. Rien n'est plus naturel que le système physique qui l'explique ainsi. Mais, comment l'amour de la nouveauté, le desir d'opposer système à système, & le plaisir d'imaginer quelque chose que l'on n'eût pas encore pensé, a-t-il pu faire dire, contre toute vraisemblance, que les montagnes étoient presque toutes l'effet d'une fermentation intérieure qui les avoit soulevées de l'abîme où elles étoient renfermées & portées fort au-dessus du niveau naturel de la terre? Le feu est sans contredit, celui de tous les élemens qui agit avec le plus de force & de promptitude; mais c'est en détruisant ou tout au moins en culbutant entiérement les corps sur lesquels il agit. Il ne faut que jetter les yeux sur le Véfuve, qui est si voisin du Pausilippe, pour sentir la différence qui est entre ces deux montagnes, & voir que si originairement elles ont eu le même principe, l'une s'est conservée telle qu'elle étoit au sortir des eaux, & l'autre a totalement changé de nature. Les élévations qui se sont formées sur le Véfuve depuis quelque temps, n'ont qu'une solidité momentanée; elles sont l'effet d'une très-grande explosion occasionnée par la raréfaction de l'air à laquelle le feu avoit donné une force extraordinaire, & des matiéres que le Véfuve rejette continuellement. Que l'on examine la pointe actuelle de cette montagne, on voit qu'elle a peu d'épaisseur; le feu qui la consomme insensiblement, la soutiendra tant qu'elle fournira des alimens à son action, dès que cette croûte sera consommée elle s'affaissera d'elle-même, & l'ouverture de ce volcan s'élargira considérablement : supposé même que le foyer intérieur vint à s'éteindre, les pluyes & l'action de l'air pourroient suffire seules, pour faire tomber cette surface si peu solide. Les autres volcans moins considérables donnent les mêmes idées; ils ont plutôt abaissé les montagnes qu'ils n'en ont forformé. Que l'on examine la *Solfatarre* & les environs de Pouzzols qui en ont eu, tout est culbuté dans les places qu'ils y ont occupées; aucun corps solide n'y a conservé sa premiere forme.

La hauteur de *Piétra Mala* en Toscane, dans le sein de laquelle il y a un volcan encore nouveau, dont les éruptions sont à peine connues, commence déjà à montrer des dégradations dans cette montagne; elle s'élargit, mais aux dépens des matiéres intérieures & brûlées en partie qui en sortent. Le feu en général est un élément destructif, & qui met le désordre par-tout où il domine. Ses effets sont aussi sensibles dans l'ordre physique que dans l'ordre moral.

Au sortir de la grotte de Pausilippe, on entre dans un bassin ou vallon, entouré de montagnes de tous côtés, rempli de vignes, de terres labourables, & d'arbres fruitiers. Il est de forme absolument ronde & se présente sous un aspect agréable. Il est coupé diamétralement par un village appellé *Foro di Pozzuoli*, que l'on traverse dans sa longueur. A l'extrémité occidentale à droite, on entre dans une petite gorge fort refferrée qui conduit en tournant plus à l'ouest à un autre vallon absolument rond, presqu'entiérement occupé par le lac d'Anagno.

2. Ce lac qui n'a qu'un demi mille de diamètre est couvert d'oiseaux de riviére de toute espéce, dont la chasse est réservée aux plaisirs du Roi; on le dit rempli de tanches; à peu de distance des bords, on s'apperçoit des bouillonnemens fixes, qui sont sans doute occasionnés par quelques feux souterrains, mais fort éloignés; car l'eau n'a aucune chaleur sensible, ainsi que je l'ai éprouvé moi-même ; on ne voit même ces bouillonnemens que quand le lac est plein, c'est-à-dire après l'hyver; car lorsqu'il a été diminué par l'évaporation qui se fait pendant l'été, les bouillonnemens ne se font pas sentir plus loin ainsi que l'on m'en a assûré.

Lac d'Anagno. Grotte du Chien. Etuves de S. Janvier.

Du côté septentrional du lac est la fameuse grotte du chien, haute d'environ neuf pieds, large de quatre & profonde de dix. On apperçoit à la voûte dans certains temps quelques goutes d'eau fort limpide, qui filtrent à travers le rocher, & qui s'amassent en petit volume au fond de la grotte; souvent elle est absolument séche, ainsi cette distilation ne peut être causée que par l'humidité supérieure, & non point par l'élévation des vapeurs qui occupent continuellement le bas de la grotte.

Ce sont ces vapeurs qui sont vraiment mortelles; elles sont chaudes, sulphureuses & vitrioliques, & probablement arsenicales à en juger par leurs effets, beaucoup plus actives à l'entrée de la grotte qu'au fond. J'y restai debout pendant quelque-tems. Je respirois assez librement pour m'appercevoir qu'elles ne s'élévent point. Mais après avoir éprouvé une chaleur très-sensible à la hauteur d'environ dix-à-douze pouces; je sentis que mes pieds & mes jambes s'engourdissoient totalement jusqu'à cette hauteur, & perdoient le sentiment, au point que j'avois peine à me soutenir, quoique je fusse en pleine santé. Je sortis & peu-à-peu l'air extérieur rendit à cette partie de mon corps, sa force & son agilité ordinaires. J'y ai vû l'expérience du chien qui en allant étoit vif & gai. Son maître, celui qui a la clef de la grotte & qui met à contribution la curiosité des voyageurs, le prit & le coucha sur le dos en le careffant, & il ne fit aucune difficulté d'obéir, mais tout de fuite la vapeur commença à le tourmenter, il fe débatit & pouffa des cris excités par les angoiffes qu'il éprouvoit; ces cris diminuerent fenfiblement & très-vite. Alors ils ne fut plus néceffaire de tenir le chien, il fe roidit, fes yeux fe tournerent & il refta fans mouvement; il étoit au point d'expirer, lorfque je le fis jetter hors de la grotte fur le bord du lac, où d'abord il fut abfolument immobile; peu-à-peu on le vit refpirer & remuer la tête comme s'il fut revenu d'un évanouiffement. Ce pauvre animal effayoit envain de fe foutenir fur fes jambes qui lui refufoient le fervice; cependant il paroiffoit très-joyeux, remuoit la queue, careffoit même les étrangers, enfin il fe releva tout-à-fait & fe mit à courir fur le bord du lac fans chercher l'eau; & je ne m'apperçus point qu'il fût néceffaire, comme quelques-uns l'ont écrit, de le jetter dans l'eau pour le faire revenir.

Aucun animal expofé à l'action immédiate de ces vapeurs ne peut vivre, les infectes & les reptiles auxquels il faut fi peu d'air, pour refpirer, y périffent très-promptement, j'y ai jetté des mouches qu'il est si difficile de faire périr dans la machine pneumatique, qui posées sur le sol de la grotte, ne peuvent plus s'élever & meurent aussitôt. On dit que Charles VIII, roi de France, y fit mourir un âne des plus robustes que l'on pût trouver.

Pierre de Tolède viceroi de Naples y fit enfermer deux criminels condamnés à mort, qui y périrent très-promptement. Les torches faites avec de la poix & du soufre, dont la flamme est très-vive s'y éteignent aussi-tôt. La poudre n'y prend point feu. A l'entrée de la grotte les vapeurs sont plus actives que dans le fond, elles semblent même s'y élever à quelques pouces plus haut; quand la porte de la grotte est fermée on s'apperçoit de la consistence de ces vapeurs, elles sont épaisses, bleuâtres & dans une très-grande agitation. Ces expériences, comparées avec celles de la machine pneumatique, donnent lieu de conclure que l'effet immédiat de ces vapeurs est d'empêcher l'action de l'air en lui ôtant tout son ressort, & en flétrissant absolument les poumons, ce qui se fait très-vîte. C'est le hazard qui a fait appercevoir de leur effet pernicieux; la grotte étoit ouverte autrefois,

autrefois, quelques cultivateurs des environs s'y retiroient, soit dans le temps des orages, soit pour y prendre le frais, la plûpart de ceux qui s'y endormirent ne se reveillerent jamais; cela fit ouvrir les yeux sur le danger qu'il y avoit de s'y arrêter; on y fit des expériences qui assûrerent de la vérité des conjectures, & on la ferma.

Il est probable qu'il seroit très-dangereux de faire des fouilles dans le terrein des montagnes de ce canton. On voit à différentes hauteurs, des bouches dans les rochers d'où il sort des vapeurs sensibles, une entr'autres qui est à gauche du chemin qui conduit au lac a dix ou douze pieds de hauteur, & a au moins quatre pieds d'ouverture. Un paysan fort & vigoureux & assez intelligent, m'a assûré qu'il y étoit entré par ordre du roi de Naples; mais à peine y eut-il fait quelque pas qu'il sentit que les vapeurs l'étouffoient, & on le retira promptement avec des cordes auxquelles il étoit attaché; il avoit déja sur le visage tous les signes d'une mort prochaine. Je regardai avec attention de bas en haut, mais je n'apperçus aucune exhalaison, comme dans la grotte du chien; il est vrai que cet endroit étoit fort à l'ombre, & ne recevoit la lumiere directe d'aucun côté.

A deux ou trois cens pas de la grotte du chien dans le même valon, entre le levant & le midi, font les étuves de faint Janvier; elles font enfermées dans un petit bâtiment quarré, voûté & recouvert d'une terrasse. L'intérieur est divisé en quatre ou cinq pièces différentes, dont la plus grande est à l'entrée, les autres font plus petites; il m'a paru que l'on avoit pratiqué dans les différens murs de féparation des petits canaux par lesquels on conduit la vapeur ou fumée de foufre qui fort continuellement de la bouche principale. Ces petites chambres font entourées de banquettes de pierre où s'afseient ceux qui veulent prendre ces étuves. La chaleur en paroît d'abord insupportable; mais peu-à-peu on s'y accoutume, on s'y trouve bien, la refpiration devient plus libre & plus aifée même qu'en plein air; il femble que les poumons fe dilatent. La chaleur y est à différens degrés; dans la plus chaude audeffous des banquettes est une auge affez longue dans laquelle peuvent fe placer jufqu'à la ceinture ceux qui font attaqués de la fciatique. Les endroits près des bouches à fumée sont les plus chauds, les murailles s'y chargent de soufre qui s'y amasse en masses inégales ; il y est d'une couleur fort pâle, mêlée de quelques filets d'un jaune plus foncé. Plus la chaleur est forte, plus la couleur du soufre est vive & approche de l'orangé. La fumée qui s'exhale par ces ouvertures est très-chaude & fort humide ; elle consume tout de suite le papier sans l'enflammer. J'y tins un doigt pendant quelque temps, la chaleur me parut d'abord insupportable, mais j'y fus aussitôt accoutumé. Il s'éleva quelques vessies sur la peau qui ne me causerent aucune douleur ; je les frottai avec le soufre chaud que je ramassai sur le champ & elles disparurent à l'air, sans laisser aucune trace de brûlure. Ce qui prouve que cette chaleur excite une très-grande dilatation dans les pores de la peau, & une transpiration très-forte ; aussi dit-on que ces étuves sont d'une vertu reconnue pour les rhumatismes, les sciatiques, les convulsions de nerfs, & tous les maux de ce genre. Les asmatiques y trouvent un prompt soulagement. L'effet quant à cette partie n'en paroît pas équivoque.

Je ramaſſai différens paquets de ces ſoufres. Quoique refroidis ils furent encore aſſez actifs, pour conſumer en peu de temps les papiers où je les avois enveloppés. J'eus long-temps après une autre preuve de leur activité. Je les avois mis dans une caiſſe où étoient quelques morceaux de vieille lave du Véſuve, dont on connoît la dureté qui eſt au moins égale à celle des marbres les plus fins. Ces ſoufres rongerent à la longue les papiers où ils étoient enveloppés, s'attacherent à la lave ſur laquelle ils ſe durcirent, & s'incorporent en quelques endroits en perçant la lave. Sans doute que l'humidité que ces ſoufres avoient conſervée, rencontrant dans la lave quelques parties de fer, y cauſa une fermentation, qui fut ſuivie de l'effet dont je viens de parler. Ces ſoufres ne cauſerent aucun changement dans la couleur des marbres, des albâtres, & des coquilles qui étoient dans la même caiſſe, ils blanchirent ſeulement quelques morceaux de cuivre.

Il eſt prudent quand on ſort de ces étuves de reſter quelque temps dans la petite ſalle qui eſt à l'entrée, afin de donner aux pores & aux poumons qui ont acquis une dilatation considérable le tems de se remettre dans leur état naturel. Le soufre s'amasse aussi autour des différens tuyaux par où la fumée s'échappe sur la terrasse ; mais sans doute que c'est l'impression de l'air extérieur qui les rend noirs & plus secs que dans les étuves, où ils sont fort gras, mêlés d'un nitre doux... Le foyer intérieur qui les échauffe doit être bien vivement enflammé pour rendre une fumée continuelle aussi chaude qu'elle est, & même mêlée d'étincelles que l'on apperçoit pendant la nuit, ou dans l'obscurité.

A côté de ces étuves est un bâtiment considérable qui est abandonné & même qui tombe en ruine ; c'étoit autrefois un hôpital où on recevoit les pauvres qui venoient les prendre. Dans un pays où il y a tant d'établissemens de charité, il est étonnant qu'on ait laissé tomber un édifice de ce genre dont l'utilité étoit si sensible. A présent les malades après avoir pris les étuves se font transporter tout de suite dans le village voisin où ils restent au lit pendant quelque temps. Ces étuves de même que la grotte du chien sont toujours fermées ; on n'en laisse l'entrée libre, que dans la saison où les gens de tout état viennent chercher du soulagement à leurs maux. La chasse de tout ce pays fort abondant en gibier, est réservée aux plaisirs du Roi. Le domaine utile appartient aux Jésuites de Naples; ce sont eux qui afferment la clef de la grotte du chien, & le lac d'Anagno où tous les ans on met rouir le lin & le chanvre, ce qui empeste ses eaux, & rend ses bords inhabitables pendant l'été. Sans cet inconvenient, cet endroit seroit délicieux, la végétation s'y fait avec la plus grande force; on y voit quelques plantations des plus beaux arbres; les montagnes qui l'environnent sont cultivées ou couvertes de bois; on devroit y respirer la fraîcheur la plus agréable, s'il étoit permis d'y rester impunément; mais les gens du pays risqueroient plus difficilement d'en faire l'essai que les étrangers qui sont charmés de la tranquillité qui y regne, & qui donne l'idée de la retraite la plus agréable que l'on puisse habiter.

J'ai remarqué que les habitants du village de *foro di Puzzoli*, quoiqu'ils ayent l'air assez vigoureux, hommes & femmes, & que la plûpart soient grands & bienfaits, ont le teint plus basanné qu'il n'eſt ordinaire de l'avoir dans ce pays; eſt-ce la qualité de l'air ou l'habitude où ils ſont de reſter peu chez eux, qui leur donne cette couleur? Il eſt certain que dans les chaleurs de l'été, enfermés comme ils le ſont dans un valon reſſerré de tous les côtés par des montagnes élevées, le ſoleil doit y être brûlant; heureuſement qu'ils ne manquent pas d'eaux de ſources.

3. Le chemin de Naples à Pouzzols eſt par la grotte de Pauſilippe dont j'ai parlé; au ſortir de cette grotte, on peut y aller par *foro di Puzzoli*, le lac d'*Anagno*, duquel en tournant au midi on paſſe par la Solfatarre & on arrive à Pouzzols par les deſſus de la montagne. Ce chemin eſt bon à cheval & à pied, & je crois le plus court; mais pour y aller en voiture, au ſortir du Pauſilippe, on tourne à gauche ſur le bord de la mer, où on trouve un chemin aſſez beau que l'on coupe dans le rocher même, pour l'élargir & le rendre partout commode & ſolide; il m'a paru que ceux qui juſqu'à préſent avoient été chargés de cette entrepriſe, entendoient mal la conſtruction des chemins, & n'avoient pas pris pour modéles les anciennes voies Romaines qu'ils avoient en quelque ſorte

Chemin de Pouzzols. Pozzolane.

sous les yeux; cependant rien n'étoit plus aisé que de construire les meilleurs chemins dans cette endroit: il n'étoit question que de donner une assiette solide aux premiers lits de construction, & de continuer ensuite jusqu'à la hauteur que l'on vouloit donner à la chaussée. Les matériaux sont sous la main de l'ouvrier, à droite est la pierre, à gauche le sable bitumineux de la mer; tout ce pays est plein de Pouzzolane (*a*),

---

(*a*) La Pouzzolane est une espéce de ciment fossille qui mêlé avec la chaux fait le mortier le plus solide & le plus propre, il devient aussi dur & aussi solide que le marbre, même dans la mer. On lui donne ce nom dans toute l'Italie, & par-tout elle a la même qualité; celle des environs de Rome est ou rougeâtre ou d'un gris foncé. Celle de Pouzzols tire sur le rouge, celle du Vésuve est plus grise. Vitruve en fait le plus grand éloge (L. 2. de Arch. c. 6.) *Est etiam genus pulveris quod efficit naturaliter res admirabiles. Nascitur in regionibus Bayanis & in agris municipiorum quæ sunt circa Vesuvium montem, quod commixtum cum calce & cœmento, non modo cæteris ædificiis præstat firmitates, sed etiam moles quæ construuntur in mari sub aquâ solidescunt. Hoc autem ea ratione fieri videtur, quod sub his montibus, & terræ ferventes sunt & fontes crebri, qui non essent si non imo haberent aut de sulphure,*

il ne manque rien pour faire la route la plus belle & la plus solide ; mais ici on a commencé par faire un mur de soutenement du côté de la mer; l'on a rempli ensuite l'espace entre le mur & le rocher, de gros quartiers de pierre jettés pêle mêle sans aucun ordre, on les a garnis ensuite de pierrailles & de sables qui ont comblé les inégalités, & donné de la facilité pour niveller ; mais bientôt les eaux des montagnes & celles de la mer, ont fait des affouillemens, dans lesquels se sont enfoncées des parties du chemin, & cela en plusieurs endroits, desorte qu'il étoit dangereux d'y passer de nuit sans le connoître. Il y avoit des trous assez larges pour y faire périr les che-

---

aut de alumine, aut bithumine ardentes maximos ignes. Igitur penitus ignis & flammæ vapor per intervenia permanans & ardens, efficit levem eam terram & ibi tophus qui nascitur exurgens est & sine liquore. Ergo cum tres res consimili ratione, ignis vehementia formatæ, in unam pervenerint mixtionem, repente recepto liquore una cohærescunt, & celeriter humore duratæ solidantur, neque eas fluctus, neque vis aquæ potest dissolvere. . . . . Je rapporte ce passage dans toute sa longueur, parce qu'il a très-grand rapport à l'histoire naturelle de ce pays, & que l'architecte est en même-temps excellent phy-sicien.

vaux. En remontant du côté de Pouzzols la route est pavée en partie & paroît plus solide.

Avant que d'entrer dans aucun détail sur ce qui regarde Pouzzols, Baïes, & toutes les choses curieuses qui sont autour de ce golfe, il faut dire quelque chose de leur situation. Celle de Pouzzols est magnifique & présente un des plus beaux points de vûe & peut-être le plus pittoresque qui soit dans le royaume de Naples ; il faut le prendre à côté de l'église des Carmes, sur le penchant de la montagne de la Solfatarre, on a devant soi & à droite une partie de la ville ; à gauche, c'est-à-dire du midi au levant, on découvre la plus grande partie du golfe de Naples, la pointe de Pausilippe séparée du rocher sur lequel est le Lazaret par un canal de deux ou trois cent toises, dans le fonds tout-à-fait au levant, les montagnes qui bordent la côte du côté de Sorrento & de Massa, qui ne sont pas assez éloignées, pour ne pas contraster sensiblement dans le tableau. Au midi on voit distinctement les isles de Procida & d'Ischia. De l'autre côté de Pouzzols au bas de la ville, la vûe n'est pas aussi étendue, mais elle n'est pas moins variée; les maisons de campagne, les ruines antiques qui bordent la mer, la variété des productions de la nature, forment un paysage très-agréable, dont les vûes s'étendent sur le petit golfe de Bayes, terminées de ce côté par le petit château de ce nom, & le cap de Misene. Les restes du Môle de Pouzzols que l'on appelle dans le pays le pont de Caligula, font encore beauté dans cette perspective.

4. La ville de pouzzols a été autrefois très-considérable, son ancien nom de *Dicearchos*, prouve qu'elle doit son origine aux Grecs, qui se plûrent à bâtir dans une position aussi agréable & aussi fertile, qui probablement, n'avoit pas encore été désolée par les tremblemens de terre qui dans des temps postérieurs y ont causé de si grands ravages. Les ruines de ses grands édifices prouvent encore qu'elle a été très-étendue & fort peuplée sous la domination Romaine, c'est-à-dire dans les beaux temps de la république, & sous les premiers Empereurs.

Pouzzols de même que Naples, resta fidéle aux Romains, dans la défection générale de la grande Grece, qui s'empressa de se concilier les bonnes graces

Ville de Pouzzols. Antiquités. Temple de Serapis.

des Carthaginois, qui avoient établi leur quartier général à Capoüe. Nous voyons qu'Annibal, fous prétexte de facrifier aux Dieux infernaux fur les bords de l'Averne, defcendit de Capoüe vers la mer avec une partie de fon armée, dans l'intention d'enlever la garnifon de Pouzzols, qui étoit alors de fix mille hommes & de s'emparer de cette place ; après avoir ravagé la campagne entre Cumes & Bayes, il tourna court fur Pouzzols qu'il comptoit furprendre, mais il y perdit inutilement trois jours de temps ; après lefquels il partit pour aller faire le dégat dans les environs de Naples (a).

La République & les Empereurs envoyerent en différens temps des colonies

───────────────

(a) *Sacro inde perpetrato ad quod venerat, & dum ibi moratur pervafiato agro Cumano, ufque ad Mifeni promontorium, Puteolos repente agmen convertit ad opprimendum præfidium Romanum. Sex millia hominum erant, & locus munimento quoque non naturâ modo tutus. Triduum ibi moratus pœnus, ab omni parte tentato præfidio, deinde ut nihil procedebat ad populandum agrum Neapolitanum, magis irâ, quam potiundæ urbis fpe, procefsit. ... T. Liv. L. 24. 13. A. v. c. 538. ...*

à Pouzzols, qu'ils regarderent toujours comme une place dont la conservation leur étoit importante, ce qui a donné lieu de croire que c'étoit une colonie Romaine ; c'est-à-dire, que la flatterie lui avoit fait oublier son antiquité, pour dire qu'elle étoit ville municipale, & colonie de l'Empereur, dont elle jugeoit à propos de prendre le nom ; il est important de ne pas oublier cet usage pour l'intelligence de quantité d'inscriptions qui induisent en erreur ceux qui veulent parler de l'origine des villes ; il faut que cette ville après la décadence de l'Empire ait souffert quelque bouleversement considérable, qui la détruisit en partie, & ruina les beaux monumens dont elle étoit décorée : les Sarrazins qui y eurent quelque établissement dans le neuviéme & le dixiéme siécle ne chercherent point à les rétablir. On prétend que son nom de *Puteoli*, Pouzzols, lui fut donné à cause de l'odeur forte des soufrieres dont elle est entourée.

Cette ville dans son état actuel est peu étendue & fort rapprochée de la mer, toute la partie supérieure en approchant de la *Solfatarre* où étoient anciennement ses principaux édifices, est détruite & n'a plus que quelques ruines fort dégradées ; parce que tout ce terrein est très-fertile & bien cultivé. Ce que l'on y voit de plus curieux sont quelques restes d'antiquités Romaines. Dans une petite place est un piédestal de marbre blanc de cinq-à-six pieds de long sur trois & demi de haut, où sont en relief quatorze statues d'autant de villes d'Asie qui ayant beaucoup souffert des tremblemens de terre furent réparées par la libéralité de Tibére ; on lit au bas les noms de *Philadelphie*, *Magnesie*, *Tmolus*, *Césarée*, *Ephése*, *Smirne*... (*a*) On voit très-bien que l'ouvrage est de bonne main, quoiqu'il ait été fort gâté. Il servoit probablement à porter la statue de Tibére que l'on n'a pas encore retrouvée, quoique l'on conjecture l'endroit où elle peut être. On lit sur un des côtés une inscription en grands caractères Romains qui me paroit de la même antiquité que le reste du monument, que l'on croit avoir été érigé à Pouzzols, aux dépens de ces

---

(*a*) C'est sans doute de ce tremblement de terre dont parle Pline (Hist. nat. L. 2. c. 83). Il dit que sous l'empire de Tibére le plus grand tremblement de terre, dont il y eut mémoire, renversa dans une seule nuit douze villes d'Asie.

quatorze villes qui y avoient alors une correspondance établie; car le port de Pouzzols étoit dans ces temps là très-fréquenté (a).

Dans une autre place assez grande, où se tient le marché, au centre de la ville, est une statue Romaine avec la toge, qui a plus de six pieds de hauteur. Elle est d'un assez beau travail. Le petit piédestal a environ quatre pieds, sur lequel est une inscription très-mutilée, qui apprend qu'elle fut érigée à Flavius. Marius, Egnatius, Lollianus, Préteur & Augure, par une société de villes d'Afrique qui qualifient ce magistrat de leur protecteur. Vis-à-vis est une statue en marbre de S. Janvier procteur du royaume. Ces places ont des fontaines publiques.

L'Eglise Cathédrale sous le vocable

(a) TI. Cæsari. Divi.
Augusti F. Divi. Jul.
Nep. Augusto. Pontifici.
Maximo. Cos. III.
Imp. VIII. Trib. potest. XIII.
Augustales.
Respublica. Restituit.

de *san Procolo martire*, un des compagnons de S. Janvier, est bâtie sur le plan même d'un ancien temple de Jupiter, que l'on croit avoir occupé le centre de l'ancienne Pouzzols; on y remarque quelques restes de très-belle architecture antique, dans laquelle on avoit suivi l'ordre corinthien. La façade est presque en entier de matériaux antiques. Sous le vestibule il y a quelques os de grands poissons, que le peuple croit avoir été ceux d'un géant; mais ce sont plus certainement les côtes d'un de ces grands poissons du Nord, qui viennent quelquefois échouer sur les côtes de la Méditerranée; au-dessus de la ville sont les ruines d'un amphithéâtre, si fort culbutées, que l'on n'y remarque plus rien qui puisse faire juger de sa premiere magnificence; il y a lieu de croire que dans un pays où les arts de luxe étoient à un si haut degré de perfection, on n'avoit rien épargné pour décorer un édifice public de cette importance. Tous les restes de constructions antiques que l'on trouve dans les fouilles que l'on fait, ne permettent pas d'en avoir une autre idée. On verra dans un jardin au-dessus de la ville trois colonnes cannelées de marbre, de la plus belle proportion, qui ont servi à quelque édifice public. On a bâti dans cet amphithéâtre une chapelle dans l'endroit même où S. Janvier & ses compagnons furent exposés aux bêtes. A peu de distance est un édifice souterrein antique appellé dans le pays le labyrinthe, ou *Cento Camerelle*. Il paroît que c'étoit un très grand réservoir d'eau, auquel aboutissoit l'aqueduc dont on voit quelques parties découvertes au-dessus de la montagne, en allant de Pouzzols à Solfatarre, & que l'on a conservé en partie pour fournir de l'eau aux fontaines de la ville.

Il faut voir au couvent des Capucins qui est sur cette route, une citerne d'une construction singuliére. Elle est bâtie de briques, revêtue de stuc en dedans & en dehors, en forme de vase & soutenue sur un pilier solide. Elle est entiérement isolée & ne touche au terrein d'aucun côté, étant enfermée dans une grande voûte. Sans cette précaution, il n'étoit pas possible d'avoir de l'eau saine & potable, le soufre dominant si fort dans tout ce territoire, qu'il communique son goût & pénétre partout.

On dit qu'elle est l'ouvrage d'un François. Le peuple & les Capucins eux-mêmes, racontent mille histoires d'apparitions de démons & d'esprits infernaux de toutes sortes, qu'ils disent y être très-fréquentes. Quelques-uns même de ces bons Peres prétendent en avoir été battus. Il est certain que tout ce terrein est assez échauffé pour ressembler à un soupirail des enfers.

Au bas de Pouzzols au couchant entre les dernieres maisons qui avoisinent le port & la montagne, immédiatement au-dessous, on voit les magnifiques restes d'un temple antique que l'on croit avoir été consacré à Sérapis. Il y a douze ou quatorze ans qu'on commença à le débarrasser des terres qui le couvroient. On ne sçait pas dans le pays par quel accident il avoit été entiérement comblé de matières étrangères. Ce que l'on peut dire avec quelque certitude, c'est qu'il a été couvert par l'éruption de quelque volcan voisin, & non par l'effet d'un tremblement de terre; car le plan du temple & son pavé, le revêtissement, & la double colonnade, qui soutenoit la coupole, n'avoient éprouvé aucun dérangement.

Ce temple avoit été construit avec la plus grande magnificence, & entiérement revêtu des plus beaux marbres d'Afrique & de Sicile, dont une très-grande partie font encore en place. Il y avoit autour dix-huit chambres ou chapelles quarrées également revêtues de marbres. A un des angles au couchant eft une affez grande falle de bains à l'ufage des facrificateurs. Les baignoires font à un des bouts, & tout autour font de grandes auges ou canaux de marbres qui devoient fervir à laver les uftenfiles facrés; tout cela eft affez bien confervé : on y voit encore les canaux de cuivre qui fervoient à y porter l'eau, & à la faire écouler. L'intérieur du temple, ce que l'on peut appeller le fanctuaire, étoit de forme ronde, & entouré de deux rangs de colonnes de marbres choifis, autour defquelles regnoit une frife richement travaillée, qui fans doute foutenoit une coupole ouverte par le milieu, comme celle du Panthéon de Rome & de la plûpart des temples antiques. Plufieurs pièces de marbres des frifes & de la voûte qui font éparfes dans ces ruines, font une preuve de la beauté du travail. Le pavé qui eft tout de marbre blanc eft auffi-bien confervé que s'il fortoit des mains de l'ouvrier; au point central du diamètre, est une grande piéce de marbre travaillée à jour avec beaucoup d'art, qui servoit à l'écoulement des eaux qui tomboient par l'ouverture du haut, & du sang des victimes que l'on y immoloit ; aux deux extrémités sont encore deux gros anneaux de bronze plombés dans le pavé, auxquels on attachoit la victime crainte qu'elle ne s'échappât à l'instant du sacrifice ; on ne peut pas bien juger de l'endroit où étoit placée l'idole principale. Ce temple étoit de la forme la plus élégante, préférable même à celle du Panthéon ; le double rang de colonnes qui soutenoient la coupole lui donnoit un air de magnificence & de légereté que n'ont pas les autres temples antiques ; c'est à mon gré ce que j'ai vû de meilleur goût en fait de constructions de ce temps, & qui est très-capable de donner la plus belle idée de leur richesse & de leur décoration. Il ne restoit plus que quelques colonnes en place. Le reste avoit déja été transporté à Caserte, où il est employé dans la même forme à orner le vestibule de la chapelle du château. On dit que l'on y a trouvé plusieurs statues ; comme je n'en ai vû aucunes que l'on m'ait dit avoir été tirées de ce monument, je n'en parlerai pas. Il est fâcheux que ce temple ait été détruit, & que l'on n'ait pas imaginé de le restaurer ; rien n'étoit plus aisé, tous les matériaux étoient en place, & il eût servi de modéle à des constructions de ce genre qui eussent réuni des graces & une élégance rares.

La ville de Pouzzols dans son état actuel est, comme je l'ai déja dit, fort petite, mais elle paroît assez peuplée pour sa grandeur. Il y a beaucoup de mouvement dans la place principale & dans les rues voisines du port. Dans le dessus, il y a plusieurs maisons religieuses & quelques édifices assez beaux. La position en est gracieuse ; on y jouit de la belle vûe dont j'ai parlé, il y a des jardins bien cultivés qui ont quelques ornemens ; les rues sont bien ouvertes, mais on y voit très-peu de monde. La noblesse de la ville y a son siége composé d'un certain nombre de familles établies à Pouzzols, qui jouit des mêmes droits que les siéges de Naples ; je ne sçais pas quelles sont les prérogatives du peuple ; mais il paroît d'une grossiéreté bien au-dessus de celle du peuple de Naples, d'une hardiesse

& d'un endurcissement dans le vice qui étonne autant qu'il révolte ; & qui feroit volontiers croire qu'il descend de ces géants dont je parlerai dans peu. Il ne paroît pas qu'il fasse aucun commerce, il est tout de gens de mer, pêcheurs ou matelots ; les cultivateurs demeurent dans les habitations voisines, à portée des vignes ou des jardins.

Dans les beaux temps de Rome, lorsque toute cette côte étoit couverte, dans une grande étendue, par les magnifiques maisons de campagne des Romains; il se faisoit un grand commerce à Pouzzols; il y avoit des sociétés de marchands & d'artisans qui n'étoient destinés qu'à servir leur luxe. Les corps des parfumeurs, des épiciers, confiseurs, orfèvres, joailliers, boulangers, y étoient nombreux. La mer rejette encore sur ses bords une quantité de pierres gravées, telles que cornioles, agathes, jaspes, calcédoines, améthistes, sur lesquelles sont toutes sortes de figures, d'hommes, d'animaux, de reptiles, de plantes, de caractères Grecs & Romains. On prétend que la mer les tire du quartier même où étoient les boutiques de ces ouvriers, dont on voit encore les ruines sous les eaux. Autrefois on avoit à grand marché, des pêcheurs de Pouzzols, des antiques précieux ; mais l'habitude d'en vendre fait qu'à préfent ils croyent admirable tout ce qu'ils trouvent, & que toujours ils en veulent un prix confidérable ; ils en fçavent même aſſez pour acheter des pierres de rebut, qu'ils difent enfuite avoir trouvé dans les fables de la mer.

Dans le port de Pouzzols, on voit les reſtes du môle antique que l'on appelle le pont de Caligula, mais qui n'eſt autre chofe qu'une jettée faite dans la mer pour y tenir les vaiſſeaux en fûreté. Cet ouvrage conſtruit de grandes briques, & de pierres unies avec la chaux & la pouzzolane, eſt d'une très-ancienne conſtruction, & probablement antérieure au temps où les Romains fe font établis dans ces contrées ; il y avoit vingt-cinq grandes arcades dont deux ou trois fubſiſtent encore en entier ; des autres il ne reſte plus que quatorze piles, le reſte eſt détruit on recouvert des eaux de la mer. C'eſt à ce môle, que tenoit le pont de bâteaux que Caligula fit conſtruire pour paſſer droit de Pouzzols à Baïes, & fur lequel il s'amuſa à faire la repréſentation d'un triomphe imaginaire dont il étoit le premier acteur. Le chemin y étoit fait fur le modéle de la voie Appienne, pavé & recouvert de fables, il avoit près de quatre milles de longueur. Le premier jour il le traverfa fur un cheval de parade richement caparaçonné, la couronne de chêne en tête, fuivi de fa cour & d'un peuple nombreux. Le fecond, il parut dans le char des triomphateurs, avec la couronne de laurier, ayant à fa fuite toute la cavalerie Romaine qui étoit dans ces cantons. Folie finguliére qui ne pouvoit être imaginée que par un jeune infenfé qui fe regardant comme le maître du monde, faifoit parade de fon pouvoir en fatisfaifant fes caprices les plus extravagans.

On ne peut pas douter que ce port n'ait été autrefois très-fréquenté & qu'il ne s'y foit fait un très-grand commerce, mais à préfent on n'y penfe même plus; le peuple de Pouzzols vit des productions du pays, de la pêche, & de l'exportation de quelques denrées qu'il débite à Naples; c'eft-là où fe termine toute fon induftrie; je crois que l'on tranfporte auffi quelquefois des vins de cette côte en Angleterre

gleterre & dans les pays septentrionaux; j'en ai vû des dépôts sur le bord de la mer, & un vaisseau chargé au port de Baïes, & que la crainte des Anglois empêchoit alors d'en sortir, quoique sa destination fût pour l'Angleterre.

5. C'est dans l'espace qui est entre Pouzzols & Cumes que l'on doit placer ces campagnes ardentes, si fameuses dans la plus haute antiquité & connues sous le nom de champs Phlégréens; c'est-là qu'Hercule dans le cours de ses voyages, aidé des autres Dieux, défit les géans, cette espéce d'hommes terribles par la force de leurs corps & l'atrocité de leurs actions. (*a*) Diodore

Champs phlégréens Solfatarre.

(*a*) *Motis inde castris, Hercules, maritimos Italiæ, ut nunc quidem vocatur, tractus percurrens, in Cumæam descendit planitiem: ubi homines roboris immanitate & violentiá facinorum infames, quos gigantes nominant, egisse fabulantur. Phlegræus quoque campus is locus appellatur, à colle nimirum, qui Etnæ instar Siculæ magnam vim ignis eructabat; nunc Vesuvius nominatur, multa inflammationis pristinæ vestigia reservans. Gigantes illi, cognito Herculis adventu, conjunctis viribus, cum instructâ illi acie, obviam procedunt, & commissa pro viribus & ferociá gigantum pugna*

de Sicile le dit si positivement qu'il ne laisse aucun lieu d'en douter. Les tremblemens de terre fréquens dans ce pays, furent regardés comme son état naturel; & delà nâquit la fable, que les géants frappés de la foudre & renversés plutôt que vaincus, accablés sous le poids des montagnes que le Roi des Dieux & des hommes avoit culbutées sur eux, les soulevoient encore, & les faisoient trembler par les efforts inutiles qu'ils faisoient pour se relever. Telle est l'explication que l'on donnoit dans les temps les plus reculés aux trem-

---

vehementi, Hercules Deorum societate adjutus, victoriam obtinuit, & plerisque trucidatis regionem illam vacavit. Diod. Sic. L. 4...

Diodore de Sicile vécut sous les regnes de César & d'Auguste, & passa, dit-on, trente ans à écrire sa bibliothéque historique dont la moitié a été perdue; il nomme *Vésuve* la montagne qui, dans les champs phlégréens, jettoit des flammes comme l'Etna. Il dit que le Vésuve avoit plusieurs marques des incendies qu'il avoit éprouvés. Or dans ce temps le Vésuve étoit entier, il y a plus d'apparence que le volcan de ce pays étoit alors ce qu'on appelle aujourd'hui la Solfatarre; & que c'est peut-être par erreur de copiste que le nom de Vésuve a été donné à cette montagne.

blemens de terre, lorsque tout ce qui s'écartoit un peu de l'ordre connu de la nature étoit regardé comme un prodige de la puissance des Dieux. Quant aux éruptions qui paroissent aussi très-anciennes dans ce pays, & qui de temps en temps en changeoient la face, c'étoit le même Jupiter qui continuoit à foudroyer les géants dont les efforts faisoient trembler l'Olympe. Par ce moyen ils expliquoient tous les phénomènes effrayans dont ils étoient témoins, & ils n'y voyoient que la puissance divine vengeresse du crime porté à son comble. Ce sentiment qui les éloignoit si fort de la connoissance physique des tremblemens de terre, & de l'éruption des volcans, est la preuve la plus convaincante que les hommes ont toujours eu l'idée d'un Dieu juste vengeur du crime, & remunérateur de la vertu.

Au-dessus de Pouzzols à droite, en tirant de cette ville au nord, en suivant dans la longueur d'un mille environ, un chemin creux, le long duquel on rencontre quantité de ruines antiques, on arrive à la Solfatarre, montagne dans la substance de laquelle le soufre domine sur tous les minéraux; il y a grande apparence que l'aire de cette montagne a été autrefois le foyer d'un volcan à présent éteint, c'est à-dire duquel il n'y a plus d'éruptions à craindre, le soufre y étant sans mélange sensible des métaux qui sont la cause principale des éruptions. Tout le sommet a été emporté par une grande éruption qui doit avoir eu son effet principal du nord au midi, sur une partie de la ville de Pouzzols; ce qu'indiquent les ruines des bâtimens antiques que l'on y trouve à une assez grande profondeur, & la quantité même du terrein où le soufre domine encore, ce qui est cause de sa fertilité, & de la bonne qualité des vins & des fruits que l'on y recueille.

Ce que l'on appelle donc à présent la *Solfatarra* est un bassin de forme ovale qui a environ quinze cens pieds de longueur, sur un peu plus de mille de largeur, entouré de toutes parts, à peu-près à égale hauteur des restes de la montagne en forme d'amphithéâtre. La couleur du terrein & des pierres mêmes est blanche, & sur quelques-unes on apperçoit une fleur d'alun. L'aire du bassin est presque partout nivellée; le terrein en est blanc, doux au tact, & paroit formé par la terre même des environs & les pierres calcinées à la longue par une chaleur douce & continuelle, qui tombent ensuite en poussière, & y sont entraînées par les eaux de pluye. Il y a des parties où le soufre domine davantage ; on s'en apperçoit à la couleur & au tact ; il y croît quelques plantes fort maigres qui périssent aux premieres chaleurs de l'été. Au nord de ce bassin sont ouvertes quelques bouches à fumée, dans laquelle on apperçoit quelquefois des étincelles brillantes pendant la nuit ; on peut les regarder comme le soupirail du foyer qui est allumé dans le sein de cette montagne. Comme c'est la partie la plus basse de la Solfatarre, il s'y ramasse de l'eau chargée de soufre, qui s'y échauffe au point de dissoudre les différentes matières que l'on y jette sans les enflammer.

Le papier & les bois tendres y sont détruits très-promptement ; on prétend que les feuilles de cuivre y éprouvent une altération sensible ; on couvre les bouches à fumée de morceaux de tuiles & de pots cassés autour desquels se ramasse un sel ammoniac, ou suye très-fine, qui, lessivée avec l'eau même de la Solfatarre & mise dans des vases de bois à l'évaporation fur les bouches à fumée que l'on ouvre exprès pour cela, donne un vitriol rouge de très-bonne qualité pour la teinture. La terre de la Solfatarre lessivée avec la même eau, donne par les mêmes moyens un excellent alun blanc. On y fait aussi toutes sortes de préparations de soufres. La main d'œuvre pour tout cela coûte très-peu. Il n'est besoin que d'élever de petits appentis couverts de planches qui garantissent des eaux pluviales les vases où se préparent le vitriol & l'alun. Le sein de la montagne a assez de chaleur pour faire bouillir & évaporer la lessive d'où ils doivent sortir ; de sorte que les vases étant posés sur les petits fourneaux ou bouches à fumée & luttés, afin que l'air n'intercepte point l'action de la chaleur, on les laisse jusqu'à ce que la matière soit au point de cristallisation où elle doit être portée ; elle s'amasse autour de la partie supérieure du vase à l'épaisseur d'environ deux pouces ; ainsi un homme seul peut avoir l'œil sur une très-grande quantité de ces vases, & veiller à ce que l'évaporation se fasse bien ; le produit de cette montagne si aride n'est pas aussi mince qu'on le croiroit au premier aspect. Il appartient à l'hôpital de l'*Annunziata*, qui en tire tous les ans plus de dix mille ducats, dont il paye le dixiéme à l'évêque de Pouzzols.

J'ai traversé l'aire de cette montagne dans tous les sens ; partout on entend sous ses pieds un retentissement sourd & profond, qui prouve que la montagne est absolument creuse par dessous. J'ai enfoncé en plusieurs endroits des bâtons pointus, & la fumée sortoit aussi-tôt du trou pendant quelques instans ; il y a des endroits si humides qu'il n'est pas possible d'en approcher, peut-être n'y auroit-il pas de sûreté ; car en tout le terrein paroît peu solide, & on ne s'expose point à le charger de masses lourdes, ni même à y faire passer des animaux d'un poids considérable. On débite dans le pays qu'un homme à cheval, ayant voulu essayer d'y passer, fut englouti.

Peut-être que le feu interne consumera peu-à-peu toute cette voûte extérieure sur laquelle on marche, & alors le crater de la Solfatarre en sera beaucoup plus profond. Il pourra s'y former un lac. La forme ronde de ces petits lacs qui sont dans cette campagne, entourés de montagnes d'égale hauteur, semble indiquer les lieux où ont été jadis plusieurs volcans de ces campagnes ardentes; mais pour cela il faut que l'imagination remonte à une antiquité qu'elle a peine à concevoir (*a*). C'est de là que Petrone dans son poëme de la guerre civile, fait sortir Pluton le visage couvert de fumée & la barbe chargée de cendres, pour donner ses

---

(*a*) *Est locus, exciso penitùs demersus*
hiatu,
Parthenopen inter, magnæque Dicarchidos
arva,
Cociti perfusus aqua. Nam spiritus extra
Qui furit, effusus funesto spargitur æstu.
Non hæc aut ulmo tellus vivet, aut alit herbas
Cespite lætus ager. Non verno persona cantu
Mollia discordi strepitu virgulta loquuntur.
Sed chaos, & nigro squallentia pumice saxa,
Gaudent ferali circum, cumulata cupressu.
Has inter sedes, ditis pater extulit ora,
Bustorum fumis, & cana sparsa favilla.....
Petronius de Bel. civili. v. 67.

La position des lieux est bien la même, mais l'aspect n'en est pas aussi noir, ni les mofettes aussi dangereuses.

ordres à la Fortune. C'est sans doute d'après cette fiction que les R. P. Capucins de Pouzzols, & le peuple sur leur rapport, ont imaginé cette quantité de larves, de lémures, de lutins, d'esprits infernaux, & d'ames de morts turbulens, qui viennent inquiéter les vivans, mais ce n'est sans doute que pour leur faire peur ; car suivant la théologie qui leur a donné l'existence, elle ne les faisoit errer dans le monde que pour faire peur aux gens de bien & tourmenter les méchans.

On avoit prétendu qu'il y avoit une communication établie entre le Vésuve, la Solfatarre & les autres volcans voisins ; mais les observations exactes qui ont été faites dans ces derniers temps par de très-habiles physiciens, dans le temps même des éruptions les plus fortes du Vésuve, ont démontré que cette idée n'avoit aucune réalité, & que la fermentation de la Solfatarre n'augmentoit ni ne diminuoit relativement aux différens états du Vésuve.

Le cercle qui l'environne actuellement a partout au moins trente pieds de hauteur, & est couvert de plantes odoriférantes de toute espéce, de beaux arbustes, tels que romarins, mirthes &

genets qui y fleurissent de très-bonne heure. Les fumées continuelles qui s'en exhalent, temperent beaucoup le peu de froid qui se fait sentir en ces climats. La qualité du terrein tout de sels & de soufres est très-propre à une végétation précoce. Le temps où dans ces climats, la nature est dans l'inaction, est celui des grandes chaleurs, où les plantes épuisées par une transpiration excessive, séchent & périssent, à moins que les rosées ne soient assez fortes pour les soutenir, ou qu'elles n'ayent des racines assez profondes pour tirer du sein de la terre une humidité qui les conserve.

Il y a peu loin de la Solfatarre au lac d'Anagno. On dit à Naples que les fumées & l'odeur du soufre de cette montagne s'y font sentir par certains vents de couchant, & altérent beaucoup les dorures, les peintures même, & les ornemens qui y sont exposés. Je crois que dans ce pays l'odeur du soufre doit dominer souvent. Je ne me suis pas informé si les vapeurs répandues dans l'air étoient de quelque soulagement aux gens attaqués de catharres & d'humeurs froides, qui se trouvent si bien des bains pris dans la Solfatarre même, & de l'air que l'on y respire.

Nous nous embarquâmes au port de Pouzzols pour suivre la côte & voir à notre aise les monumens les plus curieux de l'antiquité, ceux qui ont été chantés par les poëtes les plus célébres, où ils ont placé la scène de la plûpart des fictions de la Mithologie. On retrouve dans l'espace de quelques milles, une quantité d'objets de ce genre aussi curieux qu'intéressans; le lac d'Averne, l'antre de la Sibille de Cumes, l'Achéron, & les Champs-Elisées; on voit le chemin que prit Enée pour aller voir son pere aux Enfers; on ne va pas si loin que lui, parce que la forêt où il trouva le rameau d'or, a été totalement dégradée, & que cet arbre précieux n'existe plus. Joignez a cela une multitude de temples, de palais ruinés, dans lesquels la magnificence Romaine se montre avec éclat, malgré l'injure des temps, & les ravages des tremblemens de terre; plusieurs édifices publics dont quelques-uns subsistent encore dans leur entier, la beauté du climat, les richesses de la nature; tout cela rassemblé forme dans cette petite contrée, un spectacle aussi digne de curiosité qu'il y en ait dans l'univers.

Lac Lucrin. Tripergole, bourg abimé. Comment.

6. Le premier objet qui se présente est la place où a été le lac Lucrin, car il ne subsiste plus; un tremblement de terre prodigieux culbuta tout ce terrein en 1538 & mit le lac à sec. C'est-là où les Romains faisoient apporter des huîtres qui s'y nourrissoient & y prenoient un goût fort au-dessus de celles de toute la côte. Il est difficile de juger de son ancienne étendue, étant séparé de la mer par une élévation appellée *Monte Nuovo*; ce qui en reste aujourd'hui est un petit marais rempli de joncs piquants à travers lesquels il est difficile de marcher. Il pourroit se faire qu'en le creusant on y trouvât des coquillages; mais à la surface du terrein, à la racine des joncs, on ne voit que la vase qui s'y attache; quand les eaux de pluye s'y rassemblent à quelque hauteur, elles y conservent encore le goût saumâtre & salé de l'eau de mer. Ce lac étoit autrefois si parfaitement uni à la mer, qu'il en couta beaucoup pour la construction des digues nécessaires pour l'en séparer, & y retenir les poissons & les huîtres que l'on y engraissoit; César entreprit de faire un port

dans cet endroit, & Virgile en parle comme d'une entreprise magnifique (a); il vouloit même tirer un canal de communication de ce lac à celui d'Averne

---

(a) *An memorem portus, Lucrinoque addita clauftra?*
Atque indignatum magnis ftridoribus æquor!
Julia quæ ponto longe fonat unda refufo?
Tyrrhenufque fretis immittitur æftus Avernis?
Hæc eadem argenti rivos, ærifque metalla,
Oftendit venis, atque auro plurima fluxit....

Georg. L. 2.

Virgile indique ici, qu'il y eut autrefois des mines d'or & d'argent dans ce pays; on n'en parle plus à préfent, la trace en eft perdue; ce qui peut le faire croire, eft la grande quantité de vaiffelle d'or que les Napolitains avoient dans leurs temples dans les temps les plus reculés. Ces quarante coupes dont ils firent préfent au fénat Romain pour l'aider à foutenir la guerre contre les Carthaginois, n'étoient-elles pas d'or trouvé dans le pays, fur-tout dans un temps où ce métal n'étoit pas commun? On a trouvé au-deffus de Pouzzols dans le fiécle dernier une groffe boule d'or, chargée de caractéres anciens & inconnus; mais la crainte qu'elle ne fut confifquée au profit de quelque officier public, fit qu'on ne la montra point, & qu'on n'en parla qu'après qu'on en eut fait un vafe facré.

où auroit été le centre du port le plus commode & le plus sûr de toutes ces mers. Il commença cet ouvrage, auquel Auguste employa depuis vingt mille hommes pour l'achever. La mer brisa tous les ouvrages qui avoient été faits, confondit les deux lacs; & perdit la pêche qui appartenoit aux Empereurs. Sous le regne de Claude on essaya de les réparer. Aujourd'hui il ne reste aucun vestige de tous ces ouvrages, ni du canal qui communiquoit d'un lac à l'autre; cependant Virgile décrit tous ces endroits avec une précision qui ne laisse aucun lieu de douter de la vérité de leur existence.

Le terrible événement qui changea la face de ce canton auparavant très-peuplé & très-fertile, est un de ces faits historiques peu connus hors du pays où ils se sont passés & qui cependant méritent de l'être à raison de leur singularité. A peu de distance de Pouzzols, entre le lac Lucrin & la mer, étoit bâti un gros bourg appellé *Tripergole*; dans la partie inférieure, comme la plus voisine des bains chauds de Tritoli, étoit un hôpital où il y avoit trente lits, tant pour les pauvres habitans que pour les étrangers qui venoient prendre les bains ou les étuves voisines; il y avoit outre cela trois grandes hôtelleries où logeoient les gens riches ou d'un état distingué qui venoient à ces eaux. L'hôpital servi par les hospitaliers du saint Esprit avoit pour principal administrateur un noble citoyen de Pouzzols, dont l'emploi étoit annuel; il y avoit une apothicairerie assez considérable pour fournir de remèdes l'hôpital & les étrangers. Le bourg étoit très-peuplé & avoit une église paroissiale & un couvent de Franciscains.

La nuit du 29 au 30 septembre 1538, la terre y trembla violemment; il s'ouvrit dans l'endroit même où étoit l'hôpital au bord de la mer, un gouffre d'où il sortit une flamme mêlée d'une épaisse fumée qui élevoit en l'air une quantité considérable de sables & de pierres ardentes. Cette éruption accompagnée de tonnerres, d'éclairs, de feux & de tremblemens de terre, dura vingt-quatre heures dans sa violence, pendant lesquelles sortit de terre cette petite montagne aride qui couvre une partie du lac Lucrin; la mer recouvrit tout l'emplacement de Tripergole qui fut entiérement englouti; le pays des environs très-fertile & couvert de vignes, fut culbuté au point qu'il n'en restoit aucun vestige vingt-quatre heures après; on vit seulement pendant quelque-temps une bouche à fumée, dans l'endroit même où l'éruption avoit commencé. Cet endroit s'appelle encore *la fumosa*; vis-à-vis on voit sous les eaux plusieurs restes de constructions qui étoient alors en terre-ferme. L'éruption fut si prompte, & les secousses si violentes, que tous les malheureux habitans de Tripergole périrent avec leurs habitations. Les citoyens de Pouzzols furent si effrayés des tremblemens de terre qui se faisoient sentir, & du spectacle affreux qu'il avoient sous le yeux, qu'ils abandonnerent leur ville & s'enfuirent nuds du côté de Naples; on eut même beaucoup de peine à les déterminer à y retourner; car tous ceux que de grands intérêts n'attachoient pas à leurs habitations, les abandonnerent; il fallut les plus grands soins, de la part des vicerois de Naples pour repeupler cette ville, qui depuis ce temps n'a éprouvé aucun accident de cette espéce. Pendant les deux années précédentes ce canton avoit été presque continuellement agité de tremblemens de terre : le 27 & le 28 de septembre, ils devinrent plus marqués, la mer se retira de ses bords; mais les habitans, accoutumés à ces mouvemens par leur continuité, ne crurent pas devoir prendre aucune sûreté pour leurs personnes.

En examinant avec quelque attention l'élevation appellée *Monte Nuovo*, ou *Monte Cenere*, on voit qu'elle n'est point naturelle, mais formée par une très-grande fermentation intérieure, qui a soulevé un amas considérable de pierres brûlées, de scories & d'écumes semblables en tout aux matiéres des laves du Véfuve. On a remarqué dans le cours des laves deux mouvemens, l'un de progression qui est celui de tous les liquides, par lequel elles suivent la pente du terrein sur lequel elles coulent; l'autre de fermentation, par lequel elles tendent à s'élever d'elles-mêmes, & qui augmente à proportion que le mouvement de progression diminue. Ce principe admis, il n'est plus difficile d'expliquer la formation subite de cette montagne; la matiére bitumineuse que l'on peut regarder comme la cause du mouvement de ces fluides singuliers appellés laves, étant parvenue au plus grand degré d'effervescence, & s'étant rassemblée en masse dans un même foyer, ne pouvant point avoir de mouvemens progressifs parce qu'elle trouvoit, de tous les côtés du terrein dont elle étoit entourée, une résistance invincible, se souleva peu-à-peu, par le mouvement de fermentation ; & c'est ce qui occasionna les tremblemens de terre continuels que l'on éprouva pendant deux ans ; trouvant ensuite moins de résistance, & acquérant toujours une nouvelle force, elle rompit enfin les barriéres extérieures, fermenta avec plus d'activité en plein air, fit sauter les couches du terrein qui la couvroient, qui retombant par leur propre poids se mêlerent avec le liquide bitumineux enflammé, & formerent le *Monte Nuovo*. Le long de ces bords on reconnoît assez également partout trois lits différens, de terre, de sable noirâtre, & d'une terre propre à ce pays, qui ressemble à la cendre ; ces lits sont posés horizontalement ; autour du *Monte Nuovo* on retrouve les mêmes lits, mais non plus horizontalement ; ils forment un arc excentrique & sont confondus en partie les uns dans les autres, ce qui n'a pû arriver que par un soulévement causé par la fermentation intérieure dont je viens de parler. Comme il n'y a point eu d'éruption qui depuis ce temps-là ait recouvert ce terrein de cendres & d'autres matiéres propres à la végétation, il est resté aride & stérile. Ces grandes révolutions dont les vestiges sont encore parlans, mêlent nécessairement quelques réflexions tristes au plaisir que cause le spectacle de ce pays si charmant, & font qu'on le quitte avec moins de regret.

7. A un demi mille environ de l'emplacement qu'occupoient jadis le lac Lucrin, & le malheureux Tripergole, après avoir traversé un petit vallon tortueux, par un chemin bordé d'une haye vive de beaux arbustes, presque toujours couverts de fleurs, on entre dans le bassin rond qui est entiérement occupé par le lac d'Averne.

Lac d'Averne.

Les hautes montagnes qui l'environnent, encore presque partout couvertes d'arbres, qui y ont été en plus grand nombre autrefois, répandent dans ce petit vallon une horreur ténébreuse, qui a pû donner lieu aux fables que l'on a imaginées sur cet endroit. Très-anciennement on y sacrifioit aux dieux infernaux, Hercule y vint lui-même après la défaite des géans. (*a*) J'ai dit plus haut qu'Annibal prit ce prétexte, pour conduire de Capoüe un détachement de son armée, dans ces campagnes, & enlever s'il étoit possible la garnison Romaine de Pouzzols. Il est très-probable qu'alors il n'y avoit point de temple, l'horreur majestueuse de l'endroit, les bois sacrés qui l'environnoient en tenoient lieu ; la tradition y avoit reconnu la présence des

---

(*a*) *Relictis tum Phlegræ campis, Hercules ad mare disgressus, opera nonnulla, circa Avernum quem nominant lacum, qui Proserpinæ sacer habetur, peregit. Hic inter Misenum & Dicearchiam, juxta calidas aquas, quinque stadiorum circuitu, & profunditate incredibili, situs est; limpha illi purissima cui ingens voraginis altitudo cæruleum induit colorem. Manium ibi quondam oraculum quod ætas postera aboleverit, extitisse fabulantur. Cum autem lacus ille in mare expanderet, humo congestâ, effluxum ita obstruxisse dicitur Hercules, ut viam juxtà mare, quæ Heraclea ab eo vocatur, sterneret....* Diod. Sic. L. 4.

Je n'ai rien vû là qui pût rappeller la digue que Hercule avoit élevée entre la mer & le lac, excepté le nom de Tripergole, ce bourg abimé en 1538.....

dieux infernaux & elle suffisoit pour autoriser l'espéce de religion qui y étoit établie. Virgile que l'on peut regarder comme un historien exact de ce pays, qu'il avoit habité si long-temps, fait sacrifier Enée sur le bord de l'Averne; il érige un autel avec les premieres pierres qu'il trouve, & immole une brebis noire & une vache stérile à la Nuit, à la Terre & à Proserpine, & des Taureaux à Pluton; à peine ce sacrifice est-il achevé qu'il se met en marche pour les enfers (*a*).

Quant à l'Averne, ce lac que Virgile dépeint si noir, ombragé de forêts de tous les côtés, au-dessus duquel les oiseaux ne pouvoient voler impunément, sans être suffoqués par les vapeurs empestées qui s'en exhaloient, qualité malfaisante qui donna le nom

---

(*a*) .... *Ipse atri Velleris Agnam*
Æneas matri Eumenidum, magnæque sorori
Ense ferit, sterilemque tibi Proserpina vaccam.
Tum stygio regi nocturnas inchoat aras;
Et solida imponit taurum viscera flammis.

Æneid. 6.

d'Averne au lac (a); les choses ne sont plus dans le même état, il ne paroît pas que ce lac rende aucune vapeur nuisible; on le dit poissonneux, j'y ai vû plusieurs oiseaux de riviére, & sur-tout beaucoup de plongeons, mais il ne s'ensuit pas delà que Virgile en ait fait une description imaginaire; il pouvoit très-bien se faire de son temps, que des ruisseaux de soufre & de bitume se fussent mêlés à ses eaux, & eussent fait périr les poissons & les oiseaux qui l'habitoient, ainsi qu'il est arrivé plusieurs fois depuis dans les révolutions occasionnées par les tremblemens de terre si fréquens dans ce pays; & même que dans ce temps il s'élevât des vapeurs aussi dangereuses que celles de la grotte du chien dans lesquelles les oiseaux pé-

___

(a) .... *Tuta lacu nigro, nemorumque teneb is*
Quam super haud ullæ poterant impune volantes
Tendere iter pennis: talis sese halitus atris
Faucibus effundens, supra ad convexa ferebat;
Unde locum Graii dixerunt nomine avernum..
    Ibid.

riſſent ſi promptement. Lucrèce parle très-ſenſément à ce ſujet, & donne la raiſon pour laquelle on a appellé *Averne* tous les lieux dont l'air étoit contraire aux oiſeaux (*a*).

Il ne faut donc pas accuſer d'impoſture les anciens qui ont parlé de l'Averne & de ſes environs comme d'un endroit inhabitable. Il eſt plus raiſon-

---

(*a*) *Principio quod Averna vocantur, nomen id ab re*
Impoſitum eſt : quia ſunt avibus contraria cunctis ;
E regione ea quod loca cum venere volantes,
Remigii oblitæ, pennarum vela remittunt :
Præcipiteſque cadunt, molli cervice profuſæ
In terram, ſi forte ita fert natura locorum ;
Aut in aquam ſi forte lacus ſubſtratus Averno eſt :
Qualis apud Cumas locus eſt, montemque Veſevum,
Oppleri calidis ubi fumant, fontibus auctus.
                              Lucret. L. 6.

On voit ſurtout par ces derniers vers que Lucrece n'attribue une force peſtilentielle aux vapeurs de l'Averne qu'en certains temps.

nable de croire que les choses ayant changé, les effets ne sont plus les mêmes. Auguste qui avoit le dessein de faire un port de ce lac fit couper les arbres élevés qui l'environnoient de toutes parts, pensant avec raison que l'épaisseur des forêts, faisant obstacle à la libre circulation de l'air, y concentroit & rendoit stagnantes des vapeurs, qui, en toute autre position, se fussent exhalées librement, & n'auroient pas contracté une qualité pestilentielle. Les choses changerent effectivement & sont restées dans le même état depuis plus de dix-sept siécles, à quelques révolutions près qui n'ont causé que des changemens momentanés; je ne doute pas que l'éruption qui se fit en ce canton en 1538 & qui détruisit un bourg bien peuplé n'ait contribué à la dépopulation que l'on y remarque encore. Les eaux du lac d'Averne sont fraîches, vives & lympides; leur couleur est bleuâtre & obscure, qualité que leur donnent les bords du lac, les arbres qui l'environnent, & sa très-grande profondeur que l'on dit être au moins de quatre cent pieds; ce qui est prodigieux pour un espace aussi resserré, le lac n'ayant au plus

que

que deux tiers de mille de diamétre. Cette profondeur, l'épaisseur des forêts qui l'entouroient, l'obscurité qui y répandoit une certaine horreur, la fraîcheur même du lieu qui saisissoit des hommes habitués à une température chaude & douce, toutes ces causes naturelles réunies, avoient fait imaginer à des gens qui divinisoient tout, que ce lac étoit une des entrées des royaumes sombres de Pluton.

Au nord de l'Averne, sur le bord, sont les restes d'un temple antique très-élevé. Il est tout construit de briques, de forme ronde à l'intérieur. Son diamétre est de quatre-vingt pieds, on y voit quelques niches assez grandes, où sans doute ont été des statues, qui peut-être sont cachées sous ses ruines; car il ne reste plus qu'environ la moitié de l'édifice, qui est couvert en partie d'une voûte ou coupole très-élevée; on voit autour quelques vestiges de constructions du même temps qui ont été pour le service de ce temple. On dit qu'il étoit consacré à Apollon, à cause du voisinage de la Sibille, mais sans aucune autre preuve; je le crois bâti postérieurement à Virgile, car il ne l'indique pas; celui dont il parle doit avoir été à Cumes, dont il marque la position de manière à ne s'y pas tromper...

Antre de la Sibille de Cumes.

8. Vis-à-vis de ce temple au midi du lac, est la fameuse grotte appellée l'antre de la Sibille; quantité de terres amassées au devant, en embarrassent l'entrée, & sont cause qu'il y faut descendre à environ vingt-pieds de profondeur; elle est à peu-près telle que Virgile l'a d'écrite (a). L'ouverture large, remplie de cailloutages, couverte d'épaisses forêts, & défendue par un lac noir & profond ; mais en même-temps elle ressemble tant à l'intérieur à la

---

(a) *Spelunca alta fuit, vastoque immanis hiatu,*
Scrupea, tuta lacu nigro, nemorumque tenebris.....

. . . .

. . . *Procul, o procul este profani,*
Conclamat vates, totoque absistite luco :
Tuque invade viam, vaginâque eripe ferrum.
Nunc animis opus Ænea, nunc pectore firmo.
Tantum effata, furens antro se immisit aperto.
Ille ducem, haud timidis vadentem passibus æquat.

grotte du Pausilippe, que l'on est très-porté à croire qu'elle fut creusée autrefois pour avoir une communication de Cumes au lac d'Averne. L'ancienne célébrité de cet endroit rend cette conjecture assez probable, à présent elle n'a plus qu'environ deux cens pas de profondeur & est terminée par un éboulement qui s'est fait à la suite de quelque tremblement de terre ; je l'ai examinée de tous les côtés, & je n'y ai pas remarqué la moindre trace de reptiles, d'insectes ou d'autres animaux qui s'y retirassent.

Misson dit que la grotte fait l'équerre à droite, & qu'après environ quatre-vingt pas on trouve une petite cellule qu'il compare à la chapelle qui est au milieu de la grotte du Pausilippe ; mais rien ne lui ressemble moins, & sa description quant à cette partie est tout-à-fait fautive & n'a rien qui indique la position des lieux & qui puisse en donner une idée. Il paroît certain que la grotte principale n'a jamais fait équerre, & qu'elle étoit ouverte en ligne droite dans toute sa longueur, ainsi que le Pausilippe. Quant à la partie, qui est effectivement à droite, elle ne ressemble en rien au reste de la grotte. On y entre par une petite porte quarrée ouverte dans le rocher qui a environ cinq pieds & demi de hauteur sur trois de largeur, elle conduit à un mauvais escalier taillé dans le roc qui va en tournant, & dont il n'est pas aisé d'estimer la profondeur, mais qui doit être de plus de cent pieds au-dessous du niveau de la grotte, à en juger par le temps que l'on emploie à descendre.

Le passage est étroit, il a à peine partout trois pieds de largeur & on n'y peut descendre qu'à la file. Il conduit à deux petites piéces quarrées taillées dans le roc qui ont été autrefois ornées d'Arabesques en stuc, d'un très-joli travail, à en juger par le peu qui en reste encore, & que l'on peut comparer avec les ornemens du tombeau d'Agrippine qui n'en est pas éloigné. Cela s'appelle dans le pays, les bains de la Sibille; on prétend qu'il y avoit une suite de piéces plus considérables, cela peut-être, parce que la seconde qui est plus grande que la premiére, est terminée & comblée en partie par un éboulement de pierres & de terre qui s'est fait par le haut. Lorsque j'ai vû ces deux piéces, il y avoit au moins un pied d'eau dans la premiere & un peu moins dans la seconde. Il y a eu autour une espéce de banquette qui subsiste encore en partie, & sur laquelle on se place pour examiner le travail. Il est difficile d'imaginer à quel usage ces chambres souterraines ont été destinées; tout ce que l'on en peut dire d'après la tradition, c'est qu'elles ont servi à des bains; mais quel motif avoit pu déterminer à les aller chercher à une si grande profondeur dans le roc, dans l'obscurité la plus épaisse, car on ne voit pas qu'il ait jamais été possible, ni même que l'on ait tenté de tirer des jours du dehors; je croirois volontiers que cet endroit a été originairement destiné à quelque partie du culte religieux qui regardoit les morts, ou les dieux infernaux.

Le silence, l'obscurité profonde qui regnent dans cet endroit, sont assez propres à donner une idée de la descente d'Enée aux enfers. Il est vrai qu'au lieu d'avoir une Sibille pour guide, nous n'avions que quelques paysans des environs, auxquels un langage barbare, un air rude & grossier, & un sale ajustement, donnoit assez de ressemblance avec les ministres subalternes du Tar-

tare. A la place du rameau d'or, chacun porte une petite torche poissée, dont la sombre lumiere sert à l'éclairer. C'est dans cet équipage que l'on croit descendre au centre de la terre. Les guides rustiques ne manquent pas d'encourager ceux qu'ils conduisent, & leur *non dubiti* répond au *Nunc animis opus Eneâ, nunc pectore firmo*, de la Sibille... La nature avoit formé alors autour de l'ouverture extérieure de l'antre une jolie décoration; un gros jasmin jaune planté au-dessus étendoit ses branches en guirlandes du plus beau verd entremêlé de fleurs, aux côtés étoient d'autres arbustes. Ces objets gracieux semblent faits pour rassûrer ceux que la curiosité conduit plus loin. Tous les environs du lac d'Averne & les coteaux qui l'entourent, sont ou cultivés ou plantés d'arbres de toute espéce, & ce petit territoire a l'aspect le plus frais & le plus agréable.

A deux milles environ de Pouzzols sur la droite, on voit la montagne de Falerne (*a*), où l'on recueilloit ce vin

---

(*a*) Le vin de Falerne, dit Gallien (L. 1. d Antid.) commence à être bon à sa dixieme an-

fameux, tant chanté par Horace; elle est encore couverte de vignes; j'ai bû du vin que l'on y fait, il est fort rouge, de bonne qualité, & acquerroit un degré réel de bonté, si on le conservoit autant de tems que les anciens Romains, mais à présent on le boit dans l'année même qu'il a été fait; on n'imagine pas qu'il faille le garder

---

née, mais il est à sa perfection depuis quinze jusqu'à vingt. Plus vieux, il cause des douleurs de tête & attaque les nerfs. Il y en a de deux espèces, l'un fort & l'autre doux; si le vent du midi souffle pendant la vendange, il est doux & très-rouge; si la vendange se fait par un autre temps, il est plus fort, & plus clair (gris). Pline en ajoûte une troisième espéce qu'il appelle petit vin, *tenue*. Je ne sçais pas par quel vent avoit été recueilli celui que j'ai bû, mais il tenoit des deux qualités, il avoit de la force & de la liqueur, & il étoit d'un rouge foncé. Il faut voir tous ces détails dans Athénée (L. 1.). Il nous dit que quand le raisin avoit été foulé, on le laissoit à l'air pendant quelque temps, afin qu'une partie de son feu s'évaporât; précaution qui contribuoit à rendre ces vins si épais, qu'on ne pouvoit plus les boire qu'en les délayant ou les faisant fondre. Il y en avoit cependant d'autres moins épais; ceux d'*Adria* surtout, on les regardoit comme plus legers & plus sains....

plus long-temps pour qu'il soit meilleur.

Je dirai à ce sujet qu'il y a des vignes dans toute l'Italie, excepté dans les parties les plus élevées de l'Appennin; on transporte le vin d'un endroit à l'autre dans des futailles longues, de forme à peu-près ovale, plus larges au milieu qu'aux deux bouts; c'est ce que l'on appelle *botté*, mais pour l'ordinaire chaque paysan a parmi ses meubles un gros tonneau, plus large que long, solidement travaillé. Dès que le vin vieux est bû on le remplit de nouveau, que l'on commence à boire aussitôt qu'il y est; comme la plûpart de ces vins, sur-tout dans le midi, sont très-fumeux & très-chauds, on en boit peu, & un tonneau de cette taille est à-peu près la provision du paysan pour son année.

Après avoir bien examiné le lac d'Averne & ses environs, on traverse une seconde fois le lac Lucrin, & le Monte Nuovo, & on se rembarque pour suivre la côte, & jouir de la vûe des ruines antiques, qui sont en partie recouvertes des eaux de la mer, en partie attachées à la montagne escarpée, sous laquelle il paroît que la mer continue à faire des excavations.

9. Tout ce pays est rempli de sources d'eaux chaudes & minérales, de bains & d'étuves de toute espéce ; ce que l'on doit attribuer à la qualité même du terrein, & aux feux intérieurs qui l'échauffent continuellement (a). Le premier objet qui arrête sont les bains & les étuves de Tritoli, dits communément *Bagni di Nerone*. Leur ouverture est vis-à-vis de Pouzzols, à trente pieds environ au-dessus du niveau de la mer. Il y a sept ou huit petites voûtes ou étuves ouvertes dans le roc de cinq à six pieds de hauteur, & d'environ quatre de largeur. La chaleur qui y est occasionnée par les eaux bouillantes qui sont au fond, & par le foyer intérieur qui n'en est pas éloigné, est si forte, qu'il suffit d'y faire deux ou trois pas, pour être sur le champ couvert de

Etuves & bains de Tritoli, ou de Neron.

(a) *In montibus Cumanorum & Bayanis sunt loca sudationibus excavata, in quibus vapor fervidus ab imo nascens, ignis vehementiâ perforat eam terram, per eamque manando in his locis oritur, & ita sudationum egregias efficit utilitates.....* Vitruv. de Arch. l. 2. c. 6.

sueur, ce que j'éprouvai en m'y présentant ; comme je n'avois pas besoin d'une transpiration si forte, je me désistai du projet que j'avois fait de pénétrer jusqu'au fond, c'est-à-dire aux puits ou sources d'eau bouillante. D'ailleurs je vis qu'il étoit nécessaire de se deshabiller, que pour pouvoir respirer, sans être étouffé par la chaleur, il falloit ramper à terre, parce que l'air extérieur fait canal au dessous de l'air intérieur, & conserve quelque temps sa fraîcheur qu'il perd à la fin, lorsque l'on approche du fond ; j'observai encore que les gens du pays qui y entrent pour guider les étrangers, souffrent tellement de la transpiration forcée qu'excite en eux la chaleur de ces étuves, que lorsqu'ils reparoissent, ils sont dans un état d'abbattement qui effraye ; il sont entiérement décolorés, les yeux éteins, tous les traits allongés & tombans, ils ont l'air expirans ; pareil spectacle est très-capable d'arrêter la curiosité d'un voyageur qui ne veut faire aucune expérience qui puisse altérer sa santé. Ils nous rapporterent donc que ces différentes grottes ou étuves vont en descendant, qu'en tournant au midi, on trouve une grotte plus spacieufe, mais où la chaleur est si forte que les torches s'y fondent tout de suite & s'y éteignent, de sorte que l'on ne pourroit y être éclairé que par des lampes. L'eau y est à un tel degré de chaleur que l'on voit sortir des traits de feu mêlés avec ses bouillons ; on dit même que des gens qui se sont opiniâtrés à y rester y sont morts. Peut-être qu'en allant par degrés & en s'y accoutumant insensiblement, on courroit moins de risque. Ce que j'ai vû c'est que l'eau qu'on en apporte est à un degré de chaleur naturelle, qu'il seroit bien difficile de lui communiquer ; elle n'est pas bouillante, quoique l'on ne puisse y plonger sa main sans se brûler, mais exposée à l'air dans un seau, elle conserve ce degré de chaleur très-long-temps, ainsi que je l'éprouvai dans le batteau où nous en fîmes porter un seau ; car quelque temps après qu'elle y fut, elle avoit encore assez de chaleur pour cuire des œufs frais très-à-propos, & que l'on y laisse ensuite autant que l'on veut, sans que la chaleur de l'eau ajoute ou diminue à leur degré de cuisson. Il ne fut possible de tenir la main dans cette eau que plus d'une demi heure après qu'elle eut été exposée à l'air, &

plus d'une heure & demie après elle étoit encore tiéde; le goût de ces eaux est acidule & sulphureux, ce qui prouve qu'elles sont minérales; elles sont très-limpides.

Il y a différentes chambres & étuves taillées dans le roc & plusieurs galeries que l'on ouvre tous les ans au commencement de l'été, qui est la saison de ces bains. Toutes les ouvertures en sont murées pendant le reste de l'année, parce que le peuple des environs & même celui de Naples se servoient de ces retraites obscures pour y faire des parties de débauche, qui souvent devenoient tragiques. Les missionnaires des différens ordres se sont réunis pour obtenir du Roi l'ordre de tenir fermés tous ces endroits afin d'arrêter ces désordres & les assemblées qui y donnoient lieu. Mais les galeries qui conduisent aux sources bouillantes sont toujours ouvertes; on n'a pas lieu de craindre que l'on s'y arrête trop long-temps. Tous les ans lorsque sa saison est venue, l'hôpital & la ville de Naples entretiennent à frais communs, des médecins, des apothicaires & d'autres personnes pour servir les pauvres qui viennent prendre les étuves & boire les eaux; peu y trouvent une guérison radicale, parce qu'on use de ces remédes sans précautions, ou que peut-être ils ne sont pas assez actifs pour détruire des maladies invétérées qui exigent outre ces eaux des traitemens particuliers. Ainsi elles ne sont pour la plûpart des malades qu'un palliatif qui leur rend plus supportables des douleurs qui pour l'ordinaire sont la suite de leurs débauches, & qui enfin les réduisent à l'état le plus déplorable, ainsi qu'il est aisé de s'en appercevoir dans plusieurs de ces victimes du libertinage qui offrent le spectacle le plus affreux, & le plus dégoutant. Ces bains ont toujours été très-fameux, Galien en a parlé avec éloge.

Au-dessous des étuves dans le même rocher sont creusées de grandes voûtes où ont été des bains d'eaux chaudes & froides; ils sont, dit-on, l'ouvrage des premiers empereurs Romains; il reste aux voûtes quelques portions de revêtissemens de stucs en bas-reliefs, que l'on voit avoir été d'un très-bon goût, mais l'humidité de la mer qui vient battre dans ces bains mêmes par les gros temps, détruit insensiblement ce qui en reste; ils sont garnis de grandes baignoires de pierre, où on pouvoit mettre l'eau à la hauteur que l'on jugeoit à-propos. L'un de ces bains est comblé en partie des sables que la mer y charrie lorsqu'elle est agitée, l'autre qui n'est pas si exposé est mieux conservé. On prétend que ces deux bains étoient autrefois entourés de petites statues qui marquoient chacune avec la main la partie du corps où résidoit spécialement quelque maladie dont les eaux guérissoient; il y avoit outre cela des inscriptions au-dessous qui expliquoient la même chose; ainsi on pouvoit regarder ces statues comme autant de médecins perpétuels, qui indiquoient gratuitement la propriété & l'usage de ces bains; mais on ajoute que les médecins de l'école de Salerne, voyant le crédit qu'acquerroient tous les jours ces bains à leur grand détriment, vinrent pendant la nuit, rompirent les statues & effacerent les inscriptions. Quelques restes de petites guaines ou corniches en stucs qui regnoient autour de ces salles, peuvent avoir donné lieu à cette histoire populaire qui paroît fabuleuse; il est bien plus vraisemblable que ces bains furent comblés en partie & ruinés lors de la destruction de Tripergole, qui contribua beaucoup à les faire abandonner. Les canaux qui y conduisoient les eaux paroissent détruits ; il n'en reste plus que quelques parties qui aboutissent aux bains d'eaux froides.

10. Le petit golfe de Bayes qui suit, présente encore dans l'état de désolation où les tremblemens de terres l'ont réduit, un spectacle vraiment intéressant ; la nature y conserve toute sa force & sa beauté ; la végétation des plantes, & des arbres, y est vigoureuse, presque toujours fraîche, les rigueurs de l'hyver n'y ont jamais de continuité ; le climat y est encore le même que dans les beaux jours de Virgile (*a*) &

Golfe de Bayes, palais & temples antiques.

(*a*) *Hîc ver assiduum, atque alienis mensibus æstas....*
Virg. Georg. 2.

Littus beatæ veneris aureum,
Bayas, superbæ blanda dona naturæ,
Ut mille laudem, Flacce versibus Bayas :
Laudabo digne non satis tamen, Bayas.
Mart. Ep. 81. *l.* XI.

de Martial qui n'ont pas crû pouvoir louer assez cet endroit délicieux. Il est vrai qu'alors c'étoit le siége même du luxe & de la magnificence des Romains ; ils avoient choisi de préférence cet endroit délicieux pour s'y livrer avec excès à leurs passions les plus désordonnées ; la vertu même, si elle osoit s'y exposer, y trouvoit des écueils auxquels elle ne pouvoit échapper ; l'air de cette contrée étoit vraiment pestilentiel pour les mœurs (*a*). Mais on ne voit plus que quelques vestiges de cette magnificence antique. Partie de ces palais fameux, ont été culbutés par les tremblemens de terre, la mer a recouvert le reste de ses eaux, & ce pays toujours délicieux n'est plus habité que par

---

(*a*) *Casta nec antiquis, cedens Lævina, Sabinis,*
Et quamvis tetrico tristior ipsa viro :
Dummodo lucrino, modo se permittit averno,
Et dum Bayanis sæpe fovetur aquis,
Incidit in flammas, juvenemque secuta, relicto
Conjuge, Penelope venit, abiit Helene...

Mart. Ep. 63. l. 1.

quelques hommes groffiers, que la douceur du climat énerve plutôt qu'elle ne les adoucit; car dans la plus grande indolence, ils confervent une forte de dureté féroce qui étonne, quoique l'on puiffe dire que la nature eft à leurs ordres, & que pour le peu qu'ils fe donnent de peine, la terre y produit abondamment les fruits les plus délicieux. Les plus beaux arbres croiffent à travers la campagne naturellement & fans foin.

Toute cette côte eft couverte de ruines de conftructions magnifiques, que l'on dit avoir été les palais de Marius, Silla, Pompée, Céfar, Néron, & autres illuftres Romains. Ces grands édifices étoient de briques revêtues de marbres; on en voit des reftes confidérables fous les eaux de la mer, à quelque diftance de la côte qui eft très efcarpée en plufieurs endroits; j'y ai vû de grands morceaux de mofaïque, des fragmens de colonnes & de chapiteaux des plus beaux marbres, mieux confervés que ceux qui font à l'air & qui décorent ces ruines, dont partie font comme fufpendus au-deffus des eaux qui s'étendent toujours de ce côté, & qui y ont peut-être gagné autant de terrein

qu'elles en ont perdu fur la côte d'A-
frique qui y eſt oppoſée (*a*) : il ne m'a
pas paru que l'on fut fort curieux d'entrer dans ces ruines pour les viſiter de
près ; elles ſont ſur un terrein peu ſolide, & pour peu qu'on les obſerve, on
en voit des parties ſe détacher & tomber dans la mer ; ainſi s'il n'y a de ces

---

(*a*) S'il y avoit un obſervateur établi dans ce pays, comme il y en a eu un dans ce ſiécle ſur les côtes d'Afrique, ne pourroit-il pas, à l'aide des ruines qui ſe voient encore dans la mer, calculer ce que les eaux y ont acquis d'étendue, & établir une compenſation juſte entre ce que la mer gagne d'un côté & perd de l'autre, afin de raſſurer l'Europe ſur la crainte d'un atterriſſement général de la méditerranée qui lui a été annoncé ? J'ai déja dit ailleurs que les Vénitiens ne paroiſ-ſent pas avoir à craindre que leurs lagunes ſoient jamais réunies à la terre ferme, ſuivant l'ordre de calcul établi par *Telliamed* lui-même, le con-traire me ſemble démontré, ainſi il eſt à préſu-mer que les choſes reſteront à-peu-près au mê-me état, & que les changemens qui ſe feront ſur la ſurface du globe ne ſeront qu'accidentels & locaux, & non pas univerſels; & cela pour tout le temps qui eſt fixé à la durée du monde. La mer a encore plus gagné dans le golphe de Gayette que dans celui-ci. Les marais Pontins ne ſont en-core qu'une extenſion de la mer, mais qui a ſi mal réuſſi qu'on veut la forcer à reſtituer le ter-rein dont elle s'eſt emparée.

bâtimens que ce que l'on en voit au-dehors, bientôt il n'en reſtera plus que le ſouvenir, les veſtiges s'en détruiſant ſenſiblement ; mais il y a grande apparence que cette côte a été bouleverſée par les tremblemens de terre, & qu'une partie de ces belles conſtructions Romaines ſont cachées ; de ſorte que ſi l'on vouloit y fouiller on pourroit trouver d'auſſi beaux monumens de peinture, de ſculpture & de moſaïque, que dans les ruines d'Herculée à Tivoli, & dans les autres endroits que les Romains s'étoient plû à décorer ; je ne doute même pas, que les eaux de la mer n'ayent englouti des tréſors dans ce genre. Tout ce pays a été orné avec magnificence, dans le temps que les arts étoient à leur point de perfection, & que les Romains maîtres de l'univers étoient au plus haut degré d'opulence. Le temple de Sérapis découvert nouvellement, & auquel on ne penſoit pas, eſt d'un heureux augure pour ceux qui entreprendroient de fouiller ſur cette côte, avant que la mer n'ait pouſſé ſes excavations plus loin...

Un de ces palais, les plus conſervés, eſt celui de Piſon, où dans la conjuration d'Epicaris (*a*) il avoit été résolu de tuer Néron, qui venoit souvent y prendre les bains, & faire des repas somptueux, sans garde & sans suite, comme simple particulier. Mais Pison n'y voulut pas consentir, disant que la sûreté de la table, & le respect dû aux dieux hospitaliers, ne devoient pas être violés, même par le meurtre d'un tyran odieux

---

(*a*) Epicaris étoit une femme de race d'affranchi. On ne dit pas ce qui l'avoit engagée dans cette conspiration, on voit seulement qu'elle vint exprès de Rome à Bayes, pour reprocher aux conjurés leur inaction, & les presser de délivrer l'empire du monstre sous la tyrannie duquel il gemissoit. Les auteurs qui en ont parlé s'accordent tous à louer sa fermeté & son courage invincible. Elle fut arrêtée, & ni l'attrait des promesses, ni la violence des tourmens, ne purent l'engager à parler d'aucun des conjurés, pas même de ceux qui s'étoient découverts eux-mêmes, tels que Quintianus, Lucain & Sénécion, qui dans l'espérance de sauver leur vie, trahirent ce qu'ils avoient de plus cher au monde: Lucain porta la foiblesse jusqu'à accuser sa mere Atilia. Epicaris après avoir été tourmentée inutilement pendant plusieurs jours, s'étrangla avec sa ceinture, comme on la portoit pour l'exposer à de nouveaux supplices. (*Tacite An. l.* 15. *Dion Cas. l.* 72.)

à tout l'empire (a). Ces sentimens étoient bien beaux & bien rares dans un siécle si corrompu.

Le petit golfe de Bayes est entouré d'un côteau en quart de cercle qui vient finir dans la mer même, outre plusieurs grandes ruines qui sont au-dessus & entremêlées de toutes sortes de beaux arbres, il est enrichi dans le bas du valon, & très-près de la mer de quelques temples antiques d'une forme élégante.

Le premier est, dit-on, un temple de Vénus que l'on croit avoir été construit par ordre de Céfar & dédié à *Venus Genitrix*. La moitié de la coupole subsiste encore de même que les petites chambres ou chapelles de côté, & les bains qui servoient aux ministres; on a prétendu que ce n'avoit été anciennement qu'un édifice de bains, & non pas d'un temple, sentiment que l'inspection

___

(a) *Placitum maturare cædem apud Bayas in villa Pisonis: cujus amœnitate captus Cæsar crebro ventitabat, balneaque & epulas inibat, omissis excubiis & fortunæ suæ mole: sed abnuit Piso, invidiam prætendens, si sacra mensæ, diique hospitales, cæde qualiscumque principis cruentarentur.....* Tacit. Annal. l. 15.

même des lieux démontre être faux. Il est évident que la partie principale a été un sanctuaire ; quelques niches qui subsistent encore & la forme de construction ne laissent aucun lieu d'en douter. On peut voir au-dessous plusieurs chambres qui à présent sont comblées en partie & paroissent souterraines, mais qui n'ont pas été ainsi dans le temps de la construction ; elles sont encore ornées de quelques stucs en bas-reliefs, d'un beau travail, & on y voit quelques vestiges de peintures absolument effacées. Tout ce qui en subsiste donne à croire, que ce temple a été effectivement consacré à Vénus & à ses mystéres, & que c'étoit un lieu de débauche autorisé par le culte impie de ces temps & surtout de ces lieux. Ces anciennes constructions sont chargées d'une multitude d'arbustes qui y ont pris racine depuis si long-temps, que quelques-uns même ont percé à travers les voûtes ; on me fit voir une de ces racines pendante à une des voûtes souterraines, qui paroissoit pétrifiée, sans avoir rien perdu de sa forme. J'en cassai quelques petits morceaux, & après les avoir bien examinés, je vis effectivement que les eaux de pluyes, en se filtrant, avoient charié de la pouzzolane extrêmement fine qui s'étoit introduite dans les fibres des racines, les avoit divisées, & s'y étoit unie au point qu'elles sembloient pétrifiées : elles étoient cassantes & grises, peut-être étoit-ce la couleur naturelle de la racine; au reste, cela doit plutôt être regardé comme une espéce de stalactite que comme une vraie pétrification.

Dans le même valon est un autre temple dit de Mercure, il reste trois arcs du fonds qui donnent à croire qu'il avoit été construit sur le dessein du temple de la Paix à Rome, mais beaucoup moins grand; on voit à la voûte un reste d'ornemens en stuc, à compartimens & à pans dans le même goût que ceux du temple de la Paix... Le temple de Diane que l'on trouve sur le même rivage, étoit une tour ronde avec une grande coupole, qui tiroit ses jours par une ouverture faite au comble, comme au Panthéon de Rome; toute la partie supérieure est détruite, il n'en reste plus que les murs avec des niches autour. Ces restes d'édifices antiques qui conservent encore quelque apparence de grandeur, ornent beaucoup la vûe de ce côteau délicieux, qui est presque tout planté de figuiers entremêlés de beaux arbustes, de fleurs & de plantes de toute espéce, qui y croissent plus heureusement que dans tout autre climat ; mais rien n'est plus difficile que de marcher dans les ruines sur lesquelles toutes ces plantations ont été faites; il y a des inégalités fréquentes, dont la plûpart sont remplies d'eaux; on culbute, on se déchire, il n'y a qu'une très-grande curiosité qui puisse vaincre ces obstacles. Il est vrai que les gens du pays s'offrent volontiers à porter les voyageurs sur leurs épaules; c'est une race de Grecs affamés qui font tout pour de l'argent ; mais outre que cette façon d'aller n'est ni sûre ni commode, le bavardage de ces gens qui veulent raisonner sur les antiquités, est plus insoutenable encore que le mauvais chemin, & ne sert qu'à troubler les idées de vraisemblance que l'on peut se former. Ce que l'on voit c'est que tout ce côteau a été rempli d'édifices dont les ruines se montrent par-tout, & il y a apparence, que l'ancienne ville de Baya s'étendoit depuis la pointe où est bâti le fort de ce nom jusqu'aux bains de Tritoli, & que le reste de la côte jusqu'à Pouzzols étoit une suite d'édifices & de maisons de plaisance qui n'étoit interrompue que par le lac Lucrin.

11. Le petit château de Bayes est situé sur le cap de ce nom, il a été bâti sous le viceroi Pierre de Toléde, & est très-bon pour défendre la plage des environs; il y a un petit môle avancé dans la mer, avec quelques ouvrages à fleur d'eau garnis d'artillerie, & toujours une bonne garnison; mais la place ne vaut rien du côté de terre, elle est dominée par une montagne platte qui en est très-voisine, de sorte que dans toutes les révolutions, elle n'a pû tenir contre les batteries placées dans cet endroit, qui la foudroyoient sans qu'elle pût s'en mettre à couvert.

Château de Bayes, tombeau d'Agrippine.

C'est à Baya que l'empereur Adrien mourut, cherchant dans la beauté de sa situation & la salubrité de son air, un soulagement à ses maux & une prolongation à ses jours, qu'il n'y trouva point. Au reste, si ce que l'on raconte de la façon dont il exhortoit son ame à partir est vrai, il paroit qu'il avoit bien pris son parti & qu'il mouroit tranquillement. Le petit port de Bayes est bien situé, & les bâtimens y trouveroient un bon abri s'ils pouvoient y aborder sûrement, mais les ruines d'édifices dont il est rempli, y sont aussi dangereuses que les rochers. Il y a quelques restes d'un môle très-anciennement conſtruit, que l'on apperçoit quand la mer eſt calme.

Après avoir couru cette côte & doublé le petit cap de Bayes, on va deſcendre à un petit port qui eſt au bas du village de Baüli, lieu très-ancien, dont on trouve la poſition exactement décrite dans Tacite (*a*). C'eſt-là où Néron conduiſit ſa mere lorſqu'elle arriva de Rome pour prendre part aux fêtes qui devoient y être célébrées. A gauche de ce petit port eſt le tombeau de la ſeconde Agrippine (*b*), un des monumens les plus antiques qui exiſtent ; Tacite en indique encore la poſition, de façon à ne pouvoir s'y tromper... C'eſt une voûte à plein ceintre, plus longue que large, revêtue de ſtucs, travaillés d'un excellent goût de deſſein, les murs ont

---

(*a*) *Excipit manu & complexu, ducitque Baülos: id villæ nomen eſt quæ promontorium Miſenum inter & Bayanum lacum flexo mari alluitur....*

Tacit. An. l. 14.

(*b*) *Domeſticorum curâ levem tumulum accepit, viam Miſeni propter & villam Cæſaris dictatoris quæ ſubjectos ſinus editiſſima proſpectat. Tacit. Ibid.*

été décorés de quelques peintures, tout-à-fait effacées. A la forme de l'édifice qui est fort bas, il paroît que les domestiques d'Agrippine n'oferent pas lui élever un monument plus apparent, mais ils n'avoient rien épargné pour l'orner à l'intérieur. C'est grand dommage que la fumée des torches que l'on y porte & l'humidité l'ayent noirci au point qu'il s'y est amassé une suye épaisse qui couvre une partie des ornemens: il seroit encore facile de la faire tomber, & si les habitans du pays vouloient prendre quelque soin de ces monumens antiques qui leur sont d'un revenu assûré, par leur attention à mettre à contribution la curiosité des étrangers, il est sûr qu'ils les conserveroient mieux; mais ils semblent prendre à tâche de les détériorer eux-mêmes pour leur donner un air plus antique. La voûte du tombeau d'Agrippine, quoique recouverte en partie à l'extérieur des terres du côteau, paroît être entiere & n'avoir souffert aucune altération. Mais l'entrée est comblée de terres, il y en a beaucoup dans la voûte même qu'il seroit aisé d'enlever; on ne peut pas voir comment elle a été pavée ni où étoit placée l'urne cinéraire, & & cela par l'abandon où on laisse ces monumens curieux. Celui-ci est dans le milieu d'une plantation de vignes & de figuiers, & fermé d'une mauvaise porte qui ne tient pas au corps de l'édifice. Il faut lire dans Tacite toutes les horreurs qui accompagnerent la mort d'Agrippine, que l'on avoit d'abord eu le projet de noyer par le moyen d'une barque qui s'entrouvriroit lorsqu'elle passeroit de Baüli à Bayes ; mais ce stratagême n'ayant pas réussi, la malheureuse princesse se jetta dans une petite barque à l'aide de laquelle elle passa jusqu'au lac Lucrin, & delà à sa maison de campagne où elle fut assassinée la même nuit le quatorze des calendes d'avril, ou le dix-neufs mars, temps auquel on célébroit à Bayes des fêtes à l'honneur de Minerve, appellées *Quinquatries*, qui duroient cinq jours. Le premier se passoit en réjouissances, les autres en différens combats de gladiateurs (*a*). Cette descrip-

---

(*a*) *Una dies media est, & fiunt sacra Minervæ,*

Nominaque à junctis quinque diebus habet.
Sanguine prima vacat nec fas concurrere ferro,
Causa, quod est illa, nata Minerva, die.

tion contribuera beaucoup à faire reconnoître la position de la plûpart des monumens antiques qui bordent cette côte.

12. Le village de Baüli est sur la hauteur, il est peu considérable, & bâti en partie sur les ruines mêmes de constructions antiques dont cette campagne est couverte; avant que d'y arriver on traverse un chemin assez large, entouré de part & d'autre, en allant du nord au midi, de cimetières antiques, qui subsistent encore pour la plus grande partie; on voit qu'ils ont été construits avec soin & décorés avec goût, quelques-uns sont encore revêtus de bas-reliefs, de peintures & même de dorures. Les différentes voûtes qui sont aux deux côtés de ce chemin ont douze à quinze pieds de longueur sur environ dix de largeur, remplies de niches d'égale grandeur où se mettoient les urnes cinéraires. Au milieu de chaque voûte étoit une niche plus considérable, destinée sans doute à placer l'urne

Baüli.
Achéron.
Champs-
Elisées.

Altera tresque super, stratá celebrentur arená,
Ensibus expertis, bellica læta dea est, ...

Ovid. *Fastor*, 1.

de quelque perfonnage diftingué; dans quelques-unes même on voit des reftes de petits monumens élevés dans le milieu de la voûte. Il paroît que chaque famille ou maifon confidérable avoit le lieu de fa fépulture féparé, à en juger par la quantité de chambres qui font à la fuite les unes des autres. L'enduit intérieur étoit propre & d'une qualité excellente, il a réfifté jufqu'à préfent à toutes les injures de l'air & du temps, dans les parties découvertes comme dans celles qui font entiéres; il eft encore uni, brillant & très dur: l'ouvrage extérieur eft en brique quarrée, de même échantillon que celle que les Romains employoient dans l'*opus reticulatum*, c'eft-à-dire, dans les conftructions qu'ils vouloient rendre folides & durables. Toute cette fuite de batimens abandonnés à la curiofité du public, fourniroit de très jolis logemens où il y auroit peu de dépenfes à faire, pour les rendre habitables, fi le pays étoit mieux peuplé.

A droite eft un lac plus long que large qui communique à la mer par un canal étroit, & on y retient le poiffon qui s'y engraiffe & y multiplie beaucoup pendant l'hyver. C'eft ce que les poëtes ont appellé l'Achéron, & ce que les gens du pays appellent aujourd'hui le lac Fufaro, entre la pointe de Miféne & les ruines de Cumes. C'étoit-là que réfidoit le batelier Charon, qui fans doute étoit un vieillard d'humeur trifte, dont l'emploi principal étoit de paffer d'un bord du lac à l'autre, les urnes cinéraires que l'on venoit placer dans les fépulchres dont j'ai parlé, que l'on regardoit comme l'habitation des mânes ; & Charon n'en paffoit aucune qu'il ne fut exactement payé & d'avance. De l'autre côté fur une pente douce qui s'étendoit jufqu'au bord de la mer, entre le midi & le levant, étoient les champs Elifées, probablement dans des jardins plantés de beaux arbres & arrofés de fontaines. C'étoit là que l'on avoit établi le féjour fortuné des ames des gens de bien. On ne pouvoit pas leur donner un climat plus délicieux à habiter ; aujourd'hui même que tout ce canton a été entiérement culbuté par les tremblemens de terre & les éruptions qui les ont accompagnés, ce climat eft encore de la plus grande beauté; l'hyver ne s'y fait jamais fentir, les plantes les plus tendres & les plus délicates y croiffent au mois de décembre & de janvier. On peut y cueillir dans cette faifon des poids verds qui croissent en plein air; tous ces lieux célébrés par les poëtes subsistent encore sous les mêmes noms, & on voit à-peu-près ce qui a donné lieu à leurs fictions. Quant aux royaumes sombres de Pluton & de Proserpine, & aux juges redoutables qui décidoient du sort des ombres; on peut retrouver l'origine de la premiére de ces fables dans les volcans, & placer si l'on veut le trône du prince enfumé du ténébreux empire, sous la Solfatarre, ainsi qu'a fait Pétrone; mais pour le tribunal des Juges, il n'en reste pas le moindre vestige. Cette petite contrée est connue dans le pays sous le nom de *Mercato del Sabbato*; au reste le païsan le plus grossier sçait la position des champs Elisées, & de l'Achéron.

Piscine merveilleuse. Cap de Misne.

13. En avançant du côté de la pointe de Miséne, on trouve sous terre une construction antique bien conservée, faite, dit-on, par les ordres d'Agrippa, lorsqu'il avoit le commandement des forces navales des Romains, pour servir de réservoir d'eau douce pour la fourniture des vaisseaux, dont la station ordinaire étoit entre le cap de Miséne & Bayes. On l'appelle dans le pays la piscine merveilleuse. C'est un grand édifice quarré long, d'environ cent quatre-vingt pieds

de longueur, fur cent de largeur, voûté & foutenu par quarante-huit pilaftres. Les voûtes ont encore quelques bas-reliefs ; mais ce qui eft bien à remarquer, c'eft l'enduit de tout l'édifice, qui paroît être une efpéce de maftic gris & brillant, qui n'a fouffert aucune altération depuis qu'il a été mis en place & qui fe durcit dans l'eau; on prétend qu'il fe faifoit avec de la pouffiére de marbre, la chaux, & une efpéce de bitume que l'on trouvoit dans le pays, & des blancs d'œufs. Il feroit bien utile de retrouver cette compofition, qui eft propre, folide, & d'une durée inaltérable. Les pilaftres, les murs, & les voûtes en font enduites. On y defcendoit autrefois par deux efcaliers de marbre, chacun de quarante degrés, il n'y en a plus qu'un qui foit praticable, celui qui eft du côté du midi paroît avoir été ruiné exprès. On tourne autour de la pifcine par une plate-forme, garnie de grandes pierres encore bien unies, autour de laquelle il y a de larges degrés pour defcendre & puifer l'eau à mefure qu'elle diminue. Elle s'y conferve encore, au moins il y en avoit lorfque je l'ai vue, quoique l'on ne prenne aucun foin pour la conferver, & que même on laiffe la terre s'y amaffer en

Q v

plusieurs endroits à une hauteur considérable. Cependant la voûte, les murs de côté, les piliers, les réservoirs d'eau, tout y est dans son entier, & rien ne seroit plus aisé que de faire servir encore ce bâtiment a sa premiére destination; puisque les eaux que l'on y voit sont des eaux de pluye qui s'y amassent d'elles-mêmes, non en filtrant à travers les murs, mais en passant par les deux portes, & les ouvertures du haut, par où il paroît qu'on les y conduisoit anciennement.

Delà on avance au promontoire de Miséne, si connu par l'origine que Virgile lui donne (*a*). Les auteurs tant an-

---

(*a*) *At pius Æneas, ingenti Mole sepulchrum*
Imponit, suaque arma viro, remumque, tubamque,
Monte sub aërio qui nunc Misenus ab illo
Dicitur, æternumque tenet per sæcula nomen.....
Æneid. VI.

Ce Miséne étoit un trompette excellent qui d'abord avoit appartenu à Hector, qui s'attacha ensuite à la fortune d'Enée; mais qui ayant voulu

ciens que modernes, s'accordent tous à dire qu'il y a eu autrefois, une ville bâtie fur cette montagne & même affez confidérable pour avoir un évêque dans les premiers fiécles de l'églife. C'eft encore là où étoit la ftation des vaiffeaux & des galeres des Romains, deftinés à maintenir la fûreté des mers & des côtes, depuis le phare de Meffine jufqu'aux colonnes d'Hercule ou détroit de Gibraltar ; l'autre ftation étant partie à Ravénne, partie à Brindes.

Les chofes étoient dans cet ordre fous l'empire d'Augufte, long tems après, fous le regne de Vefpafien, Pline l'ancien y commandoit la flotte d'occident, & en partit pour aller obferver de plus près la fameufe éruption du Véfuve, de l'an 79. dans laquelle il périt (*b*). Il

---

défier un Triton à qui fonneroit mieux de la trompette, fut pris par le Dieu marin, indigné de fon audace, & noyé dans la mer. Son corps fut long-temps à la merci des flots ; enfin Enée le retrouva & lui donna une fépulture honorable fur le promontoire qui depuis a porté fon nom, que l'on appelloit auparavant le cap Aérien....

(*b*) *Erat Mifeni, claffemque imperio præfens regebat; nonó. calend. feptembris,*

n'y a pas moyen de douter de l'exiſtence de cette ville; mais il ne reſte aucun veſtige qui puiſſe en faire reconnoître la vraie poſition, ni ſur le cap ni dans les environs. La montagne qui s'avance dans la mer eſt très-eſcarpée, on y voit pluſieurs excavations qui paroiſſent avoir été autrefois des bains; mais ce terrein a ſi fort changé de face depuis les ſiécles brillans des Romains, que par ſon état actuel, il n'eſt pas poſſible de former aucune conjecture ſatisfaiſante ſur ce qu'il étoit il y a ſi long-temps.

Je crois bien qu'il n'eſt pas poſſible de fouiller la terre dans tout ce canton, ſans y trouver quelques veſtiges d'anciens bâtimens, mais excepté ceux dont j'ai parlé, qui ſont aſſez bien conſervés pour qu'on puiſſe aſſurer quel étoit leur uſage, les autres n'ont rien que des ruines informes.

Dans le village de Baüli eſt un édifice ſouterrein aſſez vaſte & encore bien conſervé que l'on appelle les priſons de Né-

---

hord diei fere ſeptimâ, mater mea indicat ei apparere nubem, inuſitata & magnitudine & ſpecie....

Plin. l. VI. ep. 16. ad Tacit.

ron, j'y suis descendu, je les ai examinées avec attention, & il m'a paru que c'étoit une espéce de bagne à enfermer des esclaves, & fort ressemblant aux prisons dont il est parlé dans les actes des martyrs des premiers siécles. Il y a plusieurs petites chambres ou cachots voûtés, à la suite les unes des autres, construites de façon qu'elles forment une espéce de labirinthe.

Les portes de communication sont très-basses & n'ont pas quatre pieds de hauteur. Cette construction est dans son entier & encore très-solide; l'enduit qui m'a paru être de Pouzzolane & de chaux est bien conservé, la couleur en est vive & fraîche, & il n'est alteré qu'autour des portes; au dessus sont quelques arcades voûtées & ouvertes, soutenues par des pilastres, sous lesquelles est l'escalier qui descend à la prison. Il paroît que c'est-là où se tenoient les gardes. Je crois que l'on donne à ce bâtiment le nom de *Cento Camerelle*; comme tout étoit de bains dans ce pays, on a prétendu que c'étoit un reservoir d'eaux pluviales, qui de là se distribuoient par des canaux en différens bains; ce que j'ai peine à croire, attendu que la couleur de l'enduit qui est à-peu près la même dans tous les reservoirs & les bains, est grise & chargée d'un sédiment que les eaux y attachent à la longue; ici on ne trouve rien qui en ait l'apparence. A présent partie de ces chambres sert à retirer du bétail pendant les pluyes de l'hyver.

Malgré le désordre & la confusion qui regnent dans cette petite partie de la terre de Labour, faisant abstraction de toutes les idées de magnificence & de grandeur qu'y avoient imprimées les Romains, & dont il ne reste des vestiges que pour prouver sensiblement que tout périt, que les édifices les plus solides, les puissances les plus formidables, ne peuvent résister au principe de destruction qui agit sur toutes les choses créées ; on est encore frappé de la beauté de ce climat, de sa situation heureuse & de sa fertilité. De tous côtés ce sont les plus beaux points de vûe qui se présentent, la terre y déploie ses richesses avec une abondance qui étonne; la végétation y est plus belle & plus forte qu'en aucun autre endroit; ces champs Elisées qui occupent si peu d'espace paroissent encore préférables aux jardins les plus beaux & les mieux tenus, ils ont un agrément naturel au-dessus de toutes les merveilles de l'art. Cependant ce climat fortuné est presque désert, ce que l'on attribue à la qualité de l'air qui dans les chaleurs de l'été devient très-dangereuse. Alors il semble que l'air y perde sa fluidité & son restort; il est infecté de différentes petites soufriéres, appellées dans le pays *Mofettes*, dont les fumées se répandent dans l'air, le rendent stagnant, & si dangereux qu'il n'est pas permis alors, sur tout aux étrangers, de le respirer impunément. C'est la premiére cause naturelle; la seconde qui n'est qu'accidentelle, est la grande quantité de lins & de chanvres que l'on fait rouir pendant l'été dans les lacs voisins de la mer, ce qui répand au loin l'odeur la plus désagréable, le poisson y périt alors, & augmente l'infection. Cet Achéron dont les eaux noires ont paru aux poëtes une des barriéres de l'enfer, ne contracte cette qualité que par cette cause; car quand elles sont renouvellées par les eaux de la mer que l'on y fait entrer au commencement de l'automne, après que l'on en a tiré le lin, le poisson s'y trouve bien, y engraisse promptement, & dès la fin de l'hyver on y fait des pêches très-abondantes de toutes sortes de poissons. Il faut ajouter encore que ce pays étant peu habité, la masse de l'air n'est pas assez brisée par les fumées qui le divisent en s'élevant, & par le mouvement même des habitans, qui en l'agitant l'entretiennent dans sa fluidité naturelle.

Ruines de Cumes. 14. de la hauteur de Baüli, on apperçoit à la droite sur un rocher avancé dans la mer les ruines de l'ancienne ville de Cumes, célébre colonie Grecque, établie dans cet endroit même par les Eubéens habitans de la ville de Calchis, aujourd'hui Négrepont, fameuse par le séjour de la Sibylle (*a*). La beauté de ses ruines & sa position font encore reconnoître cette ville élevée, à laquelle Enée aborda, & sur laquelle plus anciennement encore, Dédale fuyant à tire d'aîle de l'isle de Crête, vint se poser.

―――――――――

(*a*) La Sibylle de Cumes; la septiéme dans l'ordre des Sibylles ; on prétend que son vrai nom étoit *Amalthée*, d'autres la nomment *Déiphobe*, & la disent fille de Glaucus & prêtresse d'Apollon. Elle vécut sept siécles , aussi Virgile l'apelle *Longæva*, & Ovide *Vivax*. On dit que c'est la même qui apporta à Tarquin l'ancien, les livres Sibillins au nombre de neuf, dont elle demanda cent piéces d'or qu'on lui refusa; elle en brûla six , & le Roi pour conserver les trois derniers qu'il crut renfermer des choses bien importantes , lui en donna le même prix qu'elle en voulut toujours avoir.

BAYES ET CUMES. 377

Quelques restes de constructions élévées font qu'on se prête à la fiction du poëte, quoique l'on ait bien de la peine à croire que Dédale ait pû venir d'un seul vol de l'ifle de Candie jusqu'à Cumes (*a*). Ses habitans étoient jadis de la plus grande magnificence; on conserve encore le souvenir de leur luxe, dans les habits, les équipages & les bijoux (*b*).

(*a*) *At pius Æneas arces quibus altus*
   Apollo
Præsidet, horrendæque procul secreta Si-
   byllæ,
Antrum immane petit......
Dedalus, ut fama est, fugiens Minoïa regna,
Præpetibus pennis, ausus se credere cœlo,
Insuetum per iter gelidas enavit ad arctos,
Calchidicâque levis tandem super astitit arce,
Redditus his primum terris, tibi Phœbe sa-
   cravit,
Remigium alarum; posuitque immania tem-
   pla.
      Æneid. 6.

(*b*) *Cumani Italiæ populi.... aurum perpetuò gestabant, floridis vestibus induti, cum uxoribus in agros & villas, bigis vecti rusticatum ibant. Athenæi. l.* 12.

Du temps de Juvenal cette ville commençoit à se dépeupler (a); en 1207, les Sarrasins la détruisirent entiérement & son évêché fut réuni à celui de Naples, depuis ce temps elle est restée déserte & inhabitée; elle avoit des murs extrêmement élevés & de belle construction, dont il reste encore quelques parties sur pied..... Un arc de triomphe bâti de gros quartiers de marbre, dans le même goût, & la même forme que l'arc de Janus à Rome, presque entiérement conservés; des restes considérables des temples, d'acqueducs & d'autres édifices publics qui paroissent avoir été détruits exprès, car ce côté a moins souffert des tremblemens de terre & des volcans intérieurs, que le territoire de Baüli & de Baïa; à considerer tous ces restes d'édifices magnifiques, qui ont été habités par les plus grands hommes dont on conserve la mémoire, ou au moins par ceux qui ont tenu le premier

---

(a) *Quamvis digressu veteris confusus amici, Laudabo tamen vacuis quod sedem figere Cumis Destinet atque unum civem donare Sibyllæ Janua Baïarum est, & gratum licitus amœni Secessûs.... Juven. s. 3.*

rang dans l'univers, & qui en difpofoient à leur volonté, à voir les veftiges des maifons de Marius, Cicéron, Lucullus, Pompée, Céfar, Augufte, Domitien, & autres; on voit que la faulx du vieux Saturne n'épargne rien, tout tombe fous fes coups.

Cadono lé citta, cadono i regni,
Copré Thebé e Cartago erba ed arena...

C'eft le fort des chofes mêmes qui paroiffent les plus durables.

ENVIRONS DE NAPLES.

Côté du Vésuve & de Portici.

Les environs de Naples du côté du levant ne présentent pas un spectacle aussi gracieux & aussi varié que les côtes de Pouzzols & de Baïes dont je viens de parler; c'est un autre genre de beauté plus magnifique & plus sublime; le Vésuve domine dans toute cette partie, qu'il fait trembler par ses mouvemens, qu'il désole & qu'il fertilise, à laquelle il a enlevé souvent la lumiére du soleil pour l'éclairer de ses terribles feux.

Ce grand objet devoit nécessairement occuper une place dans ces mémoires.

Situation du Vésuve. 15. Le vésuve est situé à huit milles à l'orient de la ville de Naples, à l'extrêmité de la terre de Labour, sur les frontiéres de la principauté Citérieure, détaché de la chaîne des Apennins qui continuent, ainsi que je l'ai dit ailleurs, dans toute la longueur du Royaume de Naples, jusqu'au détroit qui sépare l'Italie de la Sicile. Cette montagne que l'on peut regarder comme isolée étoit très-grosse, & composée de trois sommets qui n'avoient qu'une seule & même base, *la Somma* au nord, *le Vésuve* au midi, & entre les deux par derriére, entre le levant & le nord, les hauteurs appellées, montagne d'*Ottayano*; la partie la plus élevée actuellement est le Vésuve, l'Ottaïano est fort abaissé; on ne peut rien dire de la Somma qui est à moitié détruite, dans toute sa hauteur, & dont la partie semi-circulaire qui reste, & qui ressemble beaucoup à la moitié d'un ancien *Crater*, ou bassin intérieur, a dans la perspective quelque ressemblance avec les ruines du collisée de Rome. Il paroît que toute la partie de cette montagne qui regarde Naples, sur laquelle on croit reconnoître encore quelques vestiges d'un grand incendie, a été emportée par quelque éruption considérable que l'on peut conjecturer avoir été celle de 79, qui a été la plus forte dont on ait mémoire; elle couvrit d'abord de cendres, de ponces, & d'autres matiéres calcinées à une très-grande hauteur, la ville d'Herculée & tous les environs; les cendres même furent portées en assez grande abondance jusqu'à Misène, c'est-à-dire à plus de dix-huit milles du Vésuve, pour effrayer Pline le jeune & sa mere qui y étoient restés, & les obliger à prendre la fuite. D'où l'on peut conjecturer que le vent du nord regnoit alors. Cette éruption porta l'effroi & la désolation fort au loin, & couvrit de différentes matiéres, ou brûlées & séches, ou liquides & enflammées, plus de cinq milles de terrein, à une hauteur inégale, mais que l'on peut estimer de cinquante à soixante pieds.

La partie inférieure ou petit vallon, qui sépare un côté de la Somma du Vésuve, porte encore le nom d'Atrio ou de Foyer, par une très-ancienne tradition qui prouve que cet endroit-là même a été le centre d'un volcan. Car à juger des choses par ce qu'elles présentent à la vûe, à l'inspection du terrein, il ne paroît pas possible que le Vésuve ait pû fournir assez de matiéres, pour remplir de cendres, de pierres calcinées, de scories, de sables brûlés, &c. un aussi grand espace que celui qui est entre l'extrêmité orientale de *San-*

giovani à Teduccio jufqu'à la Somma, en s'étendant par Portici & Refina jufques dans la mer même ; car partout le terrein y eft de même qualité & compofé des mêmes matiéres, & a été rendu très-fertile par une culture affidue, excepté la pointe du Véfuve même, & ce qui le touche immédiatement, c'eſt-à dire les endroits où depuis un fiécle environ ont coulé les torrens enflammés qu'il a vomi, & dans lefquels la lave eft fi féche, les écumes & les fcories fi épaiffes, fi abforbantes qu'il ne s'y conferve aucune humidité, & qu'à peine y voit-on quelques plantes maigres qui y croiffent fort éloignées les unes des autres ; état qui probablement fubfiftera jufqu'à ce que le volcan foit éteint, ce qui peut arriver par une éruption qui, comme la premiére, jette beaucoup de cendres, recouvre les laves, & les rende fufceptibles de quelque culture. Car cette montagne n'a perdu fa fertilité, qu'à mefure que l'embrafement intérieur eft devenu plus fort, & furtout après que les torrens de lave enflammée ont eu changé la nature de fon terrein : Strabon qui vivoit plus de cinquante ans avant la grande éruption, fous les regnes d'Augufte & de

Tibére, parle du Vésuve comme d'une montagne très-fertile, à son sommet près, qui alors étoit une plaine inégale & stérile, le terrein semblable à des cendres arides. On y voyoit des cavités remplies de pierres couleur de suye, comme si elles eussent été rongées par le feu, de sorte que l'on pouvoit conjecturer que cet endroit avoit souffert quelque incendie considérable, & que ces cavernes avoient renfermé un feu qui s'étoit éteint faute de matières qui l'entretinssent (a).

───────────────

(a) *Super hæc loca situs est Vesuvius, mons agris cinctus optimis; dempto vertice, qui magna sui parte planus totus sterilis est, aspectu cinereus, cavernasque ostendens, fistularum plenas, & lapidum colore fuliginoso, ut pote ab igne exesorum, ut conjecturam facere possis, ista loca quondam arsisse, & crateras ignis habuisse, deinde materiâ deficiente restincta fuisse....* Strab. Geogr. l. 1.

Si le sommet du Vésuve n'avoit pas eu plus d'étendue qu'il en avoit dans le dernier siécle & dans celui-ci, un si petit espace auroit-il mérité que le géographe, en parlât comme d'un terrein plein en grande partie, & stérile, eu égard à la fertilité des campagnes qui l'environnoient. Certainement, ç'auroit été un trop petit objet pour

LE VÉSUVE.

L'idée que cet ancien géographe donne du Véfuve, ne semble-t-elle pas indiquer, que la Somma, la montagne d'Ottaïano, & ce que l'on appelle aujourd'hui le Véfuve, n'ont fait autrefois qu'une feule & même montagne dont les fommets diftingués pouvoient alors reffembler à une plaine inégale. Cette montagne divifée par le feu a donc beaucoup perdu de fa maffe que les éruptions ont difperfée dans les environs, dont une partie même a été portée dans la mer, où fi loin que ce qui a été répandu n'a pû y caufer un changement auffi fenfible & auffi reconnoiffable que dans fes environs, c'eft-à-dire à Herculée & à Pompeïa, villes anciennes qui toutes les deux ont été entiérement recouvertes par les éruptions. Ne peut-on pas conjecturer que le Véfuve fe confumera lui-même, & qu'enfin ce volcan s'éteindra, ou prendra un état de confiftance tranquille qui ne laiffera plus à craindre aucune révolution pour le pays qui l'environne.

---

aire une exception à la fécondité de ce beau pays, d'autant plus qu'il paroît que le feu étoit alors entiérement éteint.....

Voilà l'idée que j'en ai conçûe en l'examinant dans son état actuel, dont je rendrai compte après avoir indiqué ses différentes éruptions connues, qui serviront à faire connoître les changemens que le pays où il est situé a souffert de ses embrasemens.

Incendies & éruptions du Vésuve.
16. Le premier incendie du Vésuve qui fut suivi de la plus forte éruption dont on ait conservé le souvenir, & dans laquelle il est probable que fut emportée la plus grande partie du crater ou bassin de la montagne de la Somma, arriva l'an de Jesus-Christ 79, le 24 du mois d'Août; il en faut lire la description dans les deux lettres de Pline le jeune à Tacite (*a*); l'éruption

---

(*a*) Ce sont les lettres 16 & 20 du livre 6, trop connues pour que je les rapporte ici; mais où il n'y a aucun détail précis de l'éruption. Pline le jeune étoit resté à Misène pendant que son oncle alla voir de près les effets étonnants de cette éruption, & il est à regretter que ce grand homme ait été suffoqué par les vapeurs trop fortes qui accompagnerent cette éruption. S'il eut survécu & qu'il eût eu le temps d'en examiner les effets, il auroit laissé d'excellens mémoires à ce sujet. Ce que dit de plus précis Pline le jeune & ce sur quoi l'on peut compter, ce sont les tremblemens de terre violens que

fut si abondante & les matières en sortirent en telle quantité que l'on retrouve sur le théâtre d'Herculée les cendres & la lave, ou torrent qui coula alors de la montagne, répandues à la hauteur de 84 palmes Napolitains ou environ soixante pieds de roi, & plus bas en approchant de la mer sur le reste de la ville, il y en a jusqu'à la hauteur de 120 palmes, c'est-à-dire environ 85 pieds. Cette éruption fut précédée de grands tremblemens de terre, mais ils étoient alors si fréquens dans toute la Campanie, que l'on n'en étoit pas plus étonné que des orages en été ou des pluyes en hyver; quoiqu'il arrivât que les villes fussent détruites en partie, tant les secousses étoient violentes.

Le second incendie fut l'an 228, sous l'empire d'Alexandre Sévére. Dion Cas-

───────────

l'on ressentit à Miséne même, la pluye de cendres, & l'épaisseur des nuages qui cacherent en plein jour la lumiere du soleil, au point que l'obscurité étoit aussi grande que dans une chambre bien fermée pendant la nuit. Le reste il l'avoit appris des gens qui avoient accompagné son oncle, & il le raconte plus en rhéteur qu'en historien. . . . .

R ij

sius qui en parle au livre 66 de l'histoire Romaine, le représente comme ayant été très-considérable; il dit que les cendres du Vésuve furent portées à Rome, en Afrique, en Egypte & en Syrie, que les deux villes d'Herculée & de Pompeïa furent renversées, le peuple étant alors assemblé au théâtre. Si cette éruption n'est pas plus vraie que les effets qu'on lui attribue, elle peut bien n'avoir jamais existé. Il y avoit près de cent cinquante ans qu'il n'étoit plus question ni d'Herculée ni de Pompeïa, à la datte que Dion Cassius donne de leur destruction. Il est vrai que le Patriarche Jean Xiphilin qui dans l'onziéme siécle s'avisa de réparer la perte que l'on avoit faite des vingt derniers livres de l'histoire de Dion Cassius rapprocha les événemens, & travailla plus en déclamateur qu'en historien fidéle. C'étoit le goût de tous les écrivains de son siécle de mêler beaucoup de fables à la vérité pour embellir leurs récits.

Le troisiéme en 472, Antemius regnant en occident & Léon I en orient. On n'en a aucun détail. Il n'est qu'indiqué.

Le quatriéme en 512, Théodoric regnant en Italie & Anaſtaſe en Orient, Eutrope & Caſſiodore en parlent. Outre l'éruption de cendres & de fumée, ils indiquent les torrens de matière liquide & enflammée, de façon à ne s'y point méprendre. Procope décrit les ruiſſeaux de feu qui ſortoient du haut du crater du Véſuve, & qui couloient delà juſqu'à la mer, avec l'exactitude d'un naturaliſte même, mais il paroît qu'il en parloit plutôt ſur de bonnes relations que pour l'avoir vû lui-même. Ces fleuves de feu étoient compoſés de matières ſemblables à celles qui ont recouvert Herculée (a).

───────────────────────────

(a) *Eſt in Campania mons Veſuvius.... quoties contingit eruptio cineris, etiam ſaxa ab imo flamma avellens, ſupra montis hujus verticem, ea tollit partim exigua, partim grandia, atque illinc emittens quovis temere ſpargit. Ibidem rivus igneus à cacumine ad radices, imo & longius profluit! Quæ omnia in Ætná quoque fieri ſolent. Ripas utrimque altas rivus ille igneus efficit alveum excavans. Flamma quæ principio fertur in rivo, undantis aquæ effluvio ſimilis eſt. Extincta flamma, curſum rivus illico ſupprimit, nec ulterius manat. Quod autem ex igne ſubſidet, id limum favillæ ſimilem diceres......Procop. de bello goth. l. 4.*

Le cinquiéme en 685, sous Pertharite roi d'Italie, & Constantin Pogonat empereur d'orient.

Le sixiéme en 993. On n'en sçait aucune particularité non plus plus que du précédent.

Le septiéme, en 1036. Il est dit qu'outre l'éruption des matières enflammées, le Vésuve s'ouvrit par les côtés & qu'il en sortit des torrens de feu qui coulerent jusqu'à la mer; quoique les chroniques d'Italie ne donnent pas une description précise de la lave, ces éruptions faites par les côtés mêmes du Vésuve qui ont éclaté, semblent l'indiquer.

Le huitiéme en 1049. Léon cardinal évêque d'Ostie, dans sa chronique, fait mention expresse des torrens de resine souffrée & de bitume qui coulerent jusqu'à la mer & se durcirent ensuite comme la pierre

Le neuviéme en 1138. Le dixiéme en 1139. Le onziéme en 1306.

Ces bords élevés des deux côtés indiquent la maniére dont coule la lave qui se durcit; mais ce qui en restoit après que le ruisseau s'étoit refroidi, n'y ressemble plus.

Le douziéme, en 1500, commença comme l'éruption de 1760. Les torrens de lave coulerent d'abord du Véfuve, & furent enfuite recouverts par une pluye abondante de cendres rougeâtres; ainfi que le rapporte Léon de Nola, qui en fut témoin oculaire, dans fon hiftoire de Nola & du Véfuve.

Le treiziéme commença le 13 Décembre 1631, & dura jufqu'au 25 février 1632. Le Véfuve fut pendant tout ce tems dans une fureur étonnante, la montagne s'ouvrit environ au milieu de fa hauteur, il en fortit un torrent de matières enflammées qui fe divifa en fept branches principales qui formerent autant de laves différentes que l'on diftingue encore aujourd'hui des autres, & qui dévafterent entiérement les environs du Véfuve, c'eft-à-dire une grande partie du territoire qui eft entre cette montagne & la mer, qui étoit alors remplie de plantations de toutes fortes d'arbres furtout de grenadiers & de vignes. Une des branches de ce torrent enflammé coula jufqu'à Portici; une partie du territoire de *Refina* en eft encore infeftée; ce beau village fut entiérement détruit, & il refta à peine le tiers de ceux de la *Torre del Greco* & de l'*Anonziata*. Les tremblemens de terre se firent sentir dans tout ce canton pendant plus de trois mois consécutifs, il sortit de la grande ouverture du Vésuve des torrens d'eau bouillante mêlés de cendres & de sables, en telle quantité que le vulgaire de ce temps crût que le Vésuve avoit absorbé les eaux de la mer par des canaux souterreins; quelques-uns même disoient y avoir trouvé des coquillages & des poissons à demi brûlés; mais ce n'étoit qu'une illusion de ce peuple épouvanté. Si les eaux de la mer eussent eu quelque communication avec ce volcan, il y a long-temps qu'il seroit absolument éteint. On peut juger de la frayeur que causa ce bouleversement par l'inscription que fit placer à l'endroit même où une de ces laves avoit coulé, le vice-roi Emanuel Fonseca, & que l'on peut lire encore sur le chemin qui va de Portici à la Granatella (*a*). Cette érup-

---

(*a*) *Posteri, posteri, vestra res agitur. Dies facem præfert diei; nudius perendino. Advortite. Vicies ab satu solis, ni fabulatur historia, arsit Vesevus, immani semper clade hesitantium: ne posthac incertos occupet, moneo. Uterum gerit mons hic, bitumine, alu-*

LE VÉSUVE. 393

tion est d'autant mieux connue que l'on a plusieurs desseins, qui en furent gravés dans le tems même. Elle s'annonça comme celle de 79 la premiére dont on ait quelque détail. Après une longue suite de violens tremblemens de terre, on vit s'élever du Vésuve une co-

---

mine, ferro, auro, argento, nitro, aquarum fontibus gravem, serius, ocius ignescet, pelagoque influente pariet: sedante parturit; concutitur; concutitque solum. Fumigat, coruscat, flammigerat, quatit Aërem, horrendum immugit, boat, tonat, arcet finibus accolas. Emigra dumlicet; jam jam enititur, erumpit; mixtum igne lacum evomit; præcipiti ruit ille lapsu, serumque fugam prævertit. Si corripit, actum est, periisti.

An. Sal. M. DC. XXXI. Kal. Jan. Philippo IV rege; Emanuele Fonseca & Zunica, comite montis regii, pro rege (repetita superiorum temporum calamitate, subsidiisque cumulatis humanius quò munificentius).

Formidatus servavit; spretus oppressit incautos & avidos quibus lares & supplex vita potior. Tum si sapis, audi clamantem lapidem, sperne sarcinulas; mora nulla fuge......

Cette inscription est bien propre à donner une idée de l'effroi général que cette terrible éruption avoit répandu dans le pays.

lonne de fumée noire & épaisse, qui s'étendant ensuite prenoit la figure d'un pin; de là sortoient des nuages épais, chargés de cendres & de fumée, mêlés de traits de feu, qui s'entassant les uns sur les autres, non-seulement faisoient succéder à la lumière du soleil une grande obscurité, mais qui s'entre-choquoient avec tant de bruit, qu'ils semboient devoir former un nouveau volcan dans les airs.

Le quatorziéme, au mois de Juillet 1660, il fut moins effrayant; la lave enflammée s'éleva du fonds même du Vésuve & se répandit par ses bords sans tremblemens de terre ni bruits souterreins. Ce qui causa le plus de dommage aux territoires voisins, ce furent les cendres & le sable brûlant qui tomberent plusieurs jours.

Le quinziéme, en 1682, commença le 12 d'Août & dura jusqu'au 22, la fumée s'éleva en forme de pin, & jetta pendant ce temps quantité de sable, de cendres, & même des quartiers de roche enflammés; le mouvement d'effervescence qui souleva la matière de la lave, ne fut pas assez fort pour la porter jusqu'à la cîme du Vésuve, & elle ne sortit point.

Le seiziéme commença le 12 mars 1694, il fut précédé de violens tremblemens de terre. La matière enflammée de la lave s'éleva du fonds jusqu'à l'orle supérieure; le torrent se répandit dans la campagne voisine du côté de de l'hermitage, & remplit le petit vallon qui est au-dessous, d'où il se divisa & se porta en partie, du côté de la *Torré del Greco* dans le voisinage de la mer. Depuis ce temps jusqu'au mois de mai 1698, le Vésuve fut dans une fermentation continuelle, les territoires des environs éprouverent des secousses fréquentes. Le Vésuve fut souvent couvert de l'arbre formidable de fumée, il en sortit plusieurs torrens de lave qui coulerent, surtout du côté de *Resina*, & que l'on y reconnoît encore aisément de même que dans le vallon de l'Hermitage.

Le dix-septiéme, en 1701 le premier de juillet, l'éruption commença par la colonne de cendres, de sables & de pierres brûlées qui se répandirent au loin, le lendemain, la lave, sortit du côté d'*Ottaïano*, le courant avoit deux cens cinquante palmes de largeur sur quinze de hauteur; le Vésuve parut se calmer le quinze du même mois, quoique la fermentation intérieure fut encore très-forte, l'on entendit, comme dans le temps des éruptions, des tonnerres & des mugissemens souterreins, & des bruits éclatans semblables à celui du canon. Le pere della Torre observe, d'après le Sorrentino (a), que depuis le commencement de ce siécle jusqu'en 1734 il y eut peu d'années que le Vésuve ne jettât beaucoup de matières brûlées, & même des torrens de lave.

En 1704 & les trois années suivantes, le Vésuve fut en grand mouvement, & jetta fréquemment des matières ardentes & calcinées, la lave qui se montra quelquefois jusqu'à l'orle supérieure n'en sortit point. C'est ce que le pere de la Torré marque pour le dix-huitiéme incendie; les bruits souterreins & les tremblemens de terre furent très-marqués depuis le 28 juillet 1707 jusqu'au 18 août suivant.

Le dix-neuviéme, commença le 5 février 1712 par une forte éruption de

―――――――――――――――

(a) D. Ignace Sorrentino, prêtre de la Torré del Greco, a écrit une histoire du Vésuve divisée en deux livres. Imprimée à Naples en 1734.

cendres & d'autres matières qui dura vingt jours de suite; le 26 avril suivant, il en sortit un torrent de lave qui prit sa direction du côté de *Foſſo Bianco*; entre le 12 & le 17 de mai d'autres torrens coulerent du côté de la *Torré del Greco* & gâterent beaucoup de terrein. Le 9 mai 1713 & le 20 du même mois, il sortit différentes laves qui se repandirent surtout du côté d'*Ottaïano*, de la *Torré del Greco* & de *Reſina*. En 1714, une nouvelle lave sortit & se répandit sur le territoire de l'*Annunziata*, elle fut précédée & accompagnée de tremblemens de terre qui durerent depuis le 21 de juin jusqu'au 30.

Le vingtiéme dura près d'onze ans, c'eſt-à-dire depuis le 6 juin 1717, jusqu'au vingt-six juillet 1728; il sortit du Véſuve outre les matières ordinaires des éruptions, sept torrens de lave très-conſidérables.

Le vingt-uniéme eut son commencement le 27 février 1730, les bruits furent violens, le 19 mars la lave sortit & coula du côté d'*Ottaïano*.

En 1732 les tremblemens de terre furent violens & la ville de Naples en souffrit plus que les endroits voisins du

Vésuve. Le 10 juillet 1733, après une forte éruption de cendres, de pierres & de ponces, la lave sortit du côté d'*Ottaïano* & se divisa en deux branches, dont l'une prit sa direction sur *Ottaïano*, l'autre sur *la Torré del Greco*, elle coula à différentes reprises jusqu'au 10 janvier 1734.

Le vingt-deuxième fut en 1737, il y eut une éruption considérable qui s'annonça le 14 mai par une fermentation plus grande qu'à l'ordinaire. Les cendres, les pierres brûlées, les ponces, se répandirent le 20 en plus grande quantité aux environs, que les jours précédens. Ce jour-là même, la montagne se creva avec grand bruit aux deux tiers environ de sa hauteur, & il sortit, par la bouche qui s'ouvrit, un torrent de lave qui prit sa direction du nord au midi du côté de la *Torré del Greco*, par le territoire qui est au-dessous des Camaldules, jusqu'aux bords de la mer; ce torrent, l'un des plus considérables qui soient jamais sorti du Vésuve avoit environ deux mille toises de longueur, sur soixante & quinze de largeur moyenne, & plus de seize pieds de hauteur. Le docteur D. François Serrao, célèbre médecin vivant à Naples, a calculé qu'il fortit cette année du Véfuve 319, 658, 161 pieds cubes de lave qui fe répandirent en différentes directions fur le territoire dont j'ai parlé; l'éruption dura jufqu'au 23 de mai, & pendant tout ce temps le Véfuve ne ceffa de jetter de la fumée, des flammes, des cendres, des ponces & des fcories mêlées enfemble. Les tremblemens de terre furent peu fenfibles.

Le vingt-troifiéme en 1751. Après une grande éruption de fumée & de cendres, la montagne s'ouvrit du côté de l'endroit appellé *tré Café* un peu au-deffus de l'*Atrio di Cavallo*, le 25 octobre, avec un très-grand bruit parce que la montagne fe creva fous une ancienne lave qui formoit un obftacle difficile à rompre; le torrent qui fortit coula avec une rapidité que l'on n'avoit obfervée en aucun de ceux qui l'avoient précédé; il avoit parcouru un efpace de quatre milles en huit heures de temps fur le territoire d'*Ottaïano*; fon cours fe rallentit enfuite & ne s'arrêta tout-à-fait que le 9 de novembre après avoir tenu encore deux milles au-delà. Il avoit peu de largeur, & couloit, raffemblé prefque quarrément, souvent à plus de six pieds de hauteur.

Le vint-quatriéme, en 1754, le 2 décembre; le Vésuve sans aucun tremblement de terre, ni bruit antérieur, se créva en deux endroits différens à la même hauteur à-peu-près qu'en 1751, la lave en coula presque sans interruption jusqu'au 31 janvier 1755, qu'il se fit le matin deux nouvelles ouvertures dans le vallon du côté d'*Ottaïano*, d'où sortirent deux petits torrens enflammés qui prirent leur direction sur le lit des anciens. Le Vésuve qui depuis plus de deux mois n'avoit pas cessé de jetter des matières ou calcinées ou enflammées s'appaisa alors, & on commença à s'appercevoir au mois d'avril suivant de l'élévation de la nouvelle montagne, posée sur l'orle même de l'ancienne ouverture du Vésuve, qui fut soulevée du fonds du crater où elle étoit, & augmentée par les matières qui s'y joignirent pendant l'éruption, au point à-peu-près où on la voyoit encore en 1762.

Eruption du Vésuve en 1760.

17. Le vingt-cinquiéme incendie du Vésuve est de la fin de 1760; pendant tout le cours de cette année, il avoit été dans une grande fermentation, il

avoit jetté plusieurs fois des pierres & d'autres matières brûlées, l'effervescence y avoit été si forte qu'elle avoit soulevé le liquide enflammé, jusqu'à l'orle du *Monticello* ou couronnement actuel du Vésuve, qui en avoit jetté quelques ruisseaux du côté d'*Ottaïano*, mais qui avoient à peine coulé pendant quelques toises, c'est-à-dire jusqu'à l'ancienne orle. Enfin après deux jours de secousses & de tremblemens de terre presque continuels, dans les environs du Vésuve, le 23 décembre dans le lieu dit *li Monticelli*, tout-à-fait au pied du Vésuve du côté de la mer, à peu de distance de la hauteur où sont les Camaldules au levant, environ l'heure de midi, il s'ouvrit douze bouches à feu avec un fracas semblable à celui d'une batterie des plus gros canons, ainsi que je l'ai oui raconter à mille témoins oculaires ; au récit desquels je pouvois m'en rapporter. Ces bouches jetterent en l'air une quantité considérable de pierres & de sables enflammés, & plusieurs colonnes de fumée épaisse, mêlées de cendres & de traits de feu, semblables à de grands arbres, ainsi qu'on l'avoit observé dans les éruptions précédentes.

Les différentes laves qui couloient de ces bouches, étant réunies, prirent leur cours du côté du chemin qui conduit de Naples à Salerne par l'*Annonziata*; ce torrent parcourut le premier jour un demi mille, dans une largeur plus ou moins grande, suivant que le terrein le refferroit plus ou moins. A cette distance il s'ouvrit trois nouvelles bouches avec un fracas aussi considérable que les premiéres; la lave qui avoit paru s'arrêter pendant quelque temps reprit son cours, & le lendemain matin 24 décembre elle étoit au grand chemin de Salerne, à deux milles des premieres ouvertures, la lave avoit alors trois cens pieds de largeur sur environ quinze de hauteur.

La quantité de matières que l'éruption jettoit hors de ces différentes bouches, avoit formé autour d'elles quinze petites montagnes semblables à celles qui couronnent le Vésuve. Les huit situées immédiatement au pied du Vésuve, durerent & s'augmenterent tout le temps de l'éruption; les sept autres gagnées par la lave qui venoit du dessus furent comblées par le lit même du torrent; mais lorsque l'éruption commença à toucher à sa fin, & que le

Vésuve cessa de fournir des matières aussi abondantes, cinq de ces monticules tomberent successivement, & il n'en est resté que trois que l'on voit encore au bas du Vésuve à la tête du torrent de lave. Dans cette éruption le cours de la lave continua avec un mouvement inégal, jusqu'à deux cens pas environ des bords de la mer où elle s'arrêta le premier de janvier 1761.

Le lit de la lave s'étendit en quelques endroits à la largeur de près d'un mille, sur-tout en approchant de la mer, où elle rompit entiérement le grand chemin de Salerne. Elle ruina plusieurs maisons qui se trouverent sur son cours, détruisit beaucoup de plantations de vignes, de figuiers, de grenadiers, & de bois dans une situation délicieuse où tout croissoit à souhait ; son cours a été de quatre milles dans une largeur inégale, mais que l'on peut estimer à un mille & demi en quarré de terrein dévasté ; car les bouches à feu s'ouvrirent précisément au pied du Vésuve, & joignant les terreins cultivés ; il est difficile de dire quand ils seront rendus à leur premiere fécondité, puisque les laves qui ont coulé depuis plus de cent trente ans, présentent encore la surface la plus aride & la moins susceptible de culture.

Pendant ce temps, la bouche principale du Vésuve ne fut pas tranquille, on ne cessa d'entendre des mugissemens dans son intérieur, des secousses & des bruits considérables, il jetta beaucoup de cendres & de matières enflammées ; le 23 décembre 1760, la colonne de fumée, chassée par un vent de midi fort impétueux, couvrit tout le ciel au-dessus de Nole, qui respectivement à Naples, est à gauche par derriére le Vésuve, à dix milles au-delà en ligne droite ; il y tomba tant de cendres que le 27 du même mois la campagne en étoit couverte à la hauteur d'un pouce & demi ; cette pluie séche occasionna des ophtalmies, des toux convulsives & même des péripneumonies. Le vent tourna ensuite au levant, & porta, suivant l'estimation du Pere della Torre, la fumée & les cendres, jusqu'au delà de l'isle de Capri, à trente milles au moins du Vésuve. Du côté de Salerne la fumée & les cendres furent portées en ligne directe à plus de cinquante milles, mais en quantité moins considérable qu'aux environs de Nole. On peut juger par ce rapport fait fur des obfervations exactes & nouvelles, à quelle diftance s'étendent la fumée & les cendres du Véfuve, qui défolent fes environs par la trop grande quantité, mais que l'on peut regarder comme la caufe de la fertilité prodigieufe des provinces fur lefquelles les vents les portent.

Le 4 janvier 1761, il fortit après des bruits confidérables & même quelques fecouffes de la montagne, qui fe firent fentir jufqu'à Portici, un arbre de fumée noire & épaiffe, fi bien uni qu'il avoit peine à fe féparer; il étoit mêlé de beaucoup de feu que l'on pouvoit remarquer même pendant le jour. Le lendemain on s'apperçût qu'une partie des bords du monticule ou cime du Véfuve du côté d'*Ottaïano* avoit été emportée. Le 6 tous les phénomènes effrayans cefferent, la fumée diminua; on n'entendit plus de bruits fouterreins, & les chofes refterent à-peu-près dans le même état tout le refte de l'année.

Au commencement de 1762, le Véfuve n'étoit pas abfolument tranquille, la fumée pendant le mois de mars devint plus épaiffe & plus chargée qu'elle n'avoit été depuis quelques mois, & fembloit annoncer quelque éruption. Les

gazettes même parlerent dans le cours de l'été de cette année d'une éruption. Ces événemens étoient devenus plus intéressans pour moi, depuis que j'avois vû de près le Véfuve; j'écrivis au célébre pere Jacquier Minime, alors résidant à Rome, pour le prier de s'informer de cette éruption, & de me mander ce qui en étoit; il me répondit le 24 novembre suivant : « J'ai écrit
» à Naples pour avoir le détail de l'é-
» ruption qu'ont supposée les gazettes.
» Il est bien certain que depuis votre
» départ, le mont Véfuve a été fort
» tranquille, quoiqu'il y ait eu de vio-
» lens tremblemens de terre dans le
» royaume de Naples, surtout dans la
» ville d'Aquila, où il y a eu quel-
» ques églises & plusieurs maisons ren-
» versées. Nous avons même ressenti ici
» quelques légeres secousses ». On devoit donc attribuer cette quantité extraordinaire de fumée qui sortit du Véfuve pendant le printemps de 1762, aux pluyes continuelles, aux neiges & aux grêles qui tomberent dans la fin de l'hyver précédent, qui y porterent une très-grande humidité, avec beaucoup de terres délayées & de sables, mais peu chargées de bitume, ou de minéraux; de

forte que l'effervefcence ne fut jamais portée, au point de caufer une éruption.

Le vingt-fixéme incendie, a duré beaucoup plus long-temps que les précédens, il fut annoncé fur la fin de décembre 1765, par une colonne de fumée plus épaiffe qu'à l'ordinaire. Le volcan commença a jetter du feu le vingt-quatre : l'éruption devint plus fenfible les jours fuivans, fans cependant annoncer encore rien de plus formidable, elle fe foutint en diminuant jufqu'au quinze janvier que l'ardeur du foïer intérieur parût fort ralentie. Cinq ou fix jours après l'éruption recommença & dura par intervalles jufqu'au vingt-fept de mars, que la lave fortit avec grand bruit par l'ouverture fupérieure de la montagne, & prit d'abord fon cours dans le vallon d'*Ottaïano*. Le lendemain elle changea de direction & donna quelques allarmes pour le territoire de Portici qu'elle fembloit menacer ; elle s'étendit pendant dix à douze jours a plus de deux mille du Volcan, dans une largeur de trente pieds, fur neuf d'épaiffeur ; pendant ce tems le Véfuve lançoit de tems à autres, à une très-grande hauteur & avec un

bruit éclatant de gros quartier de pierres. Ces explosions étoient toujours accompagnées de secousses violentes, mais qui n'ont causé aucun ravage dans les habitations voisines. La matiere enflammée n'a pas cessé de couler jusqu'au dix-huit d'avril, que son cours a commencé de se rallentir. Elle avoit plusieurs directions dont la principale étoit du côté de l'*Annonziata*, ou elle a couvert quelques terres cultivées. Ce qui à causé le plus de dommage aux territoires voisins, ce sont les cendres ardentes que le Vésuve jetta en abondance le vingt-un d'avril par l'ouverture principale, & quelqu'autres qui se firent au dessous à peu de distance, qui brulerent les fleurs des arbres & toutes les autres productions de la terre. La lave principale, celle qui couloit du côté d'*Ottaïano* ne s'est arrêtée que le quinze de mai, & a fait quelque ravage de ce côté, qui auroit été beaucoup plus considérable, si les laves nouvelles ne s'étoient pas divisées en plusieurs branches, & n'avoient pas pris leur directions sur des terreins stériles ou d'anciennes laves. Depuis ce tems jusqu'à la fin d'août le Volcan a été dans une grande fermentation, le bruit intérieur;
les

les explosions éclatantes, les éruptions de cendres, de fumées épaisses & de flammes, on donné un spectacle plus curieux qu'effrayant, & n'ont causé aucun dommage; la lave ayant cessé de couler, & les secousses du Vésuve n'agissant que sur lui-même, & ne communiquant pas au loin l'impression de son mouvement intérieur.

Les éruptions précédentes du Vésuve ne sembloient être que le prélude de la derniére qui s'est faite au mois d'octobre 1767. Elle s'est annoncée avec un fracas & des mouvemens, qui ont répandu la terreur dans tous les environs, mais qui heureusement ont causé plus d'allarmes que de dommages. Après les phénomènes ordinaires, de fumées, de feux, de cendres, & de matières calcinées, la lave sortit & se divisa en deux branches, dont l'une sembloit se porter sur le bourg de Résina entre Naples & Portici; mais comme son cours étoit fort lent, elle n'inspira aucune crainte. On présuma avec raison qu'elle s'arrêteroit dans les vallons qui serpentent du Vésuve à Résina, & qui sont déja couverts en partie d'anciennes laves. Elle coula tranquillement jusqu'au 19 dans la même direction. Ce jour là entre deux & trois heures après midi, un arbre de fumée noire & épaisse s'éleva de la montagne, & couvrit tout l'horison de ce côté là. Le lendemain un nouveau torrent de lave enflammée sortit tout à coup & coula par le vallon de Novella jusqu'à San-Jorio. Elle s'étendit à sept mille de longueur, sur une largeur inégale & l'on estime sa hauteur à soixante toises dans le vallon qu'elle a comblé. Son cours fut si rapide qu'on prétend qu'elle parcourut près d'un mille en une heure de tems, phénomène extraordinaire & peut-être unique, car ce liquide enflammé coule assez lentement ainsi que nous l'avons observé. Vers minuit on entendit dans les entrailles de la montagne un mugissement épouvantable, dont le bruit rétentissoit au loin, semblable à celui d'une violente canonade. Il se termina par une éruption qui se fit du côté de l'hermitage du *Salvatore*. La lave se précipita dans le vallon qui le sépare du vésuve. Comme elle étoit très-abondante, on craignit pour portici, & le roi se retira promptement à Naples, il fut suivi par une partie des habitans des environs. La nuit du 21 au 22, le torrent principal de lave qui se portoit sur

San-Jorio, cessa de couler. Le lendemain à onze heures du matin, un nouveau mugissement aussi effrayant que le prémier se fit entendre : il annonçoit une pluie de cendres & de matières calcinées qui dura près de trois heures, après quoi la lave reprit son cours, mais avec sa lenteur ordinaire. Le 25 pendant toute la matinée il sortit du Vésuve une grande quantité de cendres que le vent de nord fit voler jusqu'à Gayette, à une distance d'environ trente milles de la montagne. Le 26 le bruit & les mouvemens se calmerent, & l'éruption cessa entiérement. Elle a été accompagnée de secousses violentes & continues, sans cependant avoir causé aucun dommage nouveau, la lave nouvelle n'ayant coulé que par des terreins stériles, & déjà couverts par les laves des éruptions précédentes.

C'est ici le lieu de parler des matières qui sortent du Vésuve dans le temps de ses éruptions, & qui couvrent au loin les campagnes qui l'environnent; elles sont de différentes espéces, les unes séparées, entiérement desséchées & brûlées, qui sont élevées par la force de l'effervescence, & l'action même de la fumée épaisse & rassemblée;

elles se répandent plus ou moins loin, à proportion de leur légéreté, de la force de l'explosion, & même de la direction du vent. Les autres unies ensemble & fondues par l'action d'un feu très-violent, quelquefois s'élevent jusqu'à l'ouverture supérieure, d'autrefois se pratiquent des issues en crevant les parois de la montagne à différentes hauteurs, & en sortent comme des torrens enflammés qui se répandent à plusieurs milles; c'est ce que l'on a appellé *lave* dans ces derniers temps.

<small>Lave du Vésuve.</small> 18. La lave est donc un courant de matières enflammées & fondues, qui prend sa direction dans les terreins bas qui environnent le Vésuve, tant qu'il est assez échauffé pour conserver du mouvement; car une fois refroidi, il s'arrête, se condense, & acquiert la solidité d'une pierre dure & noirâtre; l'épaisseur en est plus ou moins grande suivant les terreins où il a coulé, le degré d'inflammation qu'il a reçu, & l'espace qu'il a occupé.

A plusieurs milles autour du Vésuve, on trouve partout de ces torrens de pierre fondue, presqu'au degré de vitrification, mêlés de bitume, de soufre, de fer, & de cuivre, refroidis & endurcis sur la superficie du terrein qu'ils ont couvert. On en a trouvé plusieurs les uns sur les autres à une très-grande profondeur, séparés par des lits de terre, de sable & d'autres matières ; ce qui permet de conjecturer qu'il y a eu très-anciennement des éruptions peut-être antérieures à celle qui couvrit Herculée, quoique l'on n'en ait aucune mémoire. On a découvert à la *Madonna del Arco*, maison de Dominicains, au-dessus de Portici dans les terres, trois laves les unes au-dessus des autres dont la derniére étoit à deux cens vingt pieds de profondeur, au-dessous du niveau actuel du sol ; l'accroissement de ce terrein, comparé à celui qui s'est fait sur Herculée, porteroit l'éruption de la derniére de ces laves à l'antiquité la plus reculée.

Les matières qui forment le corps de la lave ordinaire, conservent dans la plus grande effervescence, lors-même qu'elles coulent, une solidité marquée ; elles sont unies & tenaces à-peu-près comme le bitume fondu.

Si ces matières s'arrêtent dans leurs cours, on les voit s'élever & devenir poreuses à la surface, par le principe d'effervescence qu'elles renferment en elles, & non point par le mélange de l'air extérieur, qu'elles ne reçoivent qu'autant qu'il y est introduit par quelque corps étranger, & que l'union même de leurs parties, & le feu dont elles sont pénétrées, en chassent aussi-tôt. Ainsi ce torrent solide & enflammé ne peut devoir sa chaleur & sa cohérence qu'à la quantité du bitume qui y domine. Mais comme ce corps en se refroidissant acquiert la plus grande dureté, il faut encore qu'il soit mêlé de parties métalliques, de pierres & de sables fondus ensemble, & qui ont reçu dans le premier foyer un degré de chaleur si véhémente, qu'ils ont été portés presque à la vitrification, & par lequel ils ont été si bien unie ensemble, qu'ils ne forment plus qu'un même corps, dur, solide, pesant, moins cependant que la pierre ordinaire de carriére qui a environ un dixiéme de poids au-dessus de la vieille lave, & un neuviéme au-dessus de la nouvelle, qui est alors dépouillée de toute humidité.

Ces laves vûes dans les environs du Vésuve, n'ont pas à l'extérieur cette solidité, cette union de parties, que l'on remarque dans les laves employées à paver la ville de Naples, ou à faire d'autres ouvrages ; elles reſſemblent à des lits élevés, formés de pierres brûlées, de tufs, de ponces, de ſcories, d'écumes, de ſables & d'autres matières ſorties dans les éruptions, qui forment une ſurface inégale & raboteuſe, ſur laquelle il n'eſt preſque pas poſſible de marcher, & qui au premier coup d'œil ne paroiſſent pas mieux unies entr'elles, que des pierres jettées confuſément en tas au ſortir de la carriére, mais que l'on ne peut cependant pas enlever à force de bras, & qu'il faut briſer pour les ſéparer du lit où elles ſont, ainſi que je l'ai éprouvé moi-même. Toutes ces matières ne ſortent pas du foyer principal où le bitume, qui fait le fonds & la liaiſon de la lave, a fermenté; la lave en a ſoulevé, la plûpart par ſon mouvement d'efferveſcence & de dilatation, des lits ſupérieurs qui la recouvroient; elle en a reçu encore dans le temps des éruptions, par ce qu'une partie des matières qui ſont jettées alors hors du Véſuve, retombent ſur les torrens de matières liquides & enflammées, s'uniſſent aux écumes qui les couvrent & les augmentent même, en faisant entrer dans ces fleuves ardents l'air extérieur, qu'elles y précipitent par leur propre poids; ces matières étant accumulées à une certaine hauteur fur le liquide enflammé, sont cause de la solidité & de la densité qu'il acquiert, en ce qu'elles restreignent le mouvement d'effervescence, par lequel il s'éleve & se dilate, & réunissent ses parties entr'elles; car quand les laves ne sont pas chargées de corps étrangers, l'intérieur, quoique plus noir & plus compact que les écumes, est léger, poreux, se divise presque aussi aisément que les scories ordinaires; mais la lave qui s'est refroidie & a perdu son mouvement d'effervescence, sous un poids considérable de matières étrangeres, est solide, dure & compacte autant qu'elle le puisse être; car quoique plus dure que plusieurs marbres à raison de la grande quantité de parties métaliques qui entrent dans sa composition, elle ne prend pas le poli aussi parfaitement, & sa surface regardée avec la loupe est pleine de pores & d'inégalités de diverses grandeurs.

Les différentes matières qui sortent dans les éruptions, suivent la direction de la colonne de fumée, qui s'éleve du foyer principal du Véſuve, ou des autres bouches d'éruption, ainſi qu'il eſt arrivé dans les monticules ou bouches où ſe fit l'éruption de 1760. On la voit ſortir des cavités intérieures du Véſuve en différentes directions, & ſous la forme de nuages épais; elle prend enſuite la direction perpendiculaire, ſe reſſerre, & conſerve une très-grande denſité, ſurtout dans le temps des éruptions, pendant leſquelles ſon mouvement accéléré, elle ſouleve des matières étrangères d'un poids conſidérable; & jette à une très-grande diſtance, parce qu'alors l'intérieur de la colonne a un mouvement de tourbillon, qui lui eſt communiqué au centre même d'où elle part, & que la denſité de ſes parties lui fait conſerver à une très-grande élevation. Pour les autres matières plus légeres, telles que les cendres, les ponces mêmes; pour peu que la fumée ait de denſité, elle en charie preſque toujours, ainſi qu'il eſt aiſé de s'en appercevoir, ſurtout quand on eſt ſous le vent qui la chaſſe. Plus cette fumée eſt épaiſſe & chargée, plus elle fait de bruit à ſon éruption hors du gouffre intérieur. Son explofion eſt alors ſemblable pour le bruit, à celui du canon, quelquefois même il est continué & roulant comme le bruit du tonnerre. Outre l'arbre ou la colonne principale de fumée, on voit des rameaux séparés qui s'écartent du pied même de la colonne, & qui soulevent des cercles de fumée si tenaces & si compacts, qu'ils se conservent en l'air, sans se dissoudre pendant un temps considérable. Ce phénomène n'arrive que dans les grandes éruptions ; alors cette fumée divisée à l'air s'étend dans un espace immense, intercepte absolument la lumière du soleil, & ramene même en plein jour, les ténébres de la nuit ; ainsi qu'il arriva dans les grandes éruptions de 79 & de 1631.

<small>Autres matières que rejette le Vésuve dans les éruptions.</small>

19. Le sable dont le Vésuve est recouvert de tous les côtés, est d'un brun noir, en très-petits grains, mêlés de quelques morceaux un peu plus gros, qui sont des pierres brisées & brûlées. Les grains les plus noirs sont les plus légers ; ils sont pleins d'une multitude de petits trous, & ne paroissent être que l'écume brûlée & divisée du bitume ; on y voit aussi quelques parties de fer que l'aimant attire quand on l'approche de ce sable. Il est mêlé de grains

de différentes couleurs, à proportion que les terres ont été plus ou moins brûlées, mais le noirâtre domine partout. Ce fable est très-abondant fur le Véfuve & dans les environs. Il paroît qu'il est auffi très-abforbant; je ne me fuis apperçu nulle part que l'humidité le mît en maffe. Il refte toujours féparé & très-mouvant, ainfi qu'on peut s'en appercevoir dans l'amas confidérable qui s'en eft formé fur *l'Atrio del Cavallo*, au bas de la pointe du Véfuve vis-à-vis de Portici, & fur la montagne, principalement en approchant du fommet; alors on enfonce dans ce fable qui eft toujours chaud jufqu'au deffus du genou.

Les ponces font un tuf calciné & dépouillé de toutes fes parties humides & terreufes, de couleur brune, plus péfant que les ponces qui viennent du Levant, & même que celles que l'on trouve fur les bords de la mer à Baïes, mais qui y ont beaucoup de rapport par leur configuration & leur légereté. On ne pourroit cependant pas les employer aux mêmes ufages; celles du Véfuve font féches, raboteufes, & rayeroient plutôt qu'elles ne poliroient les

S vj

corps durs que l'on en frotteroit (a). Les tufs que le feu n'a pas absolument dénaturés, mais qu'il n'a fait que rendre plus légers & plus secs, sont d'un usage excellent pour construire des voûtes solides & légeres; on s'en sert beaucoup à Naples.

Les éponges ou tuf dur mêlé de parties salines & de petites cristallisations, sont une espéce de pierres d'un poids moyen entre les ponces & la pierre ordinaire, couvertes d'une couleur ou poussière jaunâtre, qu'elles contractent dans le foyer même du Vésuve, & qui

---

(a) Toutes les ponces dont on se sert, sont constamment des productions des volcans, adoucies par les sels, le nitre & le bitume dont les eaux de la mer sont imprégnées, qui pénétrent à la longue la substance des ponces, & les rendent plus propres aux usages auxquels on les emploie. On en connoît de deux espéces, les blanches & les grises; elles sont de différentes grosseurs, & se trouvent sur les bords de la méditéranée, surtout sur les côtes de Naples & de Sicile, dans le voisinage de l'Etna & du Vésuve; les rivages des mers situés sous la Zône Torride, ceux des isles de la Sonde & des Molucques où il y a beaucouup de volcans, sont couverts de ponces.

paroît leur avoir été imprimée par le soufre, mais qui ne pénétre point dans l'intérieur; car en les frottant l'une contre l'autre, la couleur jaune disparoît, & l'éponge devient blanche. La substance intérieure approche beaucoup de la vitrification. Ces matières sont moins communes dans les éruptions que les autres, & les laves en charrient moins.

Les quartiers de pierre que jette le Vésuve dans les grandes éruptions, & qui n'ont été ni consumées, ni fondues dans le foyer d'effervescence, parce qu'il paroît qu'elles ne sont détachées du banc de carriére que par les secousses qui précédent les éruptions, sont dures, pesantes, blanches ou brunes, suivant la couleur qu'elles ont dans leur lit, pénétrées dans leur substance de différentes taches noires que l'on peut prendre pour une matière vitriolique. Ordinairement elles portent à l'extérieur quelques marques de la violence du feu auquel elles ont été exposées... Non-seulement la matière liquide les soulève par son effervescence, & les charrie avec les laves; mais il arrive encore que ces pierres se détachant de la carrière, & tombant sur cette même matière qui est dans un très-grand mouvement, s'y enfoncent par leur propre poids ; alors l'air qu'elles ont entraîné avec elles, dans le mouvement accéléré de leur chûte, se trouvant tout-à-coup extrêmement resserré, & ne pouvant pénétrer le liquide enflammé qui l'environne & le repousse, fait effort, & rejette les pierres avec un bruit & une force d'explosion, qui en a lancé plusieurs, d'un poids très-considérable, bien loin au-delà de la portée du mortier. Ces sortes d'explosions précédent toujours l'éruption de la lave.

Les écumes ou scories que le Vésuve rejette en l'air ou qu'il souleve sur la matière liquide enflammée, sont de deux sortes : les unes plus légeres, qui sont par parties détachées, & qui ne paroissent être que le fer & les autres mineraux unis ensemble par le bitume & absolument brûlés. Quelques parties sont vitrifiées, mais le plus grand nombre ressemble à des scories de fer très-noires & fort légeres.

Les autres écumes plus lourdes sont celles qui restent attachées au courant de la lave même, & qui en couvrent toute la surface extérieure ; comme elles sont moins consommées par le feu, elles conservent plus de parties métalliques & bitumineuses qui les unissent au corps de la lave. Ces écumes tiennent les unes aux autres, & lorsqu'elles sont refroidies, elles ressemblent à de petits flots qui ont pris une consistance solide. Elles sont très-pésantes & se brisent difficilement; j'ai observé que les sentiers que la nécessité a fait pratiquer sur les différentes laves, qui entourent le Vésuve, quoique fréquentés depuis long-temps; restent fort raboteux & difficiles à tenir. Pour peu que le soleil se fasse sentir, toutes ces matières s'échauffent très-vîte & rendent une fort grande chaleur (*a*).

(*a*) Quand les laves sont fraîches, il seroit dangereux de passer un long espace de temps à les observer; il en sort des fumées ou vapeurs qui souvent se réunissent & forment ce que l'on appelle dans le pays *Mofette*, dont les exhalaisons sont très-dangereuses & ont à-peu près les mêmes effets que celles de la grotte du chien. Le P. *della Torre* a observé que ces vapeurs légèrement imprégnées de soufre, rendoient une odeur vive de sel ammoniac, de nitre & de vitriol mêlés ensemble, qui prenoient promptement à la gorge & aux narines, & suffoquoient. Ces vapeurs, comme celles de la grotte du chien, ne s'élevent pas plus d'un pied au-dessus de la surface de la lave; mais quand après un cer-

Un des effets les plus remarquables à mon gré de la fermentation intérieure du Véfuve, ce font les lames de terre rouge & grife, qui prennent la forme de briques de différente longueur & largeur, fur une épaiffeur d'un ou deux pouces. Les unes font abfolument plattes, les autres font courbées, mais toutes font cuites à un degré de perfection fingulier, à en juger par leur dureté & leur folidité ; quelques-unes mêmes font près du degré de vitrification, & j'en ai brifé des morceaux de rouge qui tiroient fur la dureté & la couleur du jafpe rouge. Elles feroient d'un excellent ufage dans les conftructions, fi on en trouvoit affez pour les y employer. On remarque dans l'intérieur du Véfuve les différens lits de terre qui fervent à les former. C'eft l'humidité & l'eau de la pluye qui détrempent ces terres, les détachent, & les font couler fur le foyer même, où le mouve-

---

tain temps l'air extérieur & l'humidité ont pénétré ces laves, elles ne confervent plus aucune qualité dangereufe. J'ai vû les oifeaux s'y repofer tranquillement, & les lièvres au gîte y ruminer à leur aife, & en partir très-légerement....

ment d'effervefcence & d'ondulation leur donne la forme fous laquelle elles fe montrent. La lave en coulant, forme encore des lames d'écume de plufieurs palmes de longueur, & de deux à trois pouces d'épaiffeur ; elles font dures, folides, quelques-unes tiennent au corps de la lave, d'autres en font détachées, & prefque toutes ont la forme courbe, que leur donne le mouvement d'ondulation.

Le Véfuve rejette encore beaucoup de ces mêmes terres rouges & grifes, brûlées, mais fans être unies; ce font celles qui expofées d'abord à un très-grand feu, ont été abfolument divifées, & n'ont pas pû fe former en corps folide, comme les briques dont j'ai parlé plus haut ; quelquefois cette terre unie par un liquide enflammé & mélé de beaucoup d'eau, a coulé par torrens confidérables ; il y a même apparence qu'outre les cendres qui furent jettées en l'air par le Véfuve, il en fortit des torrens de ces matières, qui recouvrirent entiérement la ville d'Herculée, & qui remplirent plufieurs de fes maifons.

Ces matières font mêlées de quelques pirites prefque toutes à huit pans, dans lefquelles le cuivre domine; elles ont ordinairement autant de hauteur que de largeur & font très-curieuses. On trouve aussi dans le plan intérieur du Véfuve des marcassites formées des mêmes matières que les pirites, mais d'un volume & d'un poids plus considérable. Les fumées, quelle que soit leur densité, élevent peu de ces matières, qui sont très-pesantes; elles ne sortent qu'avec le torrent enflammé auquel elles s'unissent, & on les reconnoît dans le corps même de la lave; ce sont les parties où les métaux dominent le plus.

Les fumées élevent encore beaucoup de sels, de soufres & de talcs; le talc, comme on le sçait, est une sorte de pierre mince, transparente, légere, que l'on trouve ou en carriéres, & que l'on sépare par feuilles, ou mêlées avec les minéraux, & dans les lits de pierre dure. Celui du Véfuve est de cette derniére espéce. Le feu le sépare des corps auxquels il est uni, & les fumées en emportent quelques feuilles, que l'on trouve sur le Véfuve & dans les environs, plus fermes & plus cassantes que n'est le talc ordinaire, & presque tout-à-fait noircies.

Les sels & les soufres se reconnoissent au goût & à l'odeur de la fumée, qui s'attache aux mains, au visage, au palais, aux habits même, pour peu que l'on soit exposé à l'action de cet fumée qui est toujours chaude & humide.

Les différentes matières dont je viens de parler, se remarquent aisément, tant sur la montagne du Vésuve, que sur les laves qui couvrent les environs.

Je dois dire qu'ayant grande envie de voir & de connoître le Vésuve, j'avois lû, quelque tems avant que d'y aller, avec attention l'histoire qu'en a faite le Pere *della Torre*, & que ce n'est que sur les connoissances que j'y avois puisées, que j'ai vérifié & reconnu par moi-même, les différentes matières dont j'ai parlé. Sans cette précaution il m'eût été impossible de distinguer, dans le peu de temps que j'ai passé sur cette montagne, tant de différens objets; je pris encore la précaution d'apporter des échantillons de ces diverses matières pour les vérifier sur l'histoire même.

Les stalagmites ou concrétions cristallines, que l'on trouve dans les grottes & cavités, formées par les laves, sont des productions des eaux de pluyes distillées à travers la lave même; elles sont attachées aux voûtes de ces cavités, & s'y montrent sous différentes formes, les unes rassemblées comme des grappes de raisins à grains allongés, les autres par branches ou filamens plus minces & plus longs; elles n'ont pas plus de dureté que les autres concrétions connues de ce genre. Leur poids est plus ou moins grand à proportion des matières dont elles sont chargées. Plusieurs sont couvertes de poussières de métaux de différentes couleurs, qui les font ressembler aux litharges d'or, d'argent, de cuivre & de fer; ce qui semble annoncer qu'il se trouve de tous ces métaux fondus dans le corps de la lave même, où cependant le cuivre & le fer dominent; car l'aimant approché de ce stalagmites, en tire beaucoup de particules de fer qui sont ordinairement les plus brillantes, & qui paroissent avoir la finesse de l'acier.

Les corallines sont des plantes qui croissent sur les écumes des laves anciennes; elles sont divisées en plusieurs branches plus ou moins rapprochées, & entiérement recouvertes d'une croute blanche, formée par le sel & le soufre appauvri (*Sfruttato*) qui couvrent les vieilles écumes. Les fibres de cette plante font ligneuses, solides & ont quelque souplesse. Elles ressemblent beaucoup au corail brut, ce qui leur a fait donner le nom de corallines.

J'ai trouvé sur le Vésuve même une autre espéce de plante ou de racine de plante absolument desséchée par l'action d'une chaleur médiocre ; elle ressemble beaucoup aux racines de ces petits joncs qui se pétrifient dans la soufriére qui est entre Rome & Tivoli ; mais celles-ci m'ont paru plus curieuses. Ce doivent être des racines de plantes qui ont crû sur la montagne & qui s'étant trouvées dans le voisinage de quelque bouche à fumée, se sont desséchées insensiblement avec le terrein qui les environnoit. J'ai lieu de croire qu'elles ont été exposées à l'action même de la fumée ; car outre la variété des couleurs que l'on y remarque, elles sont chargées de sels, de soufres, & de différentes poussières de métaux qui y paroissent incrustées ; la plûpart de ces racines, en se séchant, sont devenues creuses, sans cependant rien perdre de leur grosseur, ni se séparer les unes des autres. Elles sont presque aussi légeres que les ponces ; j'en ai ramassé quelques-unes à moitié hauteur de la montagne; comme le Pere della Torre n'en a pas fait mention dans le détail qu'il a donné des matières ou cuites, ou calcinées, ou defféchées que l'on trouve autour du Véfuve, mon intention étoit de lui montrer cette efpéce de production, pour fçavoir ce qu'il en penfoit, mais je ne m'en fouvins pas.

Telles font à-peu-près les matières qui recouvrent au-dehors, non-feulement le Véfuve, mais même l'*Atrio del Cavallo*, tout le terrein qui eft entre le Véfuve & la Somma en tirant du côté de l'Hermitage, plufieurs parties du territoire de Refina & de la Torre del Greco, & à préfent prefque tout le territoire de l'Annunziata.

État actuel du Véfuve. 20. La hauteur du Véfuve, à la prendre fur la partie appellée *Atrio del' Cavallo*, au pied du pic même, vis-à-vis de Refina & de Naples, & qui de ce côté eft d'une roideur qui approche beaucoup de la ligne perpendiculaire, peut-être d'environ quinze cens pieds d'élevation perpendiculaire; il feroit très-difficile de gagner le fommet par ce côté, fi l'on ne s'accrochoit pas pour grimper aux inégalités qu'ont formées le long de la montagne, les torrens de la lave qui en font fortis à différentes hauteurs, depuis le fommet du pic jufqu'à fa racine. Ces inégalités vûes de près ont quelques reffemblances avec les ornemens faillans dont font chargés les ouvrages gothiques. Les pointes d'écumes & de laves fe montrent donc à travers le fable noirâtre dont j'ai parlé, qui couvre toute la montagne, & qui eft tout-à-fait aride & très-mouvant. C'eft le long de ce penchant rapide que l'on remarque les différentes matières des éruptions dont j'ai parlé; celles fur-tout d'un poids plus léger, que les fumées foulevent & emportent du fonds du carter, & rejettent au-dehors.....

A la cime du Véfuve, fur l'ancienne ouverture, on commença à appercevoir, au mois de janvier 1755, une nouvelle montagne qui paroiffoit fortir du crater même du Véfuve; qui augmenta confidérablement, & prit en moins de cinq mois de temps, la hauteur où elle eft encore aujourd'hui, & qui peut avoir d'élévation perpendiculaire environ le cinquiéme du pic ou montagne du Véfuve; elle ne peut avoir été élevée & pofée à la hauteur où elle eft que par le foulevement du fonds du crater même, qui se fit dans les éruptions de 1754 & 1755. Il est probable qu'elle existoit avant ce temps, mais tout-à-fait cachée dans le fond du Vésuve. Elle paroît à l'intérieur composée des mêmes matières que le reste de la montagne dans les parties les plus solides, & elle a été recouverte à l'extérieur, de sables, de scories, de pierres brûlées, de ponces & d'écumes, que le Vésuve a rejettées dans ses éruptions : elles s'y sont amassées à quelque épaisseur, & ont comblé la partie du crater qui s'est soulevée en même-temps, entre le pied de cette nouvelle montagne & l'ancien orle ou bord du Vésuve. Quoiqu'il en soit, tout ce terrein m'a paru assez solide pour y marcher sans crainte. Tout le long de l'ancien Vésuve on ne s'apperçoit ni de bouches à fumée, ni d'aucune chaleur sensible ; mais quand on est arrivé à l'ancien orle, sur le crater même, le sable qui y est très-épais, est fort chaud ; il y a des crevasses qui rendent continuellement de la fumée ; il en sort aussi de quelques gros quartiers de tuf percés, quoiqu'ils ne soient pas encore brûlés, au moins à l'extérieur.

Ces fumées sont assez considérables pour

pour qu'on les apperçoive de Naples même, & elles font si chaudes, qu'il n'est pas possible d'approcher la main de l'orifice dont elles sortent, sans se brûler. C'est là surtout où on trouve quelques-unes de ces grosses pierres lancées en l'air hors du foyer par ces explosions violentes dont j'ai parlé.

La chaleur ne diminue pas en grimpant sur la nouvelle montagne, elle semble augmenter, ce qui prouve qu'elle n'est pas fort épaisse : la fumée en sort de même que de l'ancien cratere. Le sable y est fort chaud, & plus épais que sur le reste de la montagne ; on y est jusqu'au génou, & souvent plus haut surtout en montant, à cause des efforts qu'ils faut faire pour avancer. Cette nouvelle montagne est terminée par un orle assez large, où l'on peut marcher aisément, & qui paroît formé en partie par les matières des éruptions qui s'y sont accumulées ; la chaleur du sable est moindre à mesure qu'on s'approche de la pointe. Le plus haut point de cette montagne est du côté de Naples, une partie de ses bords se sont écroulés entre le levant & le nord. Sa distance actuelle de l'ancien orle m'a paru être d'environ cinq cens pieds.

Tome IV. T

Lorſque j'y ſuis monté, il ſortoit du Véſuve une colonne de fumée blanchâtre, épaiſe & fort humide, qui en rempliſſoit preſque entiérement l'ouverture, & qui auroit empêché de rien voir de l'intérieur, ſi le vent du midi, qui ſoufloit aſſez fort, n'eût rabattu de temps en temps la fumée; ce qui me permettoit d'obſerver les parois intérieurs de la montagne entre le couchant & le nord, à la profondeur d'environ trente toiſes. On remarque dans certaines parties les traces d'un feu violent; dans d'autres les choſes y paroiſſent dans leur état naturel; c'eſt-à-dire que les différens lits de pierres & de terres y ſont comme dans toute autre montagne. Preſqu'au-deſſus je vis très-diſtinctement un amas de fort groſſes pierres ſemblables à un rocher ſolide, qui avoit l'air d'un maſſif de ſoufre de différentes nuances de jaune, parmi leſquelles je remarquai quelques rayes bleues, qui ne peuvent avoir été occaſionnées que par des matières vitrioliques miſes en fuſion; il peut ſe faire que cette couleur ne fut qu'une couche extérieure, & une eſpéce de ſuye ou de dépôt de fumée. Il ſe détacha de cet endroit même quelques parties aſſez groſſes. Quand elles furent arrivées au fond, elles y exciterent un bouillonnement très-sensible, je m'apperçus aussi qu'il se détachoit de temps en temps quelques parties moins considérables dans le tour de la montagne. Nous y roulâmes les plus grosses pierres que nous pûmes trouver sur l'orle, & nous entendîmes le bruit qu'elles faisoient en tombant, toujours diminuer pendant un assez long espace de temps pour juger que le foyer étoit alors à une grande profondeur; la chûte de ces pierres n'occasionna aucun bruit extraordinaire, ni aucune différence de mouvement dans l'éruption de la la fumée, au lieu que les parties du rocher qui se détacherent vis-à-vis de l'endroit où j'étois, augmenterent tout de suite le volume de la fumée, perpendiculairement à l'endroit même d'où elles s'étoient détachées. De temps à autres, on y entend quelques mugissemens sourds & profonds, semblables à ceux d'un vent violent entendu de loin.

Tout ce que j'ai pû observer tant par la chaleur que j'ai éprouvée en montant qu'à l'inspection même de la fumée, c'est qu'il y a encore un très-grand feu allumé dans le dedans du Vésuve. La quantité de la fumée, son épaisseur & sa blancheur, étoient occasionnées par beaucoup d'humidité, & surtout de nitre qui devoit dominer alors dans tout l'intérieur de la montagne. Depuis long-temps les pluyes étoient fréquentes, il étoit tombé beaucoup de neige & de grêle; il en restoit même encore quelques parties jusques sur la nouvelle montagne, assez épaisses pour résister à la chaleur continuelle du terrein sur lequel elles étoient; mais je ne vis rien dans cette fumée ni dans les matières qu'elle charioit, qui pût me faire soupçonner qu'il y eut beaucoup de fer mêlé avec le soufre dans le foyer intérieur ; au contraire la fumée, au goût, à l'odeur, au tact même, étoit tout-à-fait semblable à celle des bouches de la Solfatarre: ce qui donne lieu de conjecturer que le feu étoit alors entretenu par des matières semblables ; en plus grande quantité sans doute, eu égard à l'étendue du foyer, & à la largeur de son issue, au moyen de laquelle l'air extérieur y fait sentir plus librement son action.

L'inspection des lieux, & l'état actuel du Vésuve, semblent annoncer que ce volcan, si formidable autrefois, deviendra peu dangereux, ou que s'il ne s'éteint pas abſolument, il reſtera dans le même état de tranquillité dans lequel eſt la Solfatarre depuis tant de ſiécles. Le rapport de ceux qui ont vû le Véſuve à l'intérieur, & qui ont pû l'examiner dans le temps où l'incendie étoit le moins fort & qu'il en ſortoit peu de fumée, & qui aſſûrent que la montagne du côté de Naples eſt encore trés-ſolide, compoſée de différens lits de pierres, de tufs, de terres & de ſables mêlés de quelques parties de différens minéraux, qui peuvent fournir long-temps des alimens nouveaux au foyer du Véſuve; ce rapport, dis-je, ne me paroît rien conclure pour la durée du Véſuve. Dans le temps que le feu étoit allumé dans la Somma, toute la partie ſeptentrionale de la montagne étoit ſolide, compoſée de ſes différens lits, qui n'étoient point encore altérés, & qui ſont reſtés dans l'état même où ils étoient alors, tandis que la partie oppoſée fut entiérement emportée, tant par la violente action du feu, que par la force & le poids d'un torrent de matières enflammées, de nafte, de bitume, de ſoufre fondus enſemble, & mêlés de beaucoup d'eau, qui rendirent fluides les ſables, les terres, les tufs, & les pierres mêmes pendant assez long-temps, pour couvrir tout l'espace de terrein qui étoit entre cette montagne & la ville d'Herculée, & couler delà jusques dans la mer même, à une très-grande hauteur, ainsi que je le dirai plus bas. Il peut arriver la même chose au Vésuve ; la montagne est très-usée du côté d'*Ottaïano* ; elle peut s'ouvrir entiérement de ce côté, & donner un issu libre aux matières enflammées qu'elle renferme encore dans son sein, & dont le foyer s'éteindra ensuite insensiblement, parce que le feu n'étant plus concentré, n'aura plus autant d'activité, & ne recevra même plus autant de matières qui puissent l'entretenir.

Au reste, plus les éruptions du Vésuve sont fréquentes, moins elles sont formidables. Depuis la grande éruption du 13 Décembre 1631, il y en a eu autant que l'on en avoit observé depuis celle de 79 ; elles se succédent de près, & sont si irréguliéres, que l'on ne peut rien conjecturer de solide sur la maniere de leur retour. Celle de 1760, se fit au pied même de la montagne qui se créva. Il sembloit que la matière ne fut plus assez abondante, pour s'élever jusqu'au sommet du Vésuve : sans doute que les cavités que le feu & les matières inflammables parcoururent alors se sont affaissées, & n'ont plus présenté une issue libre aux matières qui ont causé l'éruption de 1766, puisqu'elles se sont élevées jusqu'à l'orle supérieur : mais dans cette éruption, comme dans toutes celles de ce siécle, qui se sont suivies de près, les tremblemens de terre causés par ces mouvemens, se sont fait sentir à peu de distance & sans porter presque aucun dommage, ce qui prouve ou que les communications qu'avoit le Vésuve avec les terres voisines sont interrompues, ou que sa masse n'est plus assez solide pour communiquer son mouvement au loin.

L'ouverture actuelle du haut du Vésuve, m'a paru avoir au moins cent toises de diamétre, du couchant au levant, qui est la seule partie que j'aie pû voir quelques instans à découvert, parce qu'une colonne de fumée épaisse remplissoit alors toute sa capacité. Comme la forme de l'ouverture est plus ovale que ronde, le diamétre doit être plus grand du midi au nord. L'orle n'est pas par-tout de même hauteur, il s'est affaissé en partie du côté du levant, & c'est par-là qu'il est possible de pénétrer dans l'intérieur même du crater, lorsque le Véſuve eſt tranquille.

Cours de la lave & ſes mouvemens.

21. Les torrents enflammés que le Véſuve a jettés hors de ſon ſein, dans le temps des éruptions, & l'on appelle *laves* dont j'ai décrit la compoſition, ne courent pas avec une rapidité qui empêche de les éviter & de ſe ſouſtraire à leur fureur. Leur marche eſt lente & a une ſorte de gravité, qui dépend & de la ſolidité des matières enflammées qui ſont fortement unies enſemble, & des deux mouvemens contraires qui agitent ces torrents; c'eſt-à-dire le mouvement de fluidité & celui d'effervescence. Par le premier, le torrent de feu tend à ſuivre la pente ſur laquelle il coule à la maniere de tous les autres liquides; par le ſecond, il tend continuellement à s'élever en ſe dilatant; ce qui retarde ſa marche, & fait que ce fleuve, quelque fort & deſtructif qu'il paroiſſe, eſt arrêté par le moindre obſtacle. S'il ſe trouve un arbre ou une pierre de quelque groſſeur vis-à-vis le front du torrent; on le voit s'arrêter un inſtant, entourer enſuite ce qui lui fait obſtacle ſans le toucher, & s'élever par le mouvement d'effervescence juſqu'à ce qu'il l'ait couvert, ce qui

n'arrive qu'après que la grande chaleur qui fort de ces matières enflammées a pénétré en quelque forte les corps étrangers qui lui faifoient obftacle, & leur a donné une forte de préparation au moyen de laquelle ils peuvent s'unir plus aifément à la lave. Alors les pierres poreufes, les cailloux, dans lefquels il fe trouve des cavités, où l'air eft renfermé dans une quantité fenfible, fe brifent fous la lave avec un bruit femblable à celui du canon; lorfque l'air qu'ils contenoient raréfié par la chaleur, fort avec effort des cavités où il étoit refferré, & force même la réfiftance du torrent enflammé qu'il divife.

Le terrein fur lequel coula la lave de 1760 étoit parfemé de plufieurs de ces cailloux, qui fe brifant avec bruit, donnoient de loin à fon cours l'air d'un retranchement garni d'une nombreufe artillerie, & éclairée pendant la nuit d'une longue fuite de feux; ainfi que je l'ai appris de Militaires fort en état de juger de la vérité de cette comparaifon, & fur-tout de M. le Comte de Neiperg, alors Ambaffadeur de l'Empereur à la Cour de Naples.

Les arbres qui fe trouvent dans le cours de la lave, & qui font d'un gros

T v

volume, lui font un obstacle encore plus sensible ; comme le mouvement d'effervescence n'est pas assez fort pour l'emporter entiérement sur celui de fluidité, & former une espéce de voûte qui s'éleveroit au-dessus du tronc de l'arbre, & l'entoureroit sans le toucher ; la lave s'arrête d'abord vis-à-vis de l'arbre, & l'entoure en entier sans le joindre. Si l'arbre est verd & plein de sève, ses feuilles jaunissent d'abord, se séchent & s'enflamment, sans que le feu se communique au corps de l'arbre ; car quelques-uns restent en place, & séchent sans brûler ; il faut pour cela qu'ils soient gros, élevés, & vigoureux ; sinon, ils se courbent insensiblement, & sont entraînés par la lave ; alors on voit une flamme plus vive s'élever au-dessus de la place qu'ils occupent ; les matières dont le torrent est recouvert, sont plus agitées, ce qui dure jusqu'à ce que l'arbre en soit entiérement consumé. Les arbres secs, quelque gros qu'ils soient, s'enflamment beaucoup plus vîte, & donnent ordinairement une piramide de feu, qui s'éleve fort au-dessus de la lave. Il est vrai que les propriétaires des fonds sur lesquels les laves coulent, familiarisés en quelque sorte avec ces torrens, dont ils connoissent le mouvement, ont eu dans ces derniers temps, l'attention de faire couper les arbres, dans les terreins sur lesquels la lave prenoit sa direction.

Les bâtimens qui se sont trouvés exposés à ce fléau, & qui naturellement ne devoient pas être assez solides, pour résister à un liquide de ce poids, & de cette activité, n'ont pas toujours été renversés; quand la lave approche de quelque maison, elle s'arrête, parce que le courant d'air retenu par la surface du mur, à travers lequel il ne peut pas s'échapper assez promptement, fait assez d'obstacle au mouvement de fluidité pour l'arrêter, & donner plus d'activité à celui d'effervescence. Alors la lave s'éleve au-dessus de son niveau, s'étend autour de la maison qu'elle environne sans la joindre : s'il y a des portes ou des fenêtres à la hauteur du torrent, la chaleur de la lave les échauffe assez pour qu'elles s'enflamment & tombent d'elles-mêmes. Le torrent, suivant son mouvement de fluidité, se divise & laisse couler une petite branche de lave, qui avance quelques pas au-dedans de la maison, mais qui ne s'y étend pas, comme feroit tout autre liquide, parce que le mouvement d'effervescence qui est plus marqué sur les bords que dans le milieu du torrent, ne permet pas à la lave qui s'échappe par le côté, de couler assez vîte, pour n'être pas refroidie, & avoir perdu sa fluidité, avant que de remplir l'espace qui lui est offert, & dans lequel l'air renfermé lui fait encore plus de résistance qu'en rase campagne.

Une preuve sensible du mouvement d'effervescence de la lave qui la porte toujours à s'élever, ce sont les différentes grottes qu'elle a formées naturellement, & que l'on apperçoit encore à l'ouverture de quelques bouches, par lesquelles elle a coulé; mais aucune ne mérite plus d'attention que celle que l'on voit au pié du Vésuve du côté d'Ottaïano & qui s'est élevée dans le cours des dernieres laves de 1755. Dans le plein même du vallon, la lave en coulant s'est formé un aqueduc creux, long d'environ quatre-vingt pieds; cet aqueduc ou canal vient aboutir à une grotte qui a vraiment la forme d'un petit temple antique, coupé par le milieu & couvert d'une demi-coupole. L'ouverture principale a huit pieds & demi de largeur, la hauteur est de plus de douze pieds ; la matière est si bien unie dans ses inégalités, que toute la grotte semble formée d'un seul & même massif de briques. Le pavé de la grotte, recouvert de sels & de soufres blanchâtres, est assez uni ; il paroît que la lave a coulé à travers l'aqueduc & le temple même après qu'ils ont été formés. Les stalagmites attachées à la voûte & sur-tout à l'entrée, y font un ornement de différentes couleurs brillantes, qui rendent ce caprice de la nature encore plus singulier. Il est vrai, que quant aux sels & aux soufres qui sont sur le pavé, & aux stalagmites, l'état des choses peut changer, & que l'humidité & l'air suffisent pour faire tomber cette espéce de décoration ; mais pour la grotte elle est d'une solidité à durer très-long-temps d'autant mieux qu'elle est appuyée sur un lit de laves que rien ne paroît devoir déranger de sitôt. La matière qui a coulé des petites cavités qui sont à côté, toute refroidie qu'elle est, est une preuve de la solidité & de l'union de ses parties.

Telle est donc la manière dont ce torrent de feu surmonte les obstacles qu'il trouve dans son cours. Il s'étend plus ou moins, suivant la qualité des matières dont il est composé. Quand le le bitume y domine & que le liquide trouve dans les parties mêmes, dont il est formé, de la réſiſtance à s'étendre, il coule à une très-grande épaiſſeur; on connoît des lits de lave qui ont douze à quinze pieds de hauteur, & d'autres qui n'en ont que trois ou quatre. Il ne coule pas à la manière des autres liquides, qui ne croiſſent en hauteur qu'à proportion des obſtacles & des inégalités du terrein qu'ils parcourent; ici c'eſt ſon mouvement d'efferveſcence, & le degré de chaleur, qui décident de l'épaiſſeur de la lave & de ſa largeur; plus le bitume y domine, plus les bords s'élevent, & concentrent dans le milieu le fluide, qui continue de couler toujours dans le même volume. Obſervation qui prouve que les dernieres laves ſorties du Véſuve, s'étant étendues à une très-grande largeur, avoient beaucoup moins d'efferveſcence que la plûpart de celles qui les avoient précédées; & que par conſéquent les matières les plus inflammables, & la chaleur du foyer avoient fort diminué.

Quoique le mouvement de la lave puiſſe paſſer pour lent, ne parcourant dans ſa plus grande célérité pas plus de dix ou douze pieds par minute, elle coule toujours à une épaisseur relative aux matières dont elle est composée, même très-près des bouches d'éruption, qui d'ordinaire se sont ouvertes dans les penchans les plus rapides de la montagne. Dans ces endroits même, malgré la rapidité du terrein, on observera que plusieurs laves y ont coulé d'une très-grande épaisseur; & que d'autres se sont étendues davantage en largeur; dans quelques-unes l'ouverture a été pour ces torrens de minéraux fondus, une espéce de filiere où ils ont pris la consistance & le volume qu'ils ont conservés dans leur cours. Dès que le principe de chaleur qui met le fluide en mouvement, est tout-à-fait dissipé, la lave cesse de couler & s'arrête. Je n'ai pas vû que l'on eût observé à quelle épaisseur elle brûloit le terrein sur lequel elle coule; mais elle doit lui communiquer sa chaleur à un haut degré, à en juger par le temps que les laves restent échauffées; plusieurs l'étant encore plus d'un mois après que leur cours est arrêté.

Telles sont les laves qui ont coulé en très-grande quantité depuis 1631 jusqu'en 1760, & qui ont recouvert tout le Vésuve, d'un enduit solide & aride, sur lequel rien ne peut croître, & qui vûes de près lui donnent un aspect si triste & si noir. Par-tout où elles se sont accumulées, le terrein y est également inculte, & il ne paroît pas qu'il soit jamais possible de le fertiliser, s'il n'est pas recouvert de terres, de cendres, & d'autres matières favorables à la végétation; car il ne faut pas imaginer que les excellens vins que l'on recueille au pied du Vésuve croissent sur les laves. Le terrein de ces vignes est rempli à la vérité de cailloux, de sables, de cendres, de ponces, de soufres même que les éruptions y jettent; mais toutes ces matières mêlées ensemble fournissent des sels excellens & la nourriture la plus convenable aux fruits qui y croissent, & qui sont de première qualité, de même que dans les territoires de Portici, Résina, & des Villages voisins.

Chemins pour aller au Vésuve. 22. Je n'ai encore rien dit des précautions à prendre pour monter sur le Vésuve. Il y a différens chemins moins fatiguans les uns que les autres. L'un par le côté d'Ottaïano, passant par le Village de l'Annunziata, qui est au midi du Vésuve; l'autre par l'Hermitage & la Somma qui est au nord. Il est certain que ces deux routes font les moins fatiguantes, & que l'on peut y aller sans peine avec un guide; mais ce n'est pas-là le chemin que nous prîmes. Les étrangers font presque toujours la dupe de leur impatience de voir les objets de leur curiosité. Nous crûmes couper au plus court en allant droit au Vésuve, & en nous en rapportant aux premiers paysans du pays qui s'offrirent pour nous guider.

En descendant de carosse à *Resina*, nous fûmes investis par un tas d'hommes, les plus grossiers & les plus misérables en apparence, que l'on puisse imaginer : ce sont les habitans les plus pauvres de ce riche pays; il semble que l'aridité de la lave, sa stérilité & sa dureté ayent passé en partie sur la phisionomie & dans les manieres de ces gens qui crient plutôt qu'ils ne parlent un langage barbare & presque inintelligible. Leur occupation ordinaire est la culture des vignes & des terres, & la pêche. Mais comme les laves ont beaucoup retranché dans ces derniers tems, de la quantité du terrein qu'ils avoient à cultiver, leur misére a augmenté à proportion que leurs moyens de subsister ont diminué, & attachés à la douceur du climat qu'ils habitent, naturellement pareſſeux & indolens, ils n'ont pas imaginé d'aller chercher ailleurs des terres à cultiver, & des travaux auxquels ils puſſent s'occuper utilement, quoiqu'ils ſoient forts & robuſtes.

Un des moyens les plus ſûrs qu'ils ayent de gagner quelque argent eſt d'attendre les étrangers qui doivent venir voir le Véſuve. Ils s'offrent de les conduire, de les porter, de les traîner même; car ils s'engagent d'épargner toute fatigue à ceux qui voudront bien s'en rapporter à eux. Ils amenent auſſi des ânes ſur leſquels on monte, pour aller à travers les différentes laves juſqu'au deſſus de l'*Atrio del' Cavallo*. On peut louer de ces gens tant que l'on veut, car ils viennent s'offrir en foule, & ſi on marque le moindre étonnement de leur nombre, de leurs cris & de leur brutalité, ils rançonnent impitoyablement, & même quelquefois maltraitent les étrangers; car ils ſont méchans & très-intéreſſés. La maniere de traiter avec eux, eſt de ne les point laiſſer approcher, afin qu'on ne ſoit pas enlevé & porté de force ſur un âne; il ne faut pas craindre de les éloigner à coups de bâton; il n'y a même que cette maniere de se faire entendre & obéir. Quand on en a assûré le nombre, dont on croit avoir besoin, & convenu de prix, on donne à chacun d'eux une marque qu'ils sont obligés de rapporter au retour du Vésuve, à la vûe de laquelle on les paye; car s'ils avoient reçu leur argent plutôt, ou ils ne rendroient aucun service, ou ils se feroient payer au-delà de la convention.

Pour faire valoir davantage la peine qu'ils prennent, ils choisissent le chemin le plus rude & le plus difficile pour grimper sur le Vésuve; deux vont en avant qui font semblant de tirer à eux celui qu'ils conduisent, un autre le soutient par derriere, & prétend le pousser en haut. Comme le terrein n'a aucune solidité, ces gens ne peuvent jamais s'assûrer de façon à y avoir de la force. De sorte qu'ayant vû que je me fatiguois beaucoup à suivre les mauvais guides dont j'étois précédé, & que celui qui prétendoit me pousser me retiroit réellement en bas, & qu'en tout les uns & les autres me nuisoient plus qu'ils ne me servoient; je pris le parti de les faire marcher devant moi, & de grimper sans leur secours; car je m'étois véritablement excédé de fatigue, en voulant suivre la direction qu'ils me donnoient : je ne commençai donc à aller un peu à mon aise, que lorsque je ne m'en rapportai qu'aux précautions que je pris de moi-même. L'avidité de ces gens, leur brutalité stupide, leur misérable ajustement, & leurs cris confus, sont très-propres à donner une idée des Sauvages les plus grossiers & les plus barbares de l'Amérique. Je ne conseille donc à personne de prendre cette façon d'aller sur le Vésuve; il faut se pourvoir d'un guide instruit, dont quelqu'un réponde à Naples, monter à cheval dans la ville même, & aller jusqu'à l'*Atrio del Cavallo* ou du côté de la Somma, ou de celui de l'Annunziata, & gagner le sommet du Vésuve par le Midi ou par le Nord; il est moins escarpé de ces côtés, le chemin est moins fatiguant, & comme on est plus tranquille, on peut faire des observations plus justes & meilleures.

A une demi-lieue environ du Vésuve, entre le nord & le couchant, sur un côteau peu élevé, vis-à-vis de l'ancien crater de la Somma, planté de vignes & cultivé; est l'hermitage *del Salvatore*, duquel on est bien à portée d'observer tous les mouvemens du Vésuve, d'en entendre le bruit, & de ressentir les premieres fecouffes qu'il caufe. Aux matières près qui font jettées au loin par les éruptions, & qui tombent fur l'hermitage comme ailleurs, il n'y a rien à craindre ni des torrens de feux, ni même des tremblemens de terre ; car la chapelle qui eft affez grande, & les petits logemens de l'Hermite, quoique d'ancienne conftruction, n'ont rien fouffert d'aucuns de ces mouvemens convulfifs.

Celui qui habitoit cet hermitage en 1762 étoit un François qui y étoit établi depuis long-temps, grand hableur de fon métier, qui avoit voulu fe donner pour un homme à miracles ; qui d'abord par fes intrigues avoit acquis une forte de crédit, & s'étoit fait connoître même à la cour ; mais comme fa conduite ne répondoit pas exactement à l'idée qu'il avoit voulu donner de fa fainteté, il avoit été obligé de renoncer & à prédictions & à miracles, pour s'en tenir à fon état de mendiant, qu'il m'a paru exercer avec beaucoup d'affûrance. Il vantoit fort fon défintéreffement, & prétendoit que fes quêtes tournoient plus au foulagement des pauvres de fon voifinage, qu'à fes propres befoins, & fous prétexte, il extorquoit fouvent avec importunité ce qu'il n'auroit pas obtenu autrement. Il jouiſſoit encore dans les villages voiſins d'un certain crédit que lui attiroit l'état d'aiſance ou il s'étoit établi ; quoiqu'il paſſât publiquement pour de ces gens : *qui Curios ſimulant & Bacchanalia vivunt*, & qu'il en eût toute la phyſionomie.

Le vin de ce côteau eſt de très-bonne qualité, il reſſemble pour le goût & la couleur au *lacrima Chriſti*, & ſouvent on le vend pour tel.

Ce petit territoire eſt continuellement fertiliſé par les pluyes de cendres, de ſels & de ſoufres, que les vents détachent de la cime du Véſuve, ou que les fumées y dépoſent.

Tout le pays des environs, quelque ſec qu'il paroiſſe, eſt réſervé pour les plaiſirs du Roi ; on voit quelques petits chemins que l'on a pratiqués pour pouvoir paſſer partout ; le gibier même paroît s'y plaire. J'y ai vû des liévres & des perdrix rouges, qui y vivoient fort tranquillement & que le bruit n'étonnoit pas. On mene auſſi paître quelques moutons & des chêvres aux environs de la Somma, où il eſt reſté quelques buiſſons qui croiſſent dans les rochers. Ce ſpectacle eſt encore celui de la miſére même ; les femmes qui gardent ces troupeaux, moins actives que leurs maris dont j'ai parlé plus haut, couvertes de quelques haillons, paroissent porter à peine le poids du jour & de leurs maux, & font vraiment pitié ; ce qui est d'autant plus étonnant qu'à quelques milles près en quarré, qui sont couverts de laves, tout le reste du pays est d'une abondance & d'une fertilité incomparables (*a*).

(*a*) *Hic est pampineis, vividis modo Ve-*
    suïus umbris,
Presserat hic madidos nobilis uva lacus.
Hæc juga, quam Nisæ colles plus Bacchus
    amavit
    Hoc, nuper satiri monte dedere choros;
Hæc veneris sedes, Lacedemone, gratior illi,
    Hic locus Herculeo nomine clarus erat.
Cuncta jacent flammis, & tristi mersa favilla,
    Nec superi vellent hoc licuisse sibi.

Mart. Ep. 44. L. 4.

Cette épigramme est bien l'histoire du Vésuve actuel, elle fut faite peu après la premiere éruption de 79 ; les choses s'étoient bien rétablies dans les siécles suivans ; mais depuis l'éruption de 1631, la désolation a été portée à un point, qui ne permet pas d'espérer que le Vésuve ait jamais les agrémens que Martial lui donne.

Découverte d'Herculée.

23. Après les détails dans lesquels je suis entré sur les divers embrasemens du Vésuve, les matières qu'il a rejettées dans ses éruptions, & dont il a couvert le pays qui l'environne, les différentes laves qui en ont coulé & son état actuel, je dois dire quelque chose de plus précis de la grande éruption qui couvrit en entier la ville d'Herculée & celle de Pompeya; événement fameux dont la mémoire s'est renouvellée de nos jours, & est devenue plus solemnelle que jamais, par l'entreprise qu'a faite le roi des deux Siciles, de fouiller dans les ruines de la première de ces deux villes abîmée depuis tant de siécles, & recouverte de terres à une telle épaisseur, & d'une solidité si grande, que l'on a bâti au-dessus le bourg & le château royal de Portici, sans que ce terrein que l'on peut regarder comme artificiel, ait jamais éprouvé d'autre affaissement, ni d'autre mouvemens, que ceux qui ont été occasionnés par les tremblemens de terre dont tout le pays a souffert.

Ce qui a donné lieu à ces découvertes qui doivent faire époque dans l'histoire de la Littérature & des beaux Arts, est une excavation qu'entreprit le prince d'Elbeuf, général des galéres de Naples, dans

dans le commencement de ce siécle, pour faire un puits à Portici même. On y trouva quelques morceaux de marbre travaillés de bon goût. En 1711, le prince d'Elbeuf ayant besoin de poussieres de marbres, pour faire des stucs dans une maison qu'il faisoit construire à Portici, fit pratiquer quelques excavations dans le même puits à fleur d'eau, & on trouva un temple antique orné de colonnes & de statues de marbres, qui furent enlevées & envoyées au prince Eugéne. Les proportions de ce temple que l'on croit avoir été consacré à Bacchus, étoient-à-peu-près les mêmes que celles du temple de Sérapis à Pouzzols. Cette découverte étoit assez belle pour faire continuer les excavations qui furent cependant interrompues, & dont on parla peu alors. Cela fit seulement soupçonner, que ce temple pouvoit bien faire partie de l'ancienne ville d'Herculanum ou Herculée, dont jusqu'alors on avoit ignoré la vraie situation; les auteurs qui en avoient écrit la plaçant bien plus au levant, sous les villages de la Torre del Greco ou de l'Annunziata.

Les choses resterent en cet état, on n'en parla plus jusqu'en 1738 que le roi des deux Siciles ordonna que l'on fit de nouvelles excavations que l'on a continuées jufqu'à préfent, & qui dureront encore plufieurs années; car, fuivant toutes les apparences, il s'en faut beaucoup que l'on ait fouillé le terrein de l'ancienne ville d'Herculée, & pénétré dans toutes fes ruines.

Caufes de la ruine d'Herculée. 24. Je vois que jufqu'à préfent on s'eft accordé à regarder l'éruption de 79, comme la feule caufe de la ruine d'Herculée. Mais il faut remonter à feize ans plus haut. Sénéque nous apprend que fous le Confulat de Regulus & de Virginius, le jour des nones de février (le 5) date qui revient à l'an 63 de l'Ere Chrétienne, il y eut un violent tremblement de terre qui fe fit fentir dans tous les environs du Véfuve, & dans une faifon où il fembloit que l'on n'avoit rien à craindre de ces accidens inopinés. Jufqu'alors la Campanie agitée de ces violentes fecouffes n'en avoit été qu'effrayée, fans en éprouver aucune perte confidérable; mais dans cette occafion, à s'en rapporter aux expreffions de Sénéque, la ville de Pompeïa fut entiérement ruinée; Herculanum fut détruite en partie, & ce qui en reftoit paroiffoit fi mal affuré que l'on doutoit qu'il pût fubfifter long-temps. Naples fut endommagée dans plusieurs de ses édifices, tandis que les maisons de campagne isolés furent violemment agitées ; mais aucune ne fut renversée (a).

J'observerai à ce sujet que le continuateur de Dion Cassius, en parlant de l'éruption qui recouvrit en entier la ville d'Herculée, & que j'ai cité plus haut, paroît avoir confondu ces deux événemens, & n'en faire qu'un seul, quoiqu'ils soient fort éloignés l'un de l'autre ; c'est sans doute à la suite de ce tremblement de terre que la plûpart des

---

(a) *Pompeios celebrem urbem Campaniæ... desedisse terræ motu, vexatis quæcumque adjacebant regionibus.... audivimus & quidem diebus hibernis quos vacare à tali periculo, majores nostri solebant promittere. Nonis februarii fuit motus hic, Regulo & Virginio consulibus, qui Campaniam nunquam securam hujus mali, indemnem tamen, & toties defunctam metu, magna strage vastavit. Nam & Herculanensis oppidi pars ruit, dubiæque stant etiam relicta sunt..... Neapolis quoque privatim multa, publice nihil amisit, leviter ingenti malo perstricta, Villæ vero præruptæ passim sine injuriâ tremuere.....*

Senec. quæst. natur. L. 6....

bâtimens que l'on retrouve sous les matières de l'éruption de 79, prirent cette direction inclinée du Nord au Midi, que l'on remarque sur-tout dans ceux qui sont le plus près de la mer ; car le théâtre & les édifices voisins avoient conservé leur point d'appui perpendiculaire, & il paroît très-probable que cette direction avoit été donnée par le tremblement de terre, & non pas, comme quelques auteurs l'ont écrit, par le poids des matières qui coulerent du Vésuve dans l'éruption. L'abondance de cendres, de ponces, & de pierres que rejetta le Vésuve plusieurs jours de suite avant que le torrent ne coulât, & qui tomberent perpendiculairement & en forme d'une pluye épaisse & continuelle, durent être accumulées en assez grande quantité pour recouvrir la ville en entier, & soutenir les bâtimens dans la position où ils se trouvoient. La preuve de l'abondance avec laquelle elles tomboient, c'est que l'on fut obligé d'éveiller Pline l'ancien qui se reposoit dans une maison, pour qu'il eut à s'en retirer promptement, parce que les cendres, les écumes, les ponces tomboient d'une telle épaisseur que toutes les issues étoient prêtes d'être comblées de façon à ne pouvoir plus s'échapper. Cependant Pline étoit probablement à quelques milles au-delà d'Herculée du côté de Stabia, où il paroît que l'éruption ne se fit pas sentir auſſi fort qu'au midi, où elle remplit, non-ſeulement les rues & les cours, mais les veſtibules, & pluſieurs des appartemens d'Herculée. Cette pluye brûlante & ſi incommode força ſes habitans à ſe retirer plus loin, & leur donna ſans doute le temps d'emporter leurs effets les plus précieux; puiſque depuis le temps que l'on y fouille, on n'a trouvé en diverſes places que les reſtes de dix ou douze cadavres, que l'on peut légitimement ſuppoſer être de gens qui, comme Pline l'ancien, furent ſuffoqués en voulant ſe retirer, & que l'on n'eut pas le temps de ſecourir dans la confuſion & l'obſcurité qui regnoient.

Les cendres, les ponces, les pierres brûlées, les ſables ardents, s'accumulerent donc aſſez promptement ſur cette malheureuſe ville, non-ſeulement pour conſerver long-temps leur chaleur, mais encore pour la communiquer à un très-haut degré à tous les effets qui étoient dans les maiſons; puiſque dans les appartemens où l'eſpéce de lave, ou de liquide enflammé dont je parlerai plus bas n'a pas pénétré, on a trouvé le pain, les fruits, les bois, plusieurs volumes en rouleaux; échauffés au point d'avoir été réduits en charbons, mais fans avoir changé de forme, & par conféquent fans avoir été expofés à l'action du feu.

Les peintures s'y font mieux confervées, elles n'ont été que ternies fans être altérées, parce qu'on n'employoit alors dans la peinture que les couleurs tirées des minéraux & des terres coloriées, qui étant en propre fubftance, fans mélange d'aucune liqueur inflammable, telle que l'huile, & ayant pénétré à une certaine épaiffeur dans l'endroit fur lequel elles étoient appliquées, fe font confervées auffi aifément que les ftucs. Il eft cependant probable que fi peu après l'éruption on eut effayé de les enlever comme on a fait près de dix fept fiécles après, une partie euffent tombé en pouffière. Je crois que l'humidité qui a pénétré à la longue à travers la couverture épaiffe de laves & de cendres qui étoit au-deffus, a renouvellé en quelque forte l'enduit, & a raffermi les unes avec les autres les parties des couleurs qui, dépouillées de toute humidité, ne devoient plus tenir enfemble que par leur feule configuration. Cependant elles reſtoient en place; tant parce que l'air qui les environnoit étoit dans une entiere inaction, que parce qu'elles étoient ſoutenues en partie par les matières mêmes de l'éruption.

Une preuve que cette chaleur n'échauffa que par des degrés l'air intérieur des appartements, ce ſont les manuſcrits en rouleaux que l'on a trouvé en grand nombre, & qui pour la plus grande partie étoient écrits ſur vélin, ils ne ſe ſont ni retirés ni pliſſés; en les déroulant avec une très-grande patience, leurs cendres même conſervent aſſez de ſolidité, pour avoir la forme d'une pellicule blanchâtre, chargée de cararactères encore aſſez noirs pour être liſibles, quand on les a raſſemblés & collés ſur le papier : ſolidité qui ne peut certainement leur avoir été communiquée que par l'humidité qui s'eſt répandue, ainſi que je viens de le dire.

Les ſtatues, meubles & uſtenciles de bronze, dont je parlerai dans la ſuite, ont été expoſés à une grande chaleur; quelques-uns ſont noircis, mais aucun n'eſt brûlé; l'ouvrage n'en eſt point gâté. Ceux même qui n'ont pas été immédiatement expoſé à l'humidité, n'ont pas le vernis précieux de l'antiquité, dont font chargés les bronzes qui ont été long-temps dans la terre; tous les inftrumens de fer font rongés ou détruits en partie par la rouille, ce qui n'eft arrivé que très-long-temps après l'éruption, & lorfque la chaleur a été tout-à-fait éteinte; mais les bois ont été réduits en charbon, fans rien perdre de leur configuration intérieure.

De toutes ces obfervations il me paroît naturel de conclure, que c'eft la chaleur même des premiéres matières qui tomberent en pluye fur la ville d'Herculée, & qui la couvrirent en entier à une très-grande hauteur, qui y cauferent une incendie fourd qui y brûla tout ce qui étoit combuftible, fans rien déformer; ainfi qu'on le voit dans les chofes les plus légeres & les plus minces, telles que différens pelotons de fil que l'on peut encore dérouler par parties affez longues, quoiqu'entiérement confumés par le feu.

Torrent ou lave qui couvrit Herculée.

25. Il y a apparence qu'après cette pluye fi prodigieufe de cendres qui vuida en quelque façon le *crater* de la Somma, fuivit l'éruption du torrent enflammé qui couvrit au large toute la campagne; puifque dans toutes les excavations qui fe font faites, on a trouvé

par-tout la même nature de terrein à une très-grande profondeur, & disposé de façon, qu'il paroit avoir coulé en même-temps : or, comment cela est-il arrivé ? Voici ce que je conjecture à ce sujet, d'après ce que j'ai vû & ce que j'ai lû.

Cette masse qui recouvre la ville d'Herculée & le pays voisin, & que l'on appelle *lave d'Herculanum*, pour la distinguer de celles qui ont coulé depuis du Vésuve, est un composé de cendres grises & d'un sable fin que l'humidité a mis en masse, de parties minérales, & cristallisées, qui ressemblent à des marcassites, mêlées d'une poussière ou sable noir qui y domine, parmi lesquelles on reconnoît encore des soufres, des sels, & quelques pierres brisées. La croute ou lit supérieur qui recouvre Herculanum & qui est si dure qu'on ne peut la briser & la réduire en poudre qu'à coups de pics & de marteaux, est principalement composée de ces matières plus brunes, & c'est ce qui lui a fait donner le nom de lave par quelque analogie avec ces torrens enflammés qui ont coulé nouvellement du Vésuve, & qui, en se refroidissant, acquiérent tant de dureté.

Or le sable, les minéraux, les sels, les soufres, les pierres qui se trouvent dans cette couche dure & épaisse, entroient dans la composition de la montagne même ; il n'est plus question que de sçavoir ce que c'est que cette terre ou sable noir qui y domine & paroît unir toutes les autres matières ensemble ? Le Pere della Torre prétend que c'étoit une espéce de naphte, ou de petrole, qui, comme on le sçait, est une substance liquide, inflammable, très-pénétrante & fort divisible. La montagne de la Somma en devoit avoir alors une très-grande quantité ; il y avoit encore plusieurs sources d'eaux vives qui sortoient de cette montagne ; le *Sebeto*, dont les anciens auteurs parlent comme d'une riviere considérable, n'est plus aujourd'hui qu'un ruisseau qui se fait remarquer dans les environs de Naples au Nord. Elle avoit sa source au pied du Vésuve ; la tradition est que les tremblemens de terre de 79 furent si forts, que cette riviere disparut entiérement, on la crut perdue ; elle reparut enfin a l'endroit appellé aujourd'hui *la Bolla*; mais fort diminuée (*a*).

_____

(*a*) On prétend que partie des eaux du Sébe-

N'est-il pas très-possible que ce naphte ou toute autre matière inflammable, portée alors à un très-grand degré d'effervescence, mêlée de soufres, de pierres & de minéraux fondus, se soit élevée jusqu'au-dessus du crater, qui, épuisé par l'éruption précédente, n'aura pû résister au poids de ces matières, fort augmenté encore par les eaux des sources voisines qui s'y joignirent, même par celles du *Sebeto*, qui entraînerent la partie méridionale de la montagne, divisée, fondue, liquéfiée, & la répandirent sur toute la campagne voisine, & jusques dans la mer même. Tout le pays fut couvert d'un liquide enflammé qui y porta le ravage & la désolation à un si haut point, que Martial qui vivoit à-peu-près dans ce temps, en considérant ce canton au-

---

to, détournées de leur ancien lit, fournissent les sources d'eau vive que l'on trouve à une si grande profondeur, à la *Torre del Greco*, à Retina, & à Portici. A la *Madona del Pozzo*, couvent de Franciscains, est un puits très-creux, au fond duquel passe avec bruit un ruisseau que l'on assure être une branche du *Sébeto*, qui de-là va à la mer, direction; qu'il n'avoit certainement pas avant l'éruption de 79.

trefois le plus délicieux de la Campanie, dévoré par les flammes, tout couvert d'une cendre triste & aride, dit, que les Dieux eux-mêmes, à la vûe de ce terrible effet de leur puissance, auroient voulu ne l'avoir pas portée à cet excès (*a*).

Quantité des matières rejettées dans les éruptions.

26. On a beau dire, pour prouver que le foyer du volcan a toujours été où il est, que les matières rangées dans leur ordre naturel, dans le sein de la montagne, tiennent très-peu d'espace, eu égard à celui qu'elles occupent, lorsqu'après avoir été divisées par le feu, elles sont répandues sans ordre dans la campagne. Cela est sensible par-tout; mais toujours faut-il qu'il y ait quelque proportion entre les causes & les effets.

Je suis très-persuadé que s'il étoit possible de calculer la quantité prodigieuse de matières que le Vésuve a rejettées seulement depuis l'éruption de 1631, on en formeroit une montagne plus grosse que n'est aujourd'hui le Vésuve, à le regarder comme entiérement

―――――

(*a*) Mart. Ep. 44. l. 4. Voyez ci-dessus la note.

solide : il est vrai qu'il ne faut pas oublier que ces matières fondues & dilatées par le feu occupent beaucoup plus d'espace qu'elles n'en tenoient naturellement ; mais si on ajoute à cela tout ce qu'il avoit rejetté pendant plus de quatorze siécles, quelle masse prodigieuse n'en formeroit-on pas ! A considérer le grand exhauffement de terrein qui s'est fait dans plus de douze milles en quarré, autour de cette montagne, on est porté à croire que les matières se régénéroient à mesure que le feu les consumoit.

Pourquoi donc vouloir absolument qu'il soit sorti du Vésuve cette quantité de matières, qui forme à une très-grande profondeur tout le terrein de Portici & des environs ? C'est vouloir en trop tirer, d'autant plus que ce terrein & la lave d'Herculanum ne ressemblent presque en rien aux matières du Vésuve ; elle n'a point été dilatée par un mouvement long & continué d'effervescence, comme celles qui ont coulé du Vésuve ; elle est unie par un sable ou terre noire que l'on conjecture être des restes de naphte, ou de quelqu'autre phlogistique gras & liquide qui a servi à unir ensemble les sables, les terres, les pierres, que l'on y trouve encore en substance, & à les faire couler après l'avoir mise en mouvement.

Ainsi il me paroît que la lave d'Herculanum a coulé pendant quelque temps à la manière de tout autre liquide, & ne s'est durcie qu'à mesure qu'elle s'est desséchée & refroidie ; ce que semble prouver la facilité que l'on a de la diviser dans les endroits profonds où l'humidité s'est conservée.

Mais pourquoi ce liquide a-t-il pénétré dans les corridors & les souterreins du théâtre d'Herculée, & même dans plusieurs maisons, puisque toute la ville étoit également remplie de matières de l'éruption, avant que la lave ne coulât ? Il est à présumer que la cendre & les ponces, en tombant successivement, trouverent dans ces endroits mêmes quelques obstacles qui les empêcherent de les fermer comme plusieurs autres maisons & temples ; elles s'eleverent sur des espèces de cavités peu solides sur lesquelles elles se formerent en arcs. Lorsque le liquide d'un très-grand poids vint à couler dessus, ces cavités s'affaisserent, & donnerent le moyen à la lave de s'insinuer dans les corridors du théâtre, & dans quelques maisons, où elle coula, tant qu'elle trouva de l'espace vuide à remplir ; comme ce liquide étoit mêlé de beaucoup d'eau, il ne brûla ni ne fondit les marbres & les bronzes qu'il entoura (*a*) ; il ne causa aucune altération dans l'architecture du théâtre ni dans ses revêtissemens, ainsi qu'il est aisé de s'en appercevoir ; mais le remplit d'une matière qui, en se refroidissant, est devenue fort dure & difficile à rompre, ce qui rend les fouilles si lentes & si laborieuses.

Tout ce que je viens de dire à ce sujet est le fruit des réflexions que j'ai faites d'après les idées que m'a fournies l'inspection même des lieux. Je le répéte encore, plus on examine la quantité prodigieuse des matieres que le Vésuve

---

(*a*) On a trouvé dans les ruines d'Herculanum, des bronzes fondus en partie ; ce qui n'a pu se faire que par quelques incendies locaux, occasionnés par la qualité même des matières inflammables qui se sont trouvées rassemblées, & dont la chaleur concentrée dans un petit espace aura été assez forte pour mettre le bronze même en fusion ; ce qui ne p ut avoir duré long-temps & s'est peu étendu ; à en juger par les piéces fondues en partie, que l'on a trouvées en divers endroits.

a rejettées depuis environ un siécle & demi, dont il est entiérement recouvert & dont tout le pays qui l'environne est désolé, plus on a besoin de se rappeller combien les matières inflammables & fusibles augmentent de volume, divisées par le feu, pour se persuader que tous ces torrens de laves, ces montagnes de ponce, de scories, de sables brûlés, d'écumes, soient sorties de son sein, à ne compter pour rien ce qui a coulé jusqu'à la mer, & la quantité prodigieuse de cendres portées si loin & dont on ne peut pas se faire une idée.

Que sera-ce donc si à cette quantité immense on joint encore un massif de terrein de cette qualité qui paroît avoir été répandu en même temps, & qui couvre plusieurs milles en quarré, à une hauteur de cinquante à soixante pieds; il faut encore que la partie méridionale de la Somma, que l'on suppose s'être écroulée & avoir été répandue par le torrent de naphte, de mineraux fondus & d'eau bouillante mêlés ensemble, ait été bien considérable, pour qu'il ait produit un effet aussi prodigieux.

Je sçais que ce n'est pas l'avis du pere della Torre. Il prétend que tous les changemens qui sont arrivés dans ce territoire, que toutes les couches nouvelles qui ont été ajoutées au premier fol, fortent du Véfuve; mais je ne vois pas que jufqu'à préfent il ait rien avancé qui prouve folidement la fécondité terrible & inépuifable de ce volcan.

Par tout ce que je viens de rapporter, on peut juger combien le fol de Portici eft plus élevé que ne l'étoit celui d'Herculée. On peut dire la même chofe de tout le terrein qui environne le Véfuve depuis Portici jufqu'à l'Annunziata, & delà en tirant du Midi au Nord par derriere le Véfuve, fans parler des laves qui font fi aifées à reconnoître; on trouve partout en fouillant des preuves de l'exhauffement du fol, par les différentes couches de cendres, de fables, de pierres brifées & brûlées, & d'autres matières de cette efpéce qui fe fuccédent, & qui probablement s'augmenteront encore beaucoup, furtout du côté du Nord, fi un jour le Véfuve s'écroule en entier par ce côté, comme je crois qu'il eft permis de le conjecturer.

S'ouvrira-t-il un nouveau volcan qui faffe renaître le Véfuve de fes cendres, & qui porte fon nom jufqu'aux fiécles les plus reculés ? Je ne connois pas assez le pays, & je ne l'ai pas assez examiné pour conjecturer de quel côté il pourra s'ouvrir. Peut-être ne restera-t-il que des soufriéres qui semblent naturelles à ces contrées, & qui n'ont rien de formidable ; c'est ce qui me paroît de plus probable sur leur sort à venir.

Les premiers volcans qui se sont ouverts dans la Campanie, ont paru du côté de Pouzzols & de Bayes, dans les Champs Phlégréens dont j'ai parlé plus haut, ils sont absolument éteints; celui qui s'ouvrit en 1530 & qui engloutit le bourg de *Tripergole*, n'a eu qu'une seule éruption qui n'a duré que vingt-quatre heures ; il n'y avoit pas des matières pour l'entretenir plus long-temps ; l'effet en fut si terrible que la seule idée en est encore effrayante; mais enfin ils sont tous éteins de ce côté : pourquoi le Vésuve ne s'éteindra-t-il pas de même, tandis qu'il s'en allumera de nouveaux ailleurs ?

J'ai déja parlé de celui de Pietra Mala en Toscane, entre Florence & Bologne. L'aspect de cette montagne est actuellement à-peu-près le même qu'étoit celui du Vésuve dans le temps de Strabon; le sommet en est large, plein, stérile, couvert de cendres & de matières brûlées, de pierres couleur de suye, de soufres & de sels répandus sur le terrein des environs, avec des cavernes intérieures où le feu se conserve ; tel est l'état actuel de la montagne ou sommet de Pietra-Mala dans l'Apennin ; les tremblemens de terre même deviennent plus fréquens dans ces cantons ; tout cela annonce que la postérité comptera un jour ces montagnes parmi les champs Phlégréens, moins habités & dès-lors moins fameux que les campagnes de Pouzzols & de Portici ; parce que la température du climat y est infiniment moins agréable, quoique les cendres, les soufres & les sels qui en sortiront, portés dans les environs, puissent donner un degré considérable de fécondité à ce pays, & engager à le cultiver avec plus de soin qu'on n'a fait jusqu'à présent.

C'est donc sur cet exhaussement de terrein formé par l'éruption de 79, qu'ont été bâtis, dans des temps postérieurs, le bourg de Portici, le château du roi des deux Siciles, & toutes les belles maisons de campagne dont ce magnifique pays est peuplé. C'est sous ces constructions que se font aujourd'hui les fouilles d'où on a tiré ces beaux monumens antiques dont je dirai quelque chose; c'est par-là que l'on a pénétré dans la ville d' Herculée.

Théâtre antique d'Herculanum.
27. L'édifice le plus considérable, celui dont on a le plus parlé, est le théâtre qui étoit situé au Nord de la ville d'Herculée, dans sa partie supérieure; il étoit recouvert partout, tant de cendres que de laves, à la hauteur de quarante pieds, les corridors, les escaliers, les galeries, les souterreins même en étoient remplis; ces matières avoient pénétré dans plusieurs maisons (*a*). Ce théâtre étoit de forme

───────────────

(*a*) Les théâtres des anciens étoient composés de différentes parties appellées *scena*, *proscenium*, ou *pulpitum* & *orchestra*. La scène occupoit tout l'espace du théâtre qui s'étendoit d'un angle à l'autre; elle devoit avoir deux fois la longueur du diamétre de l'orchestre, ainsi que le dit Vitruve. (L. 2. de Archit.) C'étoit sur ce front qu'étoient placées les machines pour les changemens de décoration, ou que l'on glissoit les unes sur les autres, ou qui tournoient sur des pivots; le fonds de la scène jusqu'à l'endroit où les acteurs se retiroient, étoit occupé par des ornemens ou décorations fixes. Les premiers spectacles publics furent des pastorales représentées sous des berceaux de verdure ajustés à cet usage. Le *proscenium* ou *pul-*

ovale, beaucoup plus large que long & comme dans tous les théâtres une motié étoit destinée aux spectateurs, l'autre

pitum étoit la partie avancée du théâtre sur laquelle les acteurs recitoient les drames ; elle devoit être plus vaste dans les théâtres des Romains que chez les Grecs, parce qu'ils y faisoient les ballets pantomimes, & les danses qui accompagnoient les représentations ; les Grecs faisoient leurs danses dans l'orchestre. Les chœurs ne paroissoient jamais sur le *pulpitum*, mais ils venoient débiter leurs moralités sur les côtés du théâtre qui étoient distingués du *proscenium*, ainsi qu'on le peut voir dans le théâtre Olympique de Vicence. L'*orchestra* chez les Romains étoit le lieu où se plaçoient les siéges des sénateurs. On voyoit un autel à chaque angle de leurs théâtres, qui étoient consacrés à Venus ou à Bacchus, ce qu'ils avoient imaginé pour éluder la loi qui défendoit d'avoir des théâtres, qu'elle regardoit comme indigne de la majesté du peuple Romain ; quand ils furent tolérés, ils n'étoient que de charpente légere, sans siéges ni amphithéâtre ; le sénat voulant que dans les plaisirs mêmes les plus tranquilles, le peuple Romain prît une sorte d'exercice, qui l'entretînt dans la vigueur qui devoit lui être naturelle..... Le premier théâtre fixe & le plus magnifique qui ait jamais existé, fut bâti par Scaurus pendant son édilité, il pouvoit contenir quatre-vingt mille spectateurs ; la scène qui avoit trois étages ou ordres étoit décorée de trois cent soixante colon-

moitié à la scène ou aux acteurs. Les entrées principales étoient au levant & au couchant ; l'ouverture du théâtre étoit tournée au Nord, les gradins ou siéges regardoient le Midi. La largeur du théâtre étoit de 190 pieds, sa profondeur dans œuvre étoit de 150 ; le théâtre proprement dit ou *pulpitum*, qui étoit le lieu principal de la scène, avoit 75

nes de marbre, & de trois mille statues de bronze, de tableaux & de dorures. Le premier étage étoit tout en marbre, le second étoit revêtu de stucs & de verres coloriés, le troisième étoit en lambris dorés. Pline (L. 36.) en parle comme d'un excès de luxe, qui étonna les Romains eux-mêmes, quoiqu'ils fussent à un degré d'opulence & de luxe qui jusqu'alors avoit été inconnu. Pompée en fit depuis bâtir un avec la plus grande magnificence, & comme il avoit intérêt de ménager le peuple & le sénat, & d'avoir au moins l'air de respecter les loix ; il invita le peuple à s'y assembler pour le dédier à Venus, dont il étoit le temple, ajoutant qu'il y avoit fait mettre des degrés ou siéges pour la seule commodité du peuple. . . . Le premier théâtre connu fut celui d'Athènes consacré à Bacchus, dont on dit que les ruines se voient encore ; ils le vanterent à leur ordinaire comme l'ouvrage le plus magnifique qui eut jamais été fait, quoique l'on assure qu'il n'ait jamais égalé ceux de Scaurus & de Pompée. . . . .

pieds d'ouverture, sur 30 de profondeur. L'orchestre, ce que nous appellons parterre, a environ cinquante pieds de longueur depuis le devant de la scène jusqu'aux premiers siéges. Les deux rangs de gradins occupent le reste de la profondeur que l'on peut estimer à soixante-&-dix pieds. Car il est bien difficile d'avoir les mesures justes d'un espace rempli encore pour la plus grande partie des matières de l'éruption. Ce qu'il y a de découvert à présent, est une portion de l'orchestre pavé de grands carreaux de marbres de différentes couleurs, & les degrés aussi de marbre, au nombre de seize dans le premier étage, disposés en demi cercle pour y placer les spectateurs. Entre le premier étage des gradins & le second est une esplanade ou espace que les anciens appelloient *præcinctio*, qui tournoit également en demi cercle, & auquel aboutissoit un second rang ou étage de gradins, en même nombre que les premiers, mais moins larges; ceux-ci ne sont pas entiérement découverts.

Le massif du théâtre ou le fonds de construction étoit de briques, ainsi qu'on peut le voir dans les galeries intérieures & dans l'enceinte extérieure revêtue de grands pilastres de briques à égale distance, qui portoient une corniche de marbre. Quelques restes de stucs brillants, de différentes couleurs font croire que tout cet ouvrage extérieur en avoit été revêtu. Les galeries intérieures sont voûtées avec des pilastres de distance en distance, ornées de corniches de marbre avec des dentelures & des modillons qui restent encore dans ce qui a été découvert; les murs de côté étoient revêtus de carreaux de marbre de différentes couleurs, & les voûtes de stucs, dont il reste encore quelques parties; les rouges sont les mieux conservés. Il paroît que tout l'ouvrage étoit couronné d'une colonnade ou galerie qui occupoit la seconde *précinction* ou esplanade, à en juger par la quantité de colonnes & de chapiteaux corinthiens que l'on a trouvés, tant dans les environs du théâtre que dans l'orchestre même, & que cette partie fut renversée dans les tremblemens de terre qui accompagnerent l'éruption; car on en a trouvé mêlés à différentes hauteurs dans les matières même de l'éruption. Il n'y a que cette partie de l'édifice qui ait été détruite; tout le reste, à en juger par ce qui a été découvert, est dans son entier &

sur

sur son point d'appui perpendiculaire. Les escaliers, au moins ceux qui sont debarrassés, sont bien conservés; on a pratiqué quelques canaux souterreins pour aller dans les diverses parties de ce théâtre qui ont été fouillées, & qu'on voit les unes après les autres; c'est-à-dire trop imparfaitement pour se faire une idée juste de l'ensemble, qui cependant devoit avoir de la magnificence, à en juger par la beauté des détails; ce que l'on voit le mieux à cause du puits qui a été ouvert au-dessus, est l'orchestre ou parterre, & la partie des gradins dont j'ai parlé. On voit le côté où devoit être la scène; mais il étoit encore couvert des matières de l'éruption, & on poussoit les fouilles de ce côté. Les marbres, les colonnes, les statues, les bronzes que l'on a retirés de ce théâtre & des environs, ce qui reste encore en place, prouvent que cet édifice étoit d'une très-belle architecture d'ordre corinthien, & que dans la décoration on n'avoit rien épargné pour le rendre aussi riche que magnifique.

Ce que l'on regrette véritablement, c'est que le roi des deux Siciles, lorsqu'on commença les excavations, n'ait pas ordonné que l'on découvrît ce théâtre par le dessus, & qu'on le débarrassât de façon a le conserver en entier. Autant que j'ai pû en juger, il n'étoit chargé d'aucun édifice assez important pour que l'on en regretât la perte ; les jardins qui sont au-dessus sont un objet de peu de conséquence. Ainsi on auroit conservé à peu de frais, un édifice antique, construit & décoré dans le temps que les beaux arts étoient à leur perfection dans l'empire Romain, & qui réunissoit dans sa construction les graces & le goût des Grecs avec la magnificence Romaine. Il eut été fort aisé de le restaurer avec ses matériaux mêmes, & quand on n'eût conservé que ce qui étoit entier, c'eût toujours été beaucoup, car c'étoit un édifice unique dans le monde; tous les amateurs des beaux arts feront, je crois, des vœux, pour que quelque jour on découvre en entier ce qui en reste, qui sera toujours un objet vraiment digne de curiosité, même dans l'état de dégradation où il est, par la quantité de marbres & de statues qu'on en a enlevés ; mais il en restera encore assez pour faire juger de sa premiere magnificence.

Ce n'est pas que je prétende que l'on doive y trouver un modéle de construction. L'état actuel de nos théâtres, & le goût de nos drames, demandent une fcène beaucoup plus profonde & plus étendue. Nous avons le grand théâtre de Parme qui, eu égard à nos ufages eft d'une conftruction plus parfaite, que tout ce que l'antiquité pourroit nous offrir dans ce genre; mais l'agrément d'avoir un édifice antique de cette beauté, eft d'un affez grand poids pour chercher à le conferver. J'ai eu les mêmes idées au fujet du temple de Sérapis à Pouzzols, qui étoit du meilleur goût & d'une très-grande magnificence, que l'on pouvoit conferver de même; ces deux reftes précieux de la belle antiquité euffent réellement enrichi & décoré le pays à peu de frais.

Quant à la ville d'Herculée même, on prétend qu'il y a eu des antiquaires qui défiroient que l'on découvrît la ville en entier, pour ne rien échapper de fon goût de conftruction & des effets précieux qui font enfévelis fous fes ruines. Il n'y a eu qu'un amour extrême de l'antiquité qui ait pû infpirer une pareille idée. Une partie des bâtimens font enfoncés ou culbutés. D'ailleurs, pour réuffir dans ce projet, il eut fallu détruire entiérement Portici, & faire un ouvrage immenſe. Le parti que l'on a pris de fouiller petit-à-petit les quartiers les uns après les autres, & de jetter dans une excavation la matière d'un autre, eſt beaucoup moins diſpendieux & paroît ſuffire ; il faudroit ſeulement que l'on ſe fût donné un peu plus d'eſpace. Il eſt vrai que peut-être on échappera pluſieurs monumens antiques ; mais il y en a tant d'autres de perdu, la mer & la terre en cachent une ſi grande quantité entre Pouzzols & Bayes, que l'on ne penſe pas même à chercher, qu'il eſt inutile de ſe former des regrets imaginaires ſur les pertes que l'on peut faire à Herculée. Il eſt certain qu'il n'y a point de pays au monde où l'on puiſſe faire un plus grand amas de ces richeſſes antiques que dans le royaume de Naples.

Edifices & conſtructions antiques d'Herculée.

28. Dans le voiſinage de ce théâtre on a découvert un temple d'Hercule, avec la ſtatue de ce Dieu. Il étoit orné de pluſieurs peintures à freſque, dont les plus remarquables ſont les deux grands tableaux de Perſée & de Telephe deſquels je parlerai plus bas. La plûpart des inſtrumens de ſacrifice qui ſont dans le Muſeum Herculanum, ont été trouvés dans ce temple. On

n'a rien dit de la beauté de son architecture.

Les meubles que l'on a trouvés dans les maisons particulières étoient en bronze, fer, terre cuite & verre, dont la plûpart d'un très-beau travail. J'en donnerai quelques détails.

Plusieurs pavés des chambres & galeries qui ont été enlevés & replacés, partie dans les différentes piéces du cabinet d'antiques du Roi, partie dans le château de Portici, prouvent que ces appartemens étoient décorés avec propreté; quelques-uns de ces pavés étoient de marbres de rapport à grands desseins, d'autres en mosaïque. On en voit qui représentent des tapis, dans le même goût de dessein & de couleur que les tapis de Turquie; il y en avoit même quelques-uns en stucs d'une telle solidité qu'on a pû les enlever & les transporter ailleurs. Au reste', ces sortes de parquets sont plus aisés à déplacer que les grands tableaux qu'il faut enlever en entier, au lieu que les pavés peuvent s'enlever par parties & se restaurer aisément.

Ce que l'on a remarqué de plus curieux dans une de ces maisons est une cave ou cantine, qui occupoit tout le tour d'une grande chambre pavée & revêtue de marbre, entourée d'une banquette d'un pied & demi de hauteur, qui portoit sa corniche. Il y avoit des couvercles de marbre tout autour de la banquette qui servoient à couvrir de grands vases de terre cuite engagés dans la maçonnerie; c'est-là où sans doute on conservoit des vins de différentes espéces. Ces urnes étoient fort larges, d'une terre rougeâtre, de la forme à-peu-près de celle que l'on fabrique encore dans les environs de Florence, c'est-à-dire fort larges & ventrues à proportion de leur hauteur. L'orifice étoit plus étroit que le fonds; elles m'ont paru devoir tenir environ quarante bouteilles ou pintes de Paris. On en a conservé quelques-unes, qui sont encore assez entiéres pour faire juger de leur forme & de leur capacité. On n'a pas observé si les couvercles étoient numérotés pour marquer la qualité du vin, & l'année qu'il avoit été recueilli.

On a remarqué encore que les fenêtres de ces maisons étoient fort petites, garnies au lieu de verre, d'albâtre coupé par feuilles minces ou d'autres pierres transparentes. Chaque maison avoit une piéce principale ou galerie pavée de marbre ou de mosaïque & peint à fresque : usage qui s'est toujours conservé dans ce pays, d'où il a passé dans le reste de l'Italie. Les escaliers n'avoient qu'une rampe étroite ; mais on élevoit peu les maisons. Je me rappelle à ce sujet que dans toutes les ruines que j'ai eu occasion d'examiner, j'ai peu vû de restes de beaux escaliers ; il paroît que l'on n'en connoissoit que de deux sortes, ou les escaliers à vis, tels que ceux qui restent dans les colonnes Trajane & Antonine, ou les rampes droites en échelle, dont les plus considérables que j'aye vû, sont celles du grand amphithéâtre de Rome.

29. Les antiques trouvés dans les fouilles faites à Herculanum, sont dans le cabinet du roi des deux Siciles, à Portici. C'est un bâtiment composé de plusieurs piéces de suite, construites exprès pour y mettre en dépôt toutes ces curiosités. Elles y sont rangées avec beaucoup d'ordre, mais on n'en permet pas la vûe qu'avec de grandes précautions ; car il paroît que l'on y est fort jaloux de tout ce que l'on y possède, & que l'on ne veut même pas souffrir que l'on en prenne des notices exactes. J'ai pensé que cette précaution étoit

Cabinet du Roi à Portici. Antiques.

pour laisser tout le mérite de la nouveauté à l'ouvrage qui se fait sur ce sujet par ordre du roi des deux Siciles. Cependant j'obtins du garde du cabinet qu'il me permettroit de retenir sur mes tablettes une idée de la distribution & de l'ordre des piéces & de celles qu'elles contenoient, lui promettant de n'entrer dans aucun détail circonstancié. On verra par le compte que j'en rendrai, que je n'ai pû effectivement en retenir que l'ordre de distribution.

Au-dessus de la porte d'entrée du bâtiment est écrit en lettres d'or sur un marbre noir : *Musæum Herculanum.*

Au milieu de la cour sur un piédestal de marbre de Carrare, est un cheval de bronze, de la grande taille, nud, les crins ratachés sur le front en maniere d'aigrette; il est de la plus belle proportion & d'un travail achevé. Il a l'air aussi vif, aussi léger qu'un beau cheval Napolitain. On prétend que c'étoit un des quatre chevaux attachés de front à un char triomphal, & que l'on n'a retrouvé que celui-là. Il y a dans le tour de la cour plusieurs statues de marbre plus grande que nature, vêtues de la toge, dont la plus grande partie sont des familles *Nonnius*, & *Memmius*, ainsi que l'apprennent les inscriptions qui sont au-dessous. Elles sont d'autant plus précieuses qu'elles forment des suites historiques, dont on a peu découvert jusqu'à présent. Dans les statues des *Nonnius*, on remarquera celle de *Viciria Archadis*, mere du proconsul, la tête couverte d'un voile semblable à celui des Vestales, vêtue d'une robe ou tunique à plis fort serrés. Trois grandes statues des *Memmius* en bronze. Il paroît que ces deux familles avoient eu des établissemens considérables à Herculée.

Les deux statues équestres de *Marcus Nonnius Balbus* & de son fils le proconsul ont été trouvées hors du théâtre, & sont placées actuellement sous les portiques des deux grands corps-de-logis du château de Portici. Elles sont l'une & l'autre de taille héroïque, c'est-à-dire deux fois grandes comme nature, ce qui est au-dessous du colossal. Le proconsul est en habit militaire, d'un style simple & correct; tous les contours en sont élégans & purs, le visage est bien caractérisé; on voit par-tout que c'est l'ouvrage d'un excellent artiste. Le cheval n'est pas moins bien traité, il est tout de mouvement. Celle de *Nonnius* le pere n'est pas moins belle ; mais la tête a été perdue, & restaurée par un artiste, dont le style est fort différent de l'antique. Le cheval est aussi très-beau. Ces deux statues prouvent que la sculpture avoit été portée à un haut point de perfection à Herculée. Mais il n'y a que l'enthousiasme de la nouvelle découverte qui ait pû faire dire qu'elles étoient préférables au Marc-Aurelle du Capitole, qui en tout est la premiere statue équestre que l'on connoisse ; ce qui n'ôte rien à celles de Portici ; il y a différens degrés de mérite & de beauté, dont on doit se satisfaire ; il m'a même paru que le cheval de bronze qui est au milieu de la cour du *Musæum* étoit d'un travail supérieur.

Je reviens au Museum Herculanum que je n'avois quitté que pour réjoindre ces deux statues équestres à celles du reste de leur famille. On voit encore dans cette cour quelques autres statues Romaines en marbre & en bronze d'un beau travail ; mais quelques-unes sont si mutilées qu'il faudra un habile artiste pour les bien restaurer. Il y en a même en bronze qui sont fondues en partie & qu'il n'est pas possible de réparer. Les murs de la cour sont revêtus de plusieurs inscriptions, dont la plûpart ont rapport aux *Nonnius*, & aux *Memmius*. On en remarquera d'autres gravées sur des marbres, qui paroissent avoir servi de piédestaux à des statues. Parmi les bas-reliefs, le meilleur représente un vieux sacrificateur, qui fait des libations sur un autel dédié à Bacchus; à côté de lui sont deux femmes, dont l'une assise est voilée, & l'autre de bout. Tous ces restes précieux de la belle antiquité étoient épars dans la cour sans aucun ordre fixe.

Au bas de l'escalier il y avoit plusieurs statues dont les principales étoient un luteur en bronze de grandeur naturelle. Cinq grandes statues de nymphes aussi en bronze, qui paroissent avoir orné quelque bain public; elles sont d'un beau stile, inférieur cependant à des thermes (*a*) de marbre de Paros qui sont d'un travail Grec excellent.

(*a*) Les thermes n'étoient anciennement que des bornes qui séparoient les héritages ou les frontières des Empires. Numa les mit sous la protection de Jupiter. Ces thermes étoient si respectables que quiconque étoit surpris les enlevant ou les dérangeant, pouvoit être mis à mort sur le champ par celui qui le trouvoit com-

Dans la premiére piéce du *Musœum*, on a rassemblé presque tous les instrumens qui servoient aux sacrifices anciens, plusieurs plats, coupes, aiguieres, & on voit à quelle divinité ces divers ustenciles étoient destinés, parce que sur chacun d'eux sont en reliefs quelques symboles qui les caractérisent. Les deux plus beaux trépieds antiques qui existent, celui surtout qui a pour supports trois corps de satyres, sont d'une perfection pour le dessein, l'expression, & le fini du travail que l'on pourroit difficilement imiter.

Un grand *lectisternium* (*a*) ou espéce

---

mettant ce sacrilége. Il institua les fêtes Terminales qui étoient célébrées tous les ans par les habitans de chaque canton ; pour les rendre plus remarquables, lorsque le goût des arts se fut répandu, on orna les thermes de figures de Divinités champêtres, représentées en buste, & posées sur des guaînes.

Denis d'Halic. l. 2.

(*a*) *Lectisternium* ou *epulum*, c'est ainsi que l'on appelloit une sorte de festin solemnel que l'on préparoit à une Divinité que l'on croyoit irritée. L'usage à Rome, & surtout dans la partie de l'Italie où le Polithéisme étoit le plus répandu, étoit que lorsque l'on vouloit appaiser

HERCULÉE. PORTICI. 493.
d'autel fur laquelle on plaçoit la Divinité que l'on croyoit irritée, & que l'on vouloit appaifer par un feftin pompeux. Ce morceau eft de bronze, & orné de piéces de rapport de la plus belle fculpture. Une autre piéce, de même efpéce que la précédente, mais plus petite & deftinée à quelque Divinité inférieure, ou à des ufages particuliers. Tous ces morceaux de même que ceux

---

une Divinité offenfée, on faifoit fervir un grand repas dans fon temple, auquel on invitoit d'autres Divinités ; on leur dreffoit des lits ou fiéges, comme fi elles euffent dû fe mettre réellement à table ; & comme dans les feftins ordinaires on invitoit les femmes pour les rendre plus agréables ; on donnoit de même à Jupiter la compagnie de quelques Déeffes. C'étoit l'épulon de Jupiter, ou fi l'on aime mieux, fon maître d'hôtel qui étoit chargé de cette invitation.... *Feminæ cum viris cubantibus fedentes cœnitabant, quæ confuetudo ex hominum convictu ad Divina penetravit; nam Jovis epulo, ipfe in lectulum, Juno & Minerva in fellas ad cœnam invitantur.* Valer. Max. L. 2. C. 1... Les triumvirs, ou les feptemvirs des épulons préfidoient à ces feftins & les indiquoient. Ils eurent le nom d'épulons de leurs fonctions mêmes qui étoient très-importantes ; car on ne les employoit que dans les grands befoins de la république.

dont je parlerai dans la suite, sont de bronze, attendu que tous les instrumens de fer que l'on a retrouvés se sont entiérement déformés par la rouille qui les a détruits en partie. Cette chambre est ornée de plusieurs piéces de peintures antiques, parmi lesquelles sont les neuf muses en pieds, chacune dans un tableau différent d'environ quatorze pouces de hauteur. Le caractère de dessein en est assez bon; les couleurs mêmes en sont bien conservées, & on y reconnoît que les anciens n'ont employé pour peindre que les terres colorées, & les métaux calcinés, qui fournissent seuls des couleurs d'une durée inaltérable; mais avec lesquelles il leur étoit difficile de rendre ces tons moyens entre la lumiere & l'ombre; ces nuances bien ménagées, qui rendent la nature telle qu'elle est, & dans toute sa beauté.

Dans la seconde piéce; des lampes antiques de toutes sortes de formes; celles que les principaux personnages mettoient sur leurs tables étoient à plusieurs branches. Celles dont se servoit le peuple étoient en terre cuite; on en a trouvé beaucoup; quelques-unes sont d'un travail recherché. Des

HERCULÉE. PORTICI. 495
Priapes de différentes grandeurs (*a*), dont un d'environ trois pouces de haut

(*a*) Priape, Dieu de l'obscénité & de l'indécence, ainsi que son nom même le désigne. *Nihil aliud quam penem seu pudenda significans.* Ce Priape que l'on faisoit fils de Bacchus & de Vénus, étoit de Lampsaque, ville de l'Hellespont, d'où il fut chassé, dit-on, à cause de sa prodigieuse conformation. Il est aisé de voir l'origine morale de cette prétendue Divinité... Une très-grande débauche étoit de se servir d'un Priape de verre ou de terre cuite, comme d'un instrument pour boire. Juvenal accuse les prétendus philosophes de son temps de s'en servir dans leurs débauches obscures... *Vitreo bibit ille Priapo. S. 2.*

Un ancien Scholiaste ajoute: *Lascivi ex pene seu Priapo bibebant, dictique illi drillo potæ....* Un autre plus moderne, mais qui a suivi les anciens, ajoute.... *Non secus ac impudica & libidine efferata mulier, quæ ex pene è vitro facto bibit...* Tout cela indique bien l'usage de ceux que l'on voit dans le cabinet du roi des deux Siciles, & la quantité que l'on en a trouvé à Herculée, prouve à quel point de dérèglement y étoient les mœurs. J'ai déja remarqué ailleurs que l'on en faisoit le symbole de la fécondité & le Dieu des jardins. Les Grecs en faisoient encore le génie tutélaire des ports & de la navigation ; quelques épigrammes de l'anthologie ne laissent aucun lieu d'en douter ; cette tradition s'est long-temps conservée parmi eux. Paul le Silentiaire l'appelle *fidelis navi-*

qui tient à une petite figure d'homme travaillée de la plus grande élégance. Un vase de terre fait dans la même forme; il appartenoit à quelque temple & servoit à faire boire les femmes qui souhaitoient de devenir fécondes ; la liqueur sortoit par la piéce caractéristique du Priape. Il y en a d'autres faits pour être suspendus, qui tiennent à des demi-figures aîlées & sont garnis de plusieurs sonnettes. Ceux-ci, de différentes grandeurs, paroissent se rapporter au Priape, Dieu ou gardien des jardins. Ces derniers sont tous en bronze & d'un travail très-recherché. Billets de théâtre en os, d'un côté est un symbole, de l'autre est le nom de la piéce; & le numero de la place que l'on devoit occuper. Des dez antiques absolument semblables aux nôtres; la plûpart avoient servi à des fripons ; on voit le côté qui s'ouvroit, & où se glissoit le plomb que l'on y mettoit pour fixer le dez sur tel

---

bus Priapus . . . . Pourquoi lui avoit-on donné cette qualité ? Il paroît qu'il y en a une raison physique que l'on ne peut apprendre nulle part mieux que dans les grands ports, & surtout des équipages des vaisseaux qui reviennent d'une longue course.

ou tel nombre.... Beaucoup d'inſtrumens de muſique, différentes fluttes faites avec des os qui ont réſiſté à la chaleur. Des ſiſtres en bronze de diverſes grandeurs.... Pluſieurs inſtrumens de chirurgie ; une ſonde pour la veſſie ; un inſtrument propre à dilater, & qui m'a paru avoir ſervi dans l'extraction de la pierre, un côté ſervoit pour les hommes, l'autre pour les femmes. Un étui garni de chirurgien, dont il n'y a de bien conſervé que pluſieurs ſondes de différentes formes & grandeurs, en bronze & en argent. Une boëte à onguent où il eſt encore ; il paroît être le même que celui que l'on emploie pour les emplâtres ordinaires ; le fonds en eſt de cire, très-durcie par le temps... Pluſieurs maſques antiques très-chargés ; ou que les Italiens appellent *caricatura*; il y en a en bronze, en terre cuite, en marbre,.... il n'étoit pas poſſible que les acteurs ſe chargeaſſent le viſage de maſſes auſſi lourdes ; & ceux-ci ſervoient ſans doute ou de modéles, ou d'ornemens. Le pavé de cette piéce a été enlevé d'un ſalon antique d'Herculée ; il eſt compoſé de piéces de rapport des plus beaux marbres d'Afrique & de Sicile, & forme un œillet ; il a tout l'éclat de la nouveauté, parce qu'il vient d'être repoli. Ce morceau est très-propre à donner une idée du génie & de l'adresse des ouvriers de ce genre. Il est difficile de faire quelque chose de plus parfait.

Troisiéme piéce où sont plusieurs Divinités antiques de petit modéle, & qui paroissent avoir servi seulement à la dévotion des particuliers. Ces statues sont de la plus jolie forme, & d'un travail excellent. Presque toutes sont symboliques ; on y verra les statues d'Isis & d'Osiris (*a*), que le garde du cabinet

---

(*a*) Le culte d'Isis & d'Osiris passa d'Egypte dans les états de l'empire Romain & s'y répandit beaucoup ; on peut en juger par la quantité d'idoles Egyptiennes que l'on trouve dans toutes les ruines....

Nos in templa, tuam, Romana, recepimus
 Isim,
Semi deosque canes & sistra jubentia luctus.
    Lucan. L. 8.

Ces Divinités étoient honorées à Alexandrie avec la dévotion la plus solemnelle. *Macrobe*, *L.* 1. des Saturnales, prétend que les Egyptiens sous le nom d'Isis & d'Osiris n'avoient honoré

m'assura être les symboles de l'abondance & de la fertilité; il ne voulut pas convenir que les Romains, sous le nom

---

que le Soleil & la Lune, & il donne une explication fort sensée à toutes les parties dont ces idoles étoient composées...... Mais il paroît qu'à Rome & dans tout l'Empire on fit de cette même Isis la Divinité protectrice de la débauche, qu'on l'associa à Vénus, que même on la respecta moins. C'est dans ses temples que les femmes débauchées donnoient des rendez-vous.....

.... Properat, jamque expectatur in hortis,
Aut apud Isiacæ potius sacraria Lenæ....

Juven. S. 6.

On voit encore par ce que j'ai cité de Lucain que le sistre étoit particuliérement consacré à Isis. Cet instrument fort bruyant étoit propre à étourdir dans les mystères obscènes de la Déesse;

Isiacos agitent, Mareotica sistra tumultus...

Auf. Ep. 25.

C'est surtout dans le livre de la préparation évangélique d'Eusèbe, qu'il faut s'instruire du vrai sens des mystères d'Isis & d'Osiris. On ne sera pas étonné que le culte s'en soit si bien répandu dans le temps que le luxe & l'intempérance des Romains n'eurent plus de bornes.

d'Isis, adoroient Cérès ou la Lune, & sous le nom d'Osiris, le Soleil; & que ce culte devoit être particuliérement établi dans une ville aussi heureusement située que l'étoit Herculée.....
Une figure de femme assise, couronnée d'un voile, derriere lequel s'éleve la fleur *Lotos*, qui tient un gouvernail de la main gauche & de la droite une corne d'abondance, tous ces attributs m'ont paru désigner l'avantage que ce pays retiroit de son commerce maritime avec l'Egypte; & non pas, comme le prétend le garde du cabinet, les attributs de différentes Divinités rassemblées pour satisfaire la dévotion d'un particulier, qui se servoit de la même idole sous différentes intentions. On voit de ces idoles à la galerie de Florence, j'en ai parlé; elles ne ressemblent en rien à celles-ci, dont tous les attributs paroissent se rapporter au même objet. Plusieurs statues de bronze qui ont servi à orner une petite fontaine de salle ou de jardin; elles tiennent toutes différens instrumens ou animaux qui jettoient de l'eau. Des bustes de bronze très-précieux, ceux entr'autres de Démosthènes & d'Epicure qui sont uniques; ils sont de demi-grandeur, quel-

ques-uns plus petits encore, tous d'un travail Grec excellent. Plufieurs meubles de verre, tels que bouteilles, cantines, caraffes, gobelets de diverfes formes; compotiers; le verre en a été terni par la chaleur; il ne paroît pas que les anciens ayent jamais rien eu dans ce genre qui ait égalé la beauté de nos criftalleries & l'élégance avec laquelle on y travaille. Plufieurs de ces verres font blancs & bleuâtres ondés. Les autres font de même qualité que ceux dont on fe fert à préfent à l'ordinaire.

Tous les inftrumens qui fervoient aux bains, les frottoirs, les racloirs, les petites fioles à mettre de l'huile; elles étoient longues à *col étroit*, c'eft ce que l'on appelloit *fimpulum*; plufieurs petits plats qui fervoient auffi dans les bains. Un grand vaiffeau de bronze ou bouilloire à faire chauffer de l'eau, d'un beau travail; il paroît qu'on plaçoit ces inftrumens fur la table même où on mangeoit. Celui-ci eft fait en demi-cercle; dans le centre eft un réchaut, où l'on mettoit des charbons ardens pour échauffer l'eau, il y a autour plufieurs clefs ou robinets; on la rempliffoit par une efpéce de mafque de forme évasée ouvert dans le haut. La composition de cette machine est élégante & bien entendue; elle est couronnée d'une petite galerie, & ornée de bas-reliefs de très-bon goût.

Dans la quatriéme piéce les balances antiques à deux bassins & à un bassin seul; la plûpart bien conservées & d'un travail si recherché qu'elles prouvent & l'habileté des artistes & le luxe d'Herculanum; les poids de différentes grosseurs, la plûpart de même pesanteur & de même forme que ceux qui sont encore en usage à Naples. Sur l'un de ces poids qui m'a paru être de dix-huit onces ou une livre & demie de Naples, est écrit d'un côté *Eme* & de l'autre *Habebis*. Les différentes mesures antiques des liquides. Le *Modium*, qui étoit la plus grande, tenoit environ douze pintes de Paris.

Cinquiéme piéce. Le pavé est une très-belle mosaïque d'Herculée, à fleurs & à volutes bien conservées. Elle est ornée de plusieurs bustes antiques de bronze du meilleur temps; les principaux sont ceux de Platon, qui a la tête panchée comme un homme qui médite; attitude bien prise qui rend ce morceau encore plus précieux, parce qu'il est très-rare d'en voir de cette maniere. La tête est assez grosse, le front quarré, les yeux couverts, tout l'air du visage sérieux, sans avoir rien d'austère... Sénéque. Alexandre. Antiochus. Ptoloméé Philadelphe. Hercule jeune... Une tête orientale. Une autre d'un jeune homme frisé à boucles tombantes qui a l'air Asiatique, qui cependant peut-être Grec. Dans le fonds de cette pièce est un recueil de manuscrits antiques, tous en rouleaux, & consumés par la chaleur des matières qui recouvrirent Herculanum; mais de façon que l'on peut encore en dérouler des parties que l'on consolide avec une pellicule fort mince enduite de gomme, que l'on applique par derriere, & qui conserve la forme des caractères Grecs, qui y sont aussi bien marqués qu'on les peut voir sur du papier nouvellement brûlé, dont les parties, quoique réduites en cendres, tiennent encore ensemble. Un clerc régulier des écoles pies, étoit occupé à l'ennuyeux métier de dérouler ces manuscrits; ce qu'il faisoit à l'aide d'une machine semblable à-peu-près au métier dont se servent les perruquiers pour treſſer les cheveux. Mais les fils étoient tendus différemment, quelques-uns horizontalement le long du manuſcrit ſervoient à ſoutenir la feuille dans toute ſa longueur, à meſure qu'on la détachoit ; d'autres perpendiculairement, l'enlevoient quand elle étoit doublée de la pellicule gommée dont j'ai parlé. Il y en a un qui eſt déroulé & collé ſur huit feuilles ou tables différentes, encadrées ; ce que l'on en peut lire apprend que c'étoit un ouvrage contre la muſique ; il y a pluſieurs lacunes, ſoit que l'on n'ait pû tout conſerver, ſoit qu'elles exiſtaſſent dans le manuſcrit. On en dérouloit un autre en beaux caractères majuſcules, mais dont quelques-uns ne ſont plus en uſage, ce qui augmentera encore la difficulté de le lire. On croit que tous ces manuſcrits ſont Grecs. On ne me permit pas de les examiner long-temps, ni d'en rien copier.

Les tablettes enduites en cire à l'uſage des anciens, avec le ſtyle aigu d'un côté & plat de l'autre..... Une plume de bois de cédre, qui a ſervi à écrire, & taillée comme les nôtres, elle eſt un peu noircie, mais point brûlée. Pluſieurs

sieurs grands caractères de bronze qui servoient à marquer les effets des particuliers, & surtout les ballots de marchandises.

Sixiéme piéce. Quantité de candélabres en bronze sur lesquels on plaçoit les lampes dans le milieu des appartemens. Dans une voûte qui tient à cette piéce sont tous les instrumens de cuisine, tant pour le four que pour le fourneau, les casserolles, les marmites de toute grandeur, en cuivre & en bronze étamées en argent; une marmite que l'on a trouvée sur son trépied & qui y est restée. Des grils, des couteaux de cuisine, absolument rongés & déformés par la rouille. Une grande bouilloire du même goût à peu-près que celle dont j'ai parlé. Celle-ci a plus l'air d'une fontaine domestique que l'autre, quoiqu'on voie la place pour mettre les charbons, qui sont disposés entre une tour & une piéce quarrée que l'on remplissoit d'eau.

Septieme piéce pavée d'une mosaïque ancienne, dans le même goût que celles trouvées à Tivoli & à Palestrine & qui sont communes à Rome. Plusieurs tables de même mosaïque. Une statue d'enfant faite d'après la nature & qui semble avoir été un portrait ; elle a environ trois pieds & demi de hauteur.

Un faune en bronze couché sur un massif de gazon, le dos appuyé sur un outre à demi vuidé. Il est ivre & ouvre à peine les yeux ; on voit dans la position de tous ses membres l'appésantissement de cet état. Ses traits, quoiqu'embrouillés, ont toutes les graces de la jeunesse ; cette statue est conservée comme si elle sortoit des mains de l'ouvrier, & en tout de la plus grande beauté....

Dans la même piéce un grand nombre de camées antiques, de pierres gravées, de médailles en or & en bronze, trouvées tant dans les ruines d'Herculanum que dans celles de Pompeïa : un médaillon d'Auguste en or, que l'on croit unique, à raison de sa grandeur. Des bulles d'or (*a*), d'argent & d'ai-

---

(*a*) La Bulle étoit une Amulette ou Talisman, que portoient pendue au col les triomphateurs & les enfans des Patriciens. Elle étoit de grosseur convenable à l'âge de celui qui s'en serrain, de différentes formes & grandeur. Un collier, des braſſelets, & des pendants d'oreilles d'or, trouvés ſur le cadavre d'une femme, dans les ruines de Pompéïa; les braſſelets ſont fort larges, de même que le collier; le travail en eſt bon, & fort au-deſſus de celui des nipes de cette eſpéce qui ſont encore en uſage parmi le peuple opulent à Naples & à Véniſe; quantité d'aiguilles de tête à l'uſage des femmes, dont une en or, ſur laquelle eſt une cigale très-bien faite, & parfaitement ſemblable aux bijoux de cette eſpéce, dont ſe ſervoient les femmes à prétention d'Athénes, ainſi qu'on peut le voir dans les lettres d'Ariſtenête,

---

voir. C'étoit pour les triomphateurs une petite boëte remplie de préſervatifs contre l'envie; le ſecret ne nous en eſt point reſté, & pour les enfans un préſage de la grandeur à laquelle ils devoient s'élever un jour. Tarquin l'ancien triomphant avec ſon fils, des Sabins, lui mit la bulle au col, parce qu'à l'âge de quatorze ans il avoit combattu avec ſuccès contre un des ennemis de de l'état, & il établit enſuite que tous les enfans des patriciens porteroient la bulle d'or, & la robe *prætexta* bordée de pourpre. *Macrobe Sat.* L. 1. C. 6.

où ces aiguilles sont exactement décrites (*a*). Un mortier d'argent sur lequel est en bas-relief l'apothéose d'Homére. Un très-grand médaillon

---

(*a*) Ces aiguilles ont toujours été en usage dans la parure des femmes. Apulée, *fables, Miles L.* 8. les appelle *crinales*, parce qu'elles servoient également à orner les cheveux, à les diviser & à les arranger; ... S. Jérôme sur le Chap. 3. d'Isaïe, dit la même chose en termes exprès. Le J. C. Ulpien les compte parmi les bijoux des femmes. *Arcus cum Margaritá*. Martial en avoit désigné l'usage, pour soutenir sous le voile, le galant édifice de la coëffure des femmes de son temps.

Tænia ne madidos violent bombicina crines,
 Figat acus, tortas sustineatque comas,

Ep. 24. *L.* 14.

Cet usage avoit passé des femmes aux hommes, aux philosophes même, qui s'en servoient pour se peindre & s'ajuster les sourcils.

Ille supercilium madidâ fuligine tactum
Obliqua producit acu, pingitque trementes.
Attollens oculos. . . . . . .

Juven. S. 2.

aussi en argent qui repréfente Cléopâtre s'empoifonnant avec l'afpic ; l'anneau qui eft au-deffus prouve que cette piéce fervoit à orner quelque cabinet. Plufieurs inftrumens de facrifices. Des taffes à thé, des coupes en argent, fort noircies, d'un beau travail..... La Reine a fait mêler parmi ces antiques, une boëte rouge de criftal de roche, pour attraper les fots qui ne manquent pas de s'écrier fur la fraîcheur & la vivacité de fa couleur.

On a mis tous les comeftibles trouvés à Herculanum enfemble, & on y reconnoît, à ne fe pas tromper, fêves dattes, poires, pignons, deux pains entiers, un morceau de pâte levée prête à être cuite ; bled, orge, fon, raifins defféchés. un refte d'affez gros poiffon cuit au vin rouge avec fa fauce defféchée & durcie ; *farro Romano*, ou graine de pâtes. Amandes, grenades, figues féches ; vin antique durci & devenu folide. Pour bien entendre ceci, il faut fe rappeller que les vins d'Italie, furtout ceux des environs de Naples, étoient rouges & très-épais, fe gardoient long-temps, & acquéroient tant de folidité, que pour les boire il falloit les faire diſſoudre dans l'eau. Pour cela on ſervoit ſur les tables des paſſoires ou couloires à petits trous, dans leſquelles on délayoit le vin, & d'où il paſſoit dans les coupes (*a*). On voit dans le

---

(*a*) On avoit de ces paſſoires qui étoient de verre ; Martial en envoie une pour étrenne à ſon ami ; il paroît qu'on leur donnoit le nom de *nimbus vitreus*, parce qu'elles diviſoient la liqueur, de façon qu'en ſortant par les petits trous dont elles étoient percées, elle reſſembloit à un brouillard......

Ab Jove qui veniet, miſcenda ad pocula largas
 Fundet nimbus aquas ; hic tibi vina dabit.....
     Mart. Ep. 112. *L.* 14.

Le mot *nimbus* eſt pris là dans deux ſens ; & fait voir que l'on ne buvoit pas les vins d'Italie, & ſur-tout ceux de Gréce, ſans les tremper avec de l'eau ; l'uſage actuel eſt encore même dans les cabarets, d'y mêler près d'une moitié d'eau ; ſans cette précaution ils feroient d'une violence très-nuiſible.

 Le médecin Philonide cité par Athénée L. 15. dit que Bacchus apporta des bords de la mer rouge en Gréce, les premiers plans de vigne.

Museum Herculanum plusieurs de ces couloires, d'un très-joli travail; elles sont plus petites que celles que l'on em-

---

Les habitans du pays buvant avec excès & sans précaution, le vin qu'ils recueilloient, les uns devenoient furieux, les autres restoient ivres morts ; delà l'origine de ces Bacchanales si bruyantes, de ces menades hurlantes sur le mont Cithéron, de ces hommes mis en pièces par les Bacchantes furieuses; de l'ivresse continuelle du vieux Silene ; & de tant d'autres fables qui ne sont autre chose que les effets du vin pris avec excès, par des gens de divers tempéramens & sur lesquels il faisoit des effets différens.

Un jour que les Grecs étoient en débauche sur le bord de la mer, il survint un orage accompagné d'une pluye violente qui les força d'abandonner verres & bouteilles sur le sable... L'orage appaisé, ils revinrent & trouverent une coupe où ils avoient laissé du vin, mêlé de beaucoup d'eau de pluye. Ils en gouterent, & il leur parut si bon & si doux, qu'ils regarderent cette découverte comme un bienfait signalé de Jupiter qui étoit venu leur apprendre le véritable usage du vin. Delà l'usage religieux de consacrer le premier verre de vin que l'on buvoit, à Jupiter conservateur, qui accordoit la pluye, & le moyen de boire du vin sans s'incommoder & perdre la raison.

Frequenter admodum epotans, veluti cicada

ployoit dans les facrifices. L'urne antique où eft ce refte de vin eft entiére, de la forme d'un barillet, long & ventru. autour de l'orlet eft écrit *vinum Herculanum*, & au-deffous *Nonnio*; fans doute c'eft le nom du conful qui fervoit à en marquer l'âge..... Un pain de cire durcie, que l'on amollit un peu en la frottant avec rapidité, ... un morceau de baume qui rend encore une bonne odeur, il eft rougeâtre.... Des filets à prendre des oifeaux & à pêcher; ils font noircis & confervent leur enfemble, mais fans folidité. Plufieurs pelotons de fil de différentes grof-

---

Boni genii poculum dulci fono cantillabat.

Théopompe *dans Athenée. E.* 11.

On buvoit, on s'enivroit, mais les myftères de Bacchus n'étoient plus fuivis de cet état furieux, qui changeoit en quelque façon les buveurs en Tigres & en Lions.

Amphictyon, roi d'Athénes, établit dans fes états une loi qui ne permettoit que de boire du vin mêlé d'eau; ce qui réuffit fi bien, qu'il fit bâtir un temple à Bacchus, droit & raifonnable, *Bacchi recti delubrum*. Jufqu'alors il n'avoit été que furieux & chancelant.

seurs, que l'on peut dérouler. Des sandales de corde, telles que les basques en portent. Des moules de boutons. Deux morceaux de galons d'or. La façon n'en est pas belle ; ils sont tissus d'or trait sans mélange de fil ni de soye, très-souples & point cassants ; ce qui prouve que l'on employoit l'or en substance dans les étoffes rebrochées. Celui-ci est par petites lames plates & minces.

Dans la piéce suivante, un jeune Faune assis, statue de bronze faite pour accompagner celle dont j'ai parlé plus haut, & d'une très-grande beauté.... Un grand Mercure de bronze, statue qui peut aller de pair avec ce que l'antiquité a produit de plus beau. Toute la figure est d'une grande élégance, les formes en sont excellentes, & l'expression en est vraie. C'est un chef-d'œuvre.

L'enlevement d'Europe, tableau de mosaïque de bonne exécution......
Quatre petits tableaux de peintures antiques. L'un paroît être de quatre portraits de famille ensemble. Un autre dont le sujet est la peinture qui se joint à la poësie, & deux autres dont

le dessein est beau, mais tronqué de façon qu'on ne peut en deviner le sujet. Un bas-relief en marbre blanc représentant Socrate dans l'instant de boire la cigue, figure d'environ un pied de hauteur, d'une exécution belle & sage..... Une petite grotte en mosaïque, enlevée en entier d'un sallon où elle servoit à couvrir une fontaine. Elle a une frise de coquillages brisés tels qu'on en trouve beaucoup du côté de Pouzzols, & qui ressemblent beaucoup à la nautille.

Voilà une notice légère des beautés que renferme le *Museum Herculanum* qui est le plus beau cabinet d'antiques qui existe au monde, d'une richesse à laquelle il ne sembloit pas permis de prétendre & qui cependant ne peut que s'accroître; car il s'en faut beaucoup que l'on ait visité toutes les ruines d'Herculée; & que ne peuvent point y fournir encore toutes les fouilles que l'on pourroit entreprendre du côté de Pompeïa, sur les côtes de Pouzzols, dans les environs de Baïes & de Cumes? Il est constant, par tout ce que je viens de rapporter, que la sculpture & la ciselure étoient à leur point de perfection à Herculée, non-seulement dans ce qui avoit rapport au culte des Dieux, mais encore pour les usages particuliers. Les sciences même n'y étoient pas négligées, à en juger par la quantité de manuscrits que l'on y a trouvé, & cette ville quoique située en Italie & soumise à la domination Romaine, avoit beaucoup conservé des mœurs & des coutumes des Grecs. A quelques inscriptions près qui sont en langue Romaine ; on voit par quantité d'autres monumens que la langue Grecque y étoit d'un usage commun. J'ai remarqué entr'autres une tablette de bronze de deux feuilles ratachées par un crochet, sur laquelle est inscrit le congé donné à un soldat sous l'Empereur Tibere ; ce congé est en langue Grecque, qui étoit sans doute celle que parloit le soldat : celle qui étoit le plus en usage dans sa patrie.

30. On a trouvé dans les ruines d'Herculée, une si grande quantité de peintures antiques, qu'elles suffisent pour donner une idée de la perfection à laquelle les anciens avoient porté cet art. La collection que le roi des deux Siciles en a fait former à Portici, offre

Peintures antiques d'Herculée.

des tableaux de toutes les manieres différentes. On en voit de payſages, d'hiſtoire, d'architecture, d'animaux, de fleurs. Ils ſont de diverſes grandeurs & preſque tous aſſez bien conſervés, pour que l'on puiſſe juger de leur mérite. Il n'eſt preſque pas poſſible de douter qu'il n'y en ait au moins pluſieurs des meilleurs artiſtes de ce temps, parce que tout s'accorde à prouver que les beaux arts étoient en honneur à Herculée. On y a trouvé des chefs-d'œuvres en fait de ſculpture; les marbres & les bronzes ſurtout ſont d'une auſſi grande correction de deſſein, d'une auſſi belle expreſſion, d'un ſtyle auſſi pur, que tout ce que l'on voit à Rome & à Florence de plus beau dans ce genre. Les ruines du théâtre & de quelques autres bâtimens annoncent que l'on y connoiſſoit la belle architecture. L'opulence même de cette ville étoit aſſez grande pour ne rien épargner de ce qui devoit contribuer à ſa décoration; ainſi l'on peut croire que les peintures d'Herculée étoient auſſi bonnes & auſſi parfaites qu'aucunes autres de celles que l'antiquité a tant vantées.

Plus on les examine, & plus on ſe

persuade que depuis le rétablissement des arts en Europe, la peinture a été portée à un degré de perfection, dont il paroît que les anciens avoient à peine l'idée, à en juger par ce que l'on a trouvé de plus beau dans les ruines d'Herculée, & il n'y a qu'un respect aveugle, ou une passion extrême pour l'antiquité, ce goût qui faisoit embraser les pédans pour l'amour du Grec, qui puisse faire voir dans ces peintures, des beautés comparables à celles que l'on admire dans les Carraches, le Dominiquin, le grand Raphaël même; car pour comparer genre à genre, que trouvera-t-on dans ces peintures que l'on puisse mettre en parallele avec les moindres parties de la galerie Farnèse à Rome, peinte par les Carraches, à cette quantité de belles fresques de différens maîtres que l'on admire au Vatican?

Les deux piéces les plus remarquables que l'on ait trouvées sont, le Thésée & le Téléphe. Ils étoient dans des espéces de niches ou chapelles du temple d'Hercule. Ces deux tableaux ont six à sept pieds de hauteur, sur un peu plus de cinq de largeur; jusqu'à présent on ne connoît point de peintures antiques plus grandes.

La figure principale du premier, est un Théfée de bout, vû en face, entiérement nud, à l'exception d'un morceau de draperie rouge rejetté sur l'épaule & le bras gauche; de la droite, il tient une petite massue élevée en l'air. L'expression du visage & de toute la figure est assez noble. Le Minotaure abattu aux pieds du héros a la tête d'un taureau & le reste du corps d'un homme, que l'on voit en raccourci & qui est traité sçavamment; c'est même ce qu'il y a de mieux dans ce tableau; car les enfans qui embrassent les genoux & les mains de leur libérateur, & la jeune fille qui touche sa massue, paroissent de trop petite proportion & sont mal dessinés; il est vrai qu'il ne faut pas oublier que le peintre a donné à Théfée la taille héroïque que l'on croyoit être le double de la taille ordinaire. Malgré ces défauts, ce tableau est peint d'une maniere hardie & décidée: il paroît que l'artiste étoit intelligent, & que s'il n'a pas mieux fait, c'est que ce n'étoit pas l'usage de son temps.

HERCULÉE. PORTICI.

Le second tableau qui étoit aussi dans le temple d'Hercule est fort composé. On voit sur le devant Téléphe (a) encore enfant qui tette une biche, toute cette partie est médiocrement dessinée; l'enfant vû par le dos a les reins d'une largeur choquante, & les cuisses écartées de façon a paroître estropié. La biche couchée est mal rendue; les autres figures du tableau, de grandeur naturelle, sont deux femmes, l'une assise, couronnée de fleurs & de feuilles, l'au-

___

(a) Téléphe fils d'Hercule & d'Augé, fille d'Aléus roi d'Arcadie, fut exposé dans les bois d'abord après sa naissance; il y fut nourri par une biche. Le berger qui le trouva en fit présent à Teutras roi de Mifie, qui lui donna le nom de Téléphe. *Diodor. Sicil. L.* 5. Téléphe succéda à Teutras, & voulut s'opposer au passage des Grecs, lorsqu'ils alloient au siége de Troye; Achille le blessa à la cuisse d'un coup de lance, & lui fit une plaie, dont il souffrit si long-temps qu'on la regarda comme incurable. L'oracle consulté répondit qu'il ne pouvoit être guéri que par une blessure de la même lance. On a expliqué de plusieurs façons différentes le sens de cet oracle, & il me paroît qu'on n'a pas voulu voir le véritable, qui étoit que cette plaie ayant été fermée trop tôt, il falloit la rouvrir. . . .

tre couronnée d'épis; & un jeune Faune qui joue d'une flutte à sept trous. A côté sur le devant est un homme peint d'une maniere forte & prononcée, qui porte sur les épaules un carquois recouvert d'une peau de lion; vis-à-vis un lion en repos & un aigle. Toute cette composition me paroît une allégorie de diverses circonstances de la vie d'Hercule, susceptible de plusieurs explications. Le lieu où le tableau a été trouvé, les parties qui le composent, ne permettent pas de penser autrement; il paroît de la même main que le premier, composé hardiment & avec feu, incorrect de dessein & peu fini. Il est même plus foible de couleur que le premier, & si gris, que malgré le vernis que l'on a mis dessus pour ranimer le coloris, il a encore l'air d'un camayeux. Ces tableaux sont les plus remarquables de la collection & ceux où il y a le plus de génie & d'exécution; car celui du décemvir Appius-Claudius, où l'on voit Virginie, son pere & Icilius son époux:.... l'éducation d'Achille par le Centaure Chiron, sont bien inférieurs à tous égards, quoiqu'à-peu-près dans le même ton de couleurs.

On verra dans la suite de cette collection quantité de tableaux de paysages, d'animaux, d'architecture & de sujets de fantaisie. La plûpart sont sur des fonds noirs ou bruns; les animaux sont peints avec soin & vérité; on sera content aussi de quelques peintures de fleurs. J'y ai vû avec plaisir un assez grand tableau de vûe de Pouzzols & des environs; ce morceau est bien traité, & doit donner une idée des constructions antiques, telles qu'on peut les imaginer dans les maisons de campagne, ou dans les édifices publics de décoration. On voit qu'il y avoit partout des colonnades couronnées de galeries & enrichies de sculpture, de grandes salles ou portiques ouverts, ornés de statues; ce qui faisoit le plus bel effet de décoration, vû de près comme de loin. Par derriere les colonnades il y avoit quelques petites piéces peu considérables où l'on se retiroit. La distribution de ces bâtimes ne ressembloit en rien au goût actuel. Le peuple toujours attaché aux anciens usages, conserve encore dans les villages de l'Italie, surtout du côté de Portici, quelque chose de cette ancienne maniere;

on n'y voit point de colonnades, mais de grandes piéces ouvertes en arcade, qui leur servent de cuisines & de lieux d'assemblée, avec quelques petits cabinets de côté où ils se retirent pour dormir. Cette façon de se loger nous paroît très-incommode ; mais le climat qu'ils habitent n'en exige pas davantage ; à quoi il faut ajouter encore que la précaution de peu charger les bâtimens, & de leur donner le plus de solidité possible, a été fort sage, tant que les tremblemens de terre ont été formidables dans ce pays.

La plûpart de ces peintures où l'on voit des centaures, des lions dans des paysages, des tigres entourés de pampres, des satyres, des masques, doivent avoir été tirées des deux temples d'Hercule & de Bacchus dont on a trouvé les ruines.

J'y ai vû plusieurs petits tableaux que je crois satyriques, deux entr'autres, dont l'un est une petite voiture attellée d'un griffon, conduit par un papillon ; l'autre est une même voiture attellé d'un perroquet, conduit par une cigale. Je vis dans le cabinet du Roi, le même sujet traité sur le marbre en bas-relief & de la même taille à-peu-près que le petit tableau précédent. L'un & l'autre me paroiffent allégoriques à la fantaifie indécente de Néron, de conduire des chars dans le cirque, ou de chanter fur le théâtre des vers de fa compofition. Ainfi ces peintures feroient du temps à-peu-près que Néron vint faire éclater fa folie publiquement à Naples. Tous ces tableaux ont été couverts d'un vernis qui en a ranimé les couleurs fort éteintes, en faifant reffortir, en quelque façon, celles qui avoient pénétré dans le corps de l'enduit.

On a confervé un pan de mur, couvert d'un mortier blanc fort fin, fur lequel on voit en caractères Romains plufieurs noms écrits avec de la craye de diverfes couleurs. Il y a apparence que c'eft le mur de quelque cabaret; & les noms obfcurs prouvent que c'eft toujours la même efpéce de gens qui s'eft occupée à cet exercice.

La maniere d'enlever les frefques des murs auxquels elles font attachées, eft en ufage en Italie de temps immémorial; on s'y prenoit de la façon fuivante, & dont on ufe encore actuellement; on ouvre à petits coups de marteau la muraille autour du tableau que l'on veut enlever, & on fait ensorte que les quatre côtés soient, autant qu'il est possible, à ligne droite; après quoi on appuye dessus quatre morceaux de bois, contenus & resserrés avec de longues clefs de fer; cette opération faite, on scie la muraille par derriere, & on enleve le tableau que l'on garnit ensuite de tables d'une pierre mince & noire appellée *Lavagna*, que l'on unit au corps même de la muraille, sur lequel est la peinture à fresque, avec un fort mastic. On a d'autant plus de facilité d'enlever ces peintures, que l'enduit sur lequel on peignoit, étoit épais & solide au point que tous les tableaux de grandeur médiocre ont été détachés sans souffrir aucune altération; on n'a eu qu'à les soutenir avec des bandes de fer battu, & à les doubler de *Lavagna*. On prend cette même précaution pour les fresques modernes qui sont exposées à l'humidité, & que l'on veut changer de place pour les conserver.

Dans les appartemens du *Musæum Herculanum* qui sont au rez-de-chaussée, on a jetté en tas les antiques trop mutilés pour que l'on espére de les restaurer; les bronzes imparfaits, & tout ce que l'on trouve dans les fouilles d'Herculée, que l'on croit digne d'être conservé, mais qui n'est pas encore netoyé & n'a point passé à l'éxamen de ceux qui doivent juger de la classe où ils seront placés. J'y ai vû quantité de piéces de rebut, que le garde du cabinet m'assura être conservées par ordre du Roi, ne voulant pas que l'on en transporte rien ailleurs. Il a donné lui-même l'exemple de cette exactitude. Peu avant son départ pour l'Espagne, il remit dans ce précieux dépôt une bague antique trouvée à Herculée, qu'il avoit portée long-temps à son doigt avec quelque marque d'attachement; mais qu'il ne voulut pas emporter, parce qu'elle appartenoit à ce cabinet. Cette bague fort simple est une corniole montée en or, sur laquelle est gravée une tête de César d'un travail fini.

On ne peut pas prendre des précautions plus exactes que celles que l'on observe, pour ne rien perdre de ce qui se trouve dans les fouilles. Ce sont des forçats gardés à vûe par un homme intelligent & préposé à cet ouvrage, accompagné de soldats, qui font les excavations; on brise la lave, on en tire les cendres que l'on visite & que l'on porte plus loin. Tous ces gens s'observent les uns les autres, & se contraignent reciproquement; ce qui fait qu'il est très-difficile qu'ils puissent rien s'approprier de ce que l'on trouve.

Quant à l'ancienne ville d'Herculée, elle s'étend sous Portici, du côté de Résina en suivant la mer; on n'a encore rien dit de sa grandeur; je crois même qu'il sera impossible de jamais en donner un plan sur quoi l'on puisse compter; on n'a aucun ordre déterminé dans les fouilles que l'on fait; quand on a visité une maison & que l'on passe à une autre, on a seulement l'attention de commencer par les appartemens supérieurs. Comme le terrein remué rempliroit à la fin tout l'espace que l'on a vuidé; de temps en temps on en sort quelque partie pour se donner plus d'aisance. Autrefois on y descendoit par un puits; on a pratiqué depuis des galeries souterraines qui conduisent aux quartiers obscurs où l'on travaille. Il y a des soldats postés d'espace en espace, tant pour empêcher que l'on n'y entre, que pour contenir les forçats employés à enlever les terres & à faire les excavations. Il paroît que les habitans en avoient emporté tous leurs effets les plus précieux & aisés à être transportés ; & ce qui a été trouvé de ce genre a été abandonné par ceux qui furent les moins diligens à prendre leurs précautions, & qui ne s'enfuirent que lorsqu'il n'y avoit plus moyen de différer leur retraite.

Je ne doute pas que le grand ouvrage qui paroît par l'ordre & sous les auspices du roi des deux Siciles, ne mette un jour bien au fait de tout ce que l'on a découvert, & même de ce que l'on trouvera par la suite dans les ruines de cette ville. Les Gazettes de 1763 ont beaucoup vanté une petite statue équestre en bronze d'Alexandre le grand, que l'on disoit avoir environ deux pieds de hauteur.

Ce que l'on peut dire de ce magnifique cabinet, c'est qu'il sera d'autant plus précieux que l'on n'y rassemblera rien qui ne soit bien antérieur à la décadence des Arts, & que presque tout ce que l'on y voit jusqu'à présent est d'excellens Artistes Grecs.

Portici. 31. Le palais du Roi à Portici est médiocre pour l'architecture. Il est composé de deux grands corps de logis, séparés par une cour traversée par le grand chemin de Naples à Salerne. Celui qu'occupe le Roi a ses vûes sur la mer. L'autre est d'une construction si peu solide que je l'ai vû menaçant ruine & étayé de toutes parts, tant en dedans qu'en dehors. Au bas des deux escaliers principaux revêtus de marbres de Sicile, sont placées sous des vestibules les deux statues équestres des Nonnius, dont j'ai parlé. Les salles des gardes m'ont paru petites. Ce palais est meublé proprement, sans être magnifique; j'y ai vû des meubles & des tapisseries de toiles des Indes de la plus grande beauté. Un cabinet de toilette en vernis moderne, d'un grand éclat & fort solide; on le disoit de Martin. Un petit sallon revêtu dans toute sa hauteur, de porcelaines de Naples, travaillées & sculptées dans le goût Chinois; les grands panneaux sont ornés de différens trophées en bas-reliefs, d'un pouce & demi à deux pouces de saillies, exécutés avec beaucoup

coup de propreté, les corniches, les frises, les cadres des glaces en font aussi. Le pavé n'étoit pas encore posé; le lustre de forme élégante, fait, à ce que l'on m'a dit, sur les desseins de la Reine, étoit de la même porcelaine; on ne peut rien voir de plus brillant que ce revêtissement. Il y a dans les différens appartemens, plusieurs pavés & tables de marbres de rapport & de mosaïque d'Herculanum, de grandes tables de lave; mais ce que l'on doit y remarquer, sont plusieurs bustes antiques, parmi lesquels on reconnoît Junon, Pallas, Neptune, Cerés, Mercure, Janus à deux visages, Auguste; tous d'un excellent travail & entiérement conservés; un vase antique de marbre de Paros, de la plus belle forme, chargé d'une Bacchanale, d'une pureté de dessein admirable. Il a été trouvé dans les ruines de Pompeïa (*a*). On y verra encore

---

(*a*) Pompeïa étoit une ville de Campanie célébre, ruinée quelque temps avant Herculée; elle étoit sur le golfe de Naples, entre Sorrentino & Stabia, d'un côté, & Herculée de l'au-

beaucoup de tableaux modernes qui paroiſſent tous avoir été faits par des élèves de Solimene, ils ſont au moins dans le même ton de couleur; le portrait du jeune Roi, peint par Meins, peintre Saxon, eſt très-beau.

Ce palais eſt dans le meilleur air & la poſition la plus charmante; le jardin principal qui s'étend juſqu'au bord de la mer eſt aſſez grand, il eſt bordé dans toute ſa longueur de deux terraſſes qui ſont de niveau à l'appartement du Roi; elles le ſéparent des plantations d'orangers, citroniers, grenadiers, & autres arbres de ce genre, parmi leſquels ſont les potagers. Au Nord, entre le ſecond corps de logis & la montagne, ſont les plantations

---

tre; on a fait quelques fouilles dans ſes ruines, & on y a trouvé beaucoup de choſes précieuſes & qui annoncent que cette ville étoit d'une grande richeſſe.... *Pompeios celebrem Campaniæ urbem, in quam ab alterá parte Surrentinum, Stabianumque littus, ab alterá Herculaneum conveniunt, mareque ex aperto reduūum amœno ſitu cingunt......*

Seneca. quæſt. natur. L. 6....,.

d'arbres fruitiers qui aboutissent aux vignes. On travailloit encore en 1762 à la décoration de ces jardins, & à finir une des terrasses dont j'ai parlé. Le tout ensemble, sans être magnifique, est très-bien entendu, décoré avec goût, & a l'air de la fraîcheur & de la gayeté même.

Comme les éruptions qui ont suivi celle de 1631 n'ont pas porté au loin la désolation & l'effroi, que les laves ne se sont répandues qu'aux environs du Vésuve, sur les territoires *della Torre del Greco*, de *l'Annunziata*, *d'Ottaïano*, & quelques parties *de Résina*, tout ce qui environne Portici est peuplé de belles maisons de campagne, accompagnées de jardins & de plantations, & bâties depuis que la Cour est dans l'usage de passer une partie de l'année à Portici ; la campagne est fertile & riante, la culture des vignes y est partout en honneur, tous les vins de ce territoire étant d'excellente qualité. D'ailleurs la beauté du pays, fera que les rois de Naples n'abandonneront jamais le château de Portici, dont la situation est infiniment plus belle que celle de Caserte, surtout pour le printemps & l'automne.

On dit que tout le reste de cette côte qui borde le golfe de Naples jusques vis-à-vis l'isle de Capri, où sont les villes de *Massa*, *Sorrento* & *Castello à mare*, sous lesquelles sont cachées les ruines des anciennes villes de Pompeïa & de Stabia, est également délicieux, & d'une fertilité admirable; mais l'usage n'est pas d'y aller, quoique je ne doute pas qu'il n'y ait plusieurs objets vraiment dignes de curiosité; on doit y retrouver encore des monumens de la plus haute antiquité.

Si on vouloit pousser ses courses plus loin, traverser le royaume dans sa largeur, n'auroit-on pas quelque satisfaction à revoir dans la terre d'Otrante les endroits même que Pithagore vint éclairer du flambeau de la philosophie, où il jetta les précieuses semences des sciences & des arts, qui y fructifierent si bien ensuite, & qui rendirent pendant quelque temps ce pays si célébre (*a*) ?

(*a*) *Qui* (*Pithagoras*) *cum in Italiam exis-*

On y verroit encore les ruines de cette voluptueuse Sibaris qui porta le luxe & la mollesse à un si haut point, qu'elle avoit banni de son enceinte tous les ouvriers qui faisoient le moindre bruit en exerçant leurs métiers. Les Sibarites, avoient, dit-on, des chevaux si bien dressés qu'ils marchoient en cadence au son des instrumens; ce qui fut cause de leur défaite par les Crotoniates, qui sçachant sur quel ton leurs chevaux dansoient, s'en servirent si avantageusement qu'ils défirent toute leur cavalerie, sans qu'elle put se mettre en défense.

Théopompe, historien Grec qui vivoit 358 ans avant l'Ere Chrétienne, cité par Athénée (L. 4.) parlant des Tarentins, dit que tous les mois la ville immoloit solemnellement des bœufs & donnoit de grands festins au peuple qui s'assembloit par troupes, & passoit

---

set, exornavit eam Græciam quæ magna dicta est, & privatim & publice præstantissimis & institutis & artibus.

Cic. Tusc. V. n... 4.

Z iij

la plus grande partie de son temps à boire & à manger. Leur morale étoit digne de ce genre de vie. Que les autres, disoient-ils, par leur induftrie, & leur application aux arts & aux sciences se faffent un nom qui paffe à la poftérité ; pour nous qui ne voulons que jouir du préfent, vivons & comptons peu fur l'avenir. Si les arts ont toujours été à la fuite d'un luxe fi décidé, il n'eft pas douteux que ce pays ne doive encore en conferver des reftes précieux.

Mais il n'eft plus connu que de fes propres habitans, quoiqu'il foit beau, fertile, varié dans fes productions, fous le ciel le plus favorable, & que le fpectacle qu'il préfente, mérite les fatigues que prendroit un voyageur philofophe à le parcourir.

Fin du quatriéme Volume.

TABLE
DES MATIERES
DU TOME QUATRIEME.

A

Acheron, ou Fufaro, lac. 366
Aiguilles de tête, braffelets, colliers. 508
Agrippine : son tombeau. 362. Sa mort. 364
Antre de la Sibylle. 338
Aqueducs antiques. 4
Aftura, château. 9
Atelles, ville ancienne. 59. Atellanes, Comédies. *Ibid.*
Averfa, ville. 58
Aurunciens, peuples. 31

B

Bains & étuves des environs de Pouzzols. 345
Balances & mefures antiques. 502
Barrieres de l'Etat Ecclésiastique & du Royaume de Naples. 27
Baüli, village. 365. Fertilité du pays : qualité de l'air. 374
Baïes, château & port. 351. Beauté du climat. 351. Ruines antiques des environs. 353. La mer s'étend fur ses côtes. 355
Benevent, Ville & Principauté. 61

Bibliothéque de S. Jean à Carbonara. 134
-- Manuscrits. 136
-- Du Mont-Oliver, à Naples. 154
-- Antique trouvée à Herculanum. 503
Bourgeoisie de Naples, estimable. 241
Bourbon (Connétable de) son corps, à Gayette. 47
Bufles. 15
Bulles ou Amulettes antiques. 506

C

Candelabres & instrumens de Cuisine. 505
Camées, pierres gravées. 506
Camille, guerriere. 17
Capo-di-Mente, maison royale. 197
-- Ses tableaux & médailles. 198
Capoue, ville ancienne & puissante. 52. Amphithéatre. 54. Par qui rebatie. 56. Son état actuel. 57
Caserte, Château royal. 227
Catacombes de Saint Gennariel à Naples : leur étendue. 167
Cave ou cantine à Herculée. 485
Cendres jettées au loin par le Vésuve. 418
Champs Phlégréens. 313
-- Elisées. 367
Chartreuse de Naples : beauté de sa situation. 175
    Eglise, tableaux, sacristie & trésor. 176
    Apothicairerie. 185
Château de l'Œuf. 95
Château-neuf : ses curiosités. 96
Château Saint-Elme. 174
Chevaux Napolitains : leur bonté. 264
Cicéron : son tombeau, sa mort. 38

DES MATIERES.

Cimetieres antiques. 364
Circé, Magicienne: Cap de ce nom. 25
Clergé Séculier à Naples. 253
Cocagne, ce que c'est. 111
Commerce & industrie. 260
-- Intérieur à Naples. 267
Concha (Sebastien) Peintre. 143
Comestibles trouvés à Herculée. 509
Conradin: sa sepulture & anecdotes sur sa mort. 151
Corallines ou plantes desséchées. 423
Cour de Naples: ses Ministres. 71
Cris de Naples. 271
Culte religieux. 247
Cumes, ville détruite. 376. Sibylle de Cumes. *ibid.* Vue des environs. 377

D

Denrees de consommation à Naples.

E

Eglises de Naples. Cathédrale. 113. San Giovani Maggiore. Antiques. 122. S. Jean l'Evangéliste. *ibid.* San Paolo-Maggiore. 123. Monumens antiques & folies de Néron. 124. Beauté actuelle. 126. S. Laurent. 128. Saints Apôtres: Tableaux & bas-reliefs. 129. Saint Jean à Carbonara. 134. Gesu-novo, belle construction & peintures. 137. Sainte Claire, Eglise Royale. 142. Saint Philippe de Néri & tableaux. 147. Ascension. 155. Santa Maria à Pié di Grotta. 157. Madona del Parto. 157. Monte Oliveto. 163. Santa Teresa. 164. La

Sanita. 166
Elu du peuple à Naples. 80
Epitaphes du Cavalier Marini. 134. Du Roi Ladiflas. 135. De Jeanne II. Reine de Naples. 194.
Espagnolet (Joseph Ribeira) Peintre. 177
Etuves ou Soufrieres de S. Janvier. 290
— Leur utilité. 291

F

Faïole (la) forêt. 8
Falerne, montagne : ses vignes. 342
Faune : statue precieuse. 506
Flûtes doubles : leur antiquité. 45
Fondi, ville : situation & richesse du pays. 29
Fontaines publiques à Naples. 112
Formation des montagnes. 281
Formies, ville anccienne. 35
Fossa-nova, Abbaye. 19
François de Paule (Saint) sa statue.
Fresques, maniere de les enlever. 523
Fumée du Vésuve : sa force. 416
Frottoirs, racloirs & instrumens de bains. 501

G

Gayette, Ville & Château. 40
— Cathédrale. 45. Beauté des environs. 44
Gariglian ou Liris, fleuve. 49
Grotte du Chien. 285. Vapeurs qui en sortent. 286. Expérience sur leur force. 287

H

Habillemens à Naples. 272
Herculée ou Herculanum : date de sa décou-

DES MATIERES. 539

verte. 456. Causes de sa ruine. 458. 464. Idée de son étendue. 483. Maniere dont on fouille dans ses ruines. 525
Herculanum Muséum, ou Cabinet d'antiques du Roi de Naples. 487
Hermitage du Vésuve. 452
Hôpitaux à Naples. 185. Comment on pourroit les rendre plus utiles. 187
Hôpital de l'Annunziata. 190. Ses richesses & son Eglise. 192. De Saint-Gennariel. 173. Des Mendians. 194

J

Janvier (Saint): beauté de sa Chapelle. 117
— Liquefaction de son sang. 118
Inscription sur l'eruption de 1631. 392
— Autres. 393
Instrumens antiques de Chirurgie. 497
Jordan (Luc) Peintre. 140
Jovianus Pontanus: Epitaphe de sa femme & la sienne. 122
Isis & Osiris: leur culte. 428
Itri, ville. 33
Julie de Gonzague. 31

L

Lac d'Agnano. 285
— Lucrin. 324
— d'Averne: ce que les anciens en ont dit, comparé à son état actuel. 333
Lacrima-Christi, vin fameux. 263
Lampes antiques. 494
Larves, lemures & lutins des environs de Pouzzols. 320
Lave du Vésuve: ce que c'est. 412. Lave ou

Z iij

torrent de feu: comment elle coule. 416. Ses deux mouvemens. 440. Causes du bruit qu'elle fait. *ibid*. Detruit les corps étrangers. 423. Formes qu'elle prend. 441

Lecti sternium, ou repas fait aux Dieux. 492

Lestrigons, peuples. 35

Liége, arbre. 18

M

Manuscrits d'Herculanum: leur état, & comment on les déroule. 503

Marais Pontins. 12. Travaux pour les dessécher. 15. Qualités de l'air & des eaux. 14

Marcassites. 426

Marino, bourg. 5

Marius caché dans les marais. 49

Masaniello: sa révolte à Naples. 101

Masques antiques. 497

Ménagerie du Roi de Naples. 202

Mer (la) s'étend du côté de Mola. 37

Minturnes, ville ruinée. 49

Misene, cap & ville ancienne. 370

Mœurs & usages à Naples. 214. Disposition du peuple à la révolte. 215. Changement du gouvernement. 216. Attachement du peuple pour la Maison regnante. 218. Disposition de la Noblesse. 216. 231

Mœurs du peuple. 243. Sa grossiereté. 244

Mofestes, ou vapeurs de la lave. 375. 423

Mola: beauté de sa situation. 34

Mole antique, ou Pont de Caligula. 311

Montagne nouvelle, quand formée: ou sommet du Vesuve. 431

Monte Circello, ou de Circé. 26

Mont de la Miséricorde, hôpital à Naples. 194

DES MATIERES.

N

NAPLES : son origine. 62. Est la même que Parthenope & Paleopolis. 63. Son amitié pour Rome. 65. Ses révolutions & ses Rois. 66 Situation actuelle de la ville. 86. Enceinte. 87 Beauté du Climat. 88. Rues & places principales 91. Beaux quartiers. 93. Etat actuel de la Cour. 71. Départ du Roi pour l'Espagne. 221
Napolitains : leur luxe. 236. Idée des mœurs. 237
    Assemblées. 239
Néron commence à chanter en public sur le théatre de Naples. 124
Nonnius (statues des) 488

O

ORDRE Royal de Saint Janvier. 84

P

PALAIS du Roi à Naples & ses tableaux. 105
-- De la Vicairie ou de Justice. 77
-- Du Duc de Gravina. 203
-- Filomarini della Torre & tableaux. 204
-- Du Prince Caraffe. Antiques. 205
-- Du P. San-Severo. 207
Pavés ou parquets antiques. 503. 505
Pausilippe, montagne. 278
Peintures & tableaux antiques. 494. 515
Piperno ou Privernum, ville. 16
Piramides à Naples. 121
Pirites du Vésuve. 425
Piscine merveilleuse. 368

TABLE

Porcelaine de Naples.	528
Pompeïa, ville antique.	529
Portici, Palais du Roi. 528. Situation & jardins.	530
Pouzzolane : son usage dans les bâtimens.	296
Pouzzols, ville, monumens, édifices.	299
-- Population.	309
Priape : son culte.	495
Prisons antiques.	372
Procession & miracle du sang de S. Janvier.	118
Promenades à Naples.	232

R

Resina, beau village.	387
Royaume de Naples : sa division.	60
Roi de Naples : sa maison. 73. Troupes.	ibid.
Revenus. 83. Philippe, frere du Roi. 75. 219	

S

Sacrifices antiques : leurs instrumens.	492
Sannasar : son tombeau. 157. Sa mort.	ibid.
S. Maria della Pietatella, Chapelle curieuse de la Maison des Sangro, à Naples.	207
Savon, pommades, essences de Naples.	164
Sciences & Arts, Peinture, Musique.	254
Sebeto, fleuve ancien.	87
Secrets particuliers sur la Chymie & les Arts.	210
Sermonetta, ville.	9
Sermons publics pour le peuple.	252
Sezze, ou Setia, ville, & ses vins.	9. 10
Sibarites, peuples.	533
Sibylle de Cumes.	338

DES MATIERES. 543

Siéges de la noblesse à Naples. 79
Solfaturre de Pouzzols. 313. Son état, son usage. 317
Solimene, Peintre. 139
Stalagmites. 427
Statue emblématique d'un vieillard. 46

T

Tablettes & plumes antiques. 504
Tanucci (Marquis de) 72. 224
Tarentins, peuples. 533
Temples antiques de la Fortune des femmes. 3
   De Castor & de Pollux. 126. De Sérapis. 306
   De Vénus. 357. De Mercure. 359. De Diane. *ibid.*
Telephe, Roi de Misie. 519
Termes ou statues. 230. 491
Terracine, ville: vue de ses environs. 29
Terres titrées à Naples. 83
Théatres des anciens. 476
Tombeau antique à Sainte Claire. 146
Torré (le Pere della) Bibliothécaire du Roi de Naples 200. Ses ouvrages. 201
Tres Tabernæ, ruines. 11
Tribunaux de Justice à Naples & dans le Royaume. 76
Tripergole, bourg englouti dans les flammes. 326

V

Vase antique à Gayette. 45
Velletri, ville. 6
Verres antiques. 501
Vésuve : sa situation. 380. Vue de ses environs.

382. Ordre chronologique de ses éruptions.
386. Sa hauteur & sa forme. 430. Matieres qui
sortent dans ses éruptions. 411. Sables, ponces,
éponges ou tuf dur. 418. Ecumes, lames de
terre, ou briques. 422. Talcs : fumée & sa
cause. 426

Vésuve: vue de l'intérieur. 435. Chaleur. 433.
Conjectures sur la durée de ce volcan : ouverture extérieure. 436

Vésuve: chemins. 448. Précautions pour y monter. 452. Habitans du voisinage, grossiers.
449. Environs du Vésuve reservés pour la
chasse du Roi. 454

Véturie, mere de Coriolan. 3
Vins anciens : comment on en usoit. 10. 510.
Vins de Naples : leur qualité. 262
Vins du Vésuve. 263. D'Italie & de Grece.
Virgile : son tombeau. 160
— Anecdotes sur sa vie. 161
Université de Naples. 195
Voie Appienne. 19
Volturno, fleuve. 230

Fin de la Table du Tome IV.

www.ingramcontent.com/pod-product-compliance
Lightning Source LLC
Chambersburg PA
CBHW070837230426
43667CB00011B/1832